服装高职高专"十一五"部委级规划教材

中国服饰史

陈志华　朱　华　编著

中国纺织出版社

内 容 提 要

本教材根据高职高专的教学需要，采用传统的框架，在参阅大量古籍文献、借鉴国内专家学者相关专著的同时，对中国历代服饰进行了较为全面的梳理。对于所援引的历史典籍进行了颇有见解的分析和解释，既保证了资料的权威性，又保证了内容的通俗性。

本教材的主要内容有：先秦服饰、秦汉服饰、魏晋南北朝服饰、隋唐五代服饰、宋辽明清服饰、20世纪的服饰以及21世纪初的服饰。本教材力求在讲评悠久的中国服饰文化的过程中，提高学生的历史知识素养和服饰文化修养，使之成为更加贴近社会需求、更加富有时代气息的新型人才。本书可作为高职高专类服装专业学生的必修课教材，也可作为非服装专业学生、服饰文化爱好者提高艺术修养的参考书。

图书在版编目（CIP）数据

中国服饰史/陈志华，朱华编著.—北京：中国纺织出版社，2008.9（2016.4重印）

服装高职高专"十一五"部委级规划教材

ISBN 978-7-5064-5000-3

Ⅰ.中… Ⅱ.①陈…②朱… Ⅲ.服饰—历史—中国—高等学校：技术学校—教材 Ⅳ.TS941.742

中国版本图书馆CIP数据核字（2008）第099814号

策划编辑：郭慧娟　金　昊　责任编辑：陈　芳
责任校对：余静雯　责任设计：何　建　责任印制：陈　涛

中国纺织出版社出版发行
地址：北京市朝阳区百子湾东里A407号楼　邮政编码：100124
邮购电话：010—67004422　传真：010—87155801
http://www.c-textilep.com
E-mail:faxing@c-textilep.com
中国纺织出版社天猫旗舰店
官方微博 http://weibo.com/2119887771
三河市宏盛印务有限公司印刷　各地新华书店经销
2008年9月第1版　2016年4月第3次印刷
开本：787×1092　1/16　印张：16.25
字数：216千字　定价：33.00元（附光盘1张）

凡购本书，如有缺页、倒页、脱页，由本社图书营销中心调换

出版者的话

　　2005年10月，国发[2005]35号文件"国务院关于大力发展职业教育的决定"中明确提出"落实科学发展观，把发展职业教育作为经济社会发展的重要基础和教育工作战略重点"。高等职业教育作为职业教育体系的重要组成部分，近些年发展迅速。编写出适合我国高等职业教育特点的教材，成为出版人和院校共同努力的目标。早在2004年，教育部下发教高[2004]1号文件"教育部关于以就业为导向 深化高等职业教育改革的若干意见"，明确了促进高等职业教育改革的深入开展，要坚持科学定位，以就业为导向，紧密结合地方经济和社会发展需求，以培养高技能人才为目标，大力推行"双证书"制度，积极开展订单式培养，建立产学研结合的长效机制。在教材建设上，提出学校要加强学生职业能力教育。教材内容要紧密结合生产实际，并注意及时跟踪先进技术的发展。调整教学内容和课程体系，把职业资格证书课程纳入教学计划之中，将证书课程考试大纲与专业教学大纲相衔接，强化学生技能训练，增强毕业生就业竞争能力。

　　2005年底，教育部组织制订了普通高等教育"十一五"国家级教材规划，并于2006年8月10日正式下发了教材规划，确定了9716种"十一五"国家级教材规划选题，我社共有103种教材被纳入国家级教材规划。在此基础上，中国纺织服装教育学会与我社共同组织各院校制订出"十一五"部委级教材规划。为在"十一五"期间切实做好国家级及部委级高职高专教材的出版工作，我社主动进行了教材创新型模式的深入策划，力求使教材出版与教学改革和课程建设发展相适应，充分体现职业技能培养的特点，在教材编写上重视实践和实训环节内容，使教材内容具有以下三个特点：

　　(1) 围绕一个核心——育人目标。根据教育规律和课程设置特点，从培养学生学习兴趣和提高职业技能入手，教材内容围绕生产实际和教学需要展开，形式上力求突出重点，强调实践，附有课程设置指导，并于章首介绍本章知识点、重点、难点及专业技能，章后附形式多样的思考题等，加强教材的可读性，提高学生学习兴趣和自学能力。

（2）突出一个环节——实践环节。教材出版突出高职教育和应用性学科的特点，注重理论与生产实践的结合，有针对性地设置教材内容，增加实践、实验内容，并通过多媒体等直观形式反映生产实际的最新进展。

（3）实现一个立体——多媒体教材资源包。充分利用现代教育技术手段，将授课知识点、实践内容等制作成教学课件，以直观的形式、丰富的表达充分展现教学内容。

教材出版是教育发展中的重要组成部分，为出版高质量的教材，出版社严格甄选作者，组织专家评审，并对出版全过程进行过程跟踪，及时了解教材编写进度、编写质量，力求做到作者权威，编辑专业，审读严格，精品出版。我们愿与院校一起，共同探讨、完善教材出版，不断推出精品教材，以适应我国高等教育的发展要求。

中国纺织出版社
教材出版中心

序

以史为源　以史为鉴

讲了三十一年中国服装史，其间还夹杂着西方服装史、中国工艺美术史乃至中国雕塑史等。讲了这么多年史，仍觉新鲜，为什么？主要是史中有山河，有日月，有人的心思，还有人所创造的一切……

史如江河，它从无数个点汇聚起来，滥觞过后便成了气势，汹涌奔放，不可阻挡。岁月形成了江河，它不会往复，一往直前。人类文化发展会有停滞吗？会，但只会有星星点点，总的趋势是不会停滞，不会逆转的。如服装发展史，与人类同生，伴人类共行，它记载着人类所付出、所寄托的所有……

循史才能上溯到源，如人们最初的着装动机，是什么原因促使人们穿起衣裳呢？也许是一闪念，也许是千万年，劳动着，繁衍着，在人类的文明中，服装作为精神替代物诞生了，发展了，记录着人类的脚步，折射出奋斗的辉煌。

社会制度形成了，它不仅是郑重的，不可违背的，同时也是多彩的，它需要许多外在形式，如皇帝在哪一场合需要如何着装，大臣在哪个礼仪活动中需要根据什么确定衣裳；包括颜色，包括款式，也包括纹样，甚至细节。对于制度来说，服装也会是个体屈从于社会，没有规矩，怎么成方圆？

社会越发展，人们的精神生活越丰富，生活方式也就越显多样。到一定程度时，穿衣不再是御寒，不再是防雨，不再是遮阳，它成了一种需求，一种精神的需求。有一种说法是，人类童年时挂串粗糙的佩饰，其实就是精神上的产物，它或许为了求神灵的护佑，或是为了抵御外来的侵害。当然，对于服装起源，今人有多种说法，不可忽视的是，服装绝不仅仅是物质产品。

服装史中留下的太多，我想我们付诸一生，也就能像大海中的一叶小舟，或者说大海浩瀚我们只能取一勺饮。取不尽的资源，研究不完的课题，尽在服饰史中。别的暂且不说，仅说史中有关服饰的故事，一千零一夜也诉说不尽……

陈志华、朱华撰写的中国服装史教材，我看到后感到非常亲切，因为我与中国服装史打了几十年的交道。有更多的人参与，就有更多的审视点，因而也会挖掘得更多。记得我与朱华见面时，是在若干年前的中国纺织出版社会议室外，一交谈就知我们是同道。未来的时间还很长，我们在各个高校中共同来讲授、研究中国服装史，这是非常难得的。

以史为源，以史为鉴。教育研究本身不只是为了将中国服装发展史介绍给学生，而是为了有更多的感兴趣的人成为研究者。不读史怎么知古今？不读史怎么能在前进的道路上有底蕴并有潜力？读史才能知春秋，才能站在巨人的肩膀上……

愿更多的人了解中国服装史，从中领略到我们中华民族的精神，体味我们炎黄子孙走过的璀璨之路！

华梅

2008 年 4 月 27 日
天津师范大学
华梅服饰文化研究所

前言

在灿烂悠久的中华文明史上，服饰文化占有夺目的篇章。历代正史中的《舆服志》等文献为后人留下了弥足珍贵的服饰文化历史记录。自20世纪80年代改革开放以来，从温饱向小康社会奋进的中国人民日益提高自己的服饰审美追求，推动着中国传统服饰文化遗产在新时代大放异彩。为了适应国内普通高校本、专科层次服装等专业的教学需要，我们几位研究者决定共同编写这本《中国服饰史》教材。

谈起中国服饰史的研究问题，无论如何也不能忘记这个领域的一位著名的前辈学者，他就是沈从文先生。沈先生在20世纪前期，以生动描写湘西风情的系列文学作品而蜚声文坛。新中国成立以后，他转向历史文化考古研究，在中国古代服饰考证研究方面取得了显著成果，出版了《中国古代服饰研究》巨著。这部书被誉为这块学术园地的开山之作。

近三十年来，在中国服饰文化研究领域，华梅教授是一位引人注目的学者。她所取得的服饰文化学系列学术成果，受到国内外学术界的广泛好评。

沈从文先生的具有开路先锋意义的学术业绩，华梅教授的为学术献身的可贵精神及其甘做晚辈铺路石的高尚情操，深深教育和鼓舞了我们，使我们坚定了从事服饰文化学研究的决心。历时四年，几易其稿后，终于完成了这本《中国服饰史》教材的编写。

本书在编写过程中得到了南通纺织职业技术学院、辽东学院等院校的大力支持。南通纺织职业技术学院陈志华老师撰写了绪论部分，第二篇第九、第十、第十一章，徐艳华老师编写了第一篇第六章；辽东学院朱华老师编写了第一篇第一、第二、第三、第四、第五章，吴小兵和王岩老师为本书绘制了一部分插图，并编写了第一篇第七、第八章，中文系王世同教授也提出部分章节的编写意见；全书由陈志华、朱华统稿。在本书编辑和出版过程中，天津师范大学华梅教授经常给予指导，苏州大学刘国联教授和南通纺织职业技术学院姜淑媛副教授对全书进行了审阅，辽东学院的杨丽丽、孟姗姗、张雪、胡蝶、郭潇潇、白洁等为本书画了部分插图，中国纺织出版社编辑郭慧娟同志给予了大力支持，在此，一并表示诚恳的谢意。

最后，期待国内学术界专家学者等广大读者朋友对本教材提出宝贵意见。

陈志华　朱　华
2007 年 5 月

中国服饰史教学内容及课时安排

篇章/课时	课程性质/课时	节	课程内容
绪论 （4课时）	基础理论 （4课时）		• 绪论
		一	服饰史课程的性质
		二	服饰的起源
			结语
第一篇　上古至清代服饰	第一章 （6课时）	基础理论＋课件欣赏 （46课时）		• 先秦服饰
		一	概述
		二	服饰的萌芽
		三	周代冕服制度及十二章纹
		四	周代弁服
		五	春秋战国的深衣与胡服
			结语
	第二章 （6课时）		• 秦汉服饰
		一	概述
		二	男子的袍服与佩饰
		三	男子的冠、巾、帻及履
		四	汉代女子的服饰
			结语
	第三章 （6课时）		• 魏晋南北朝服饰
		一	概述
		二	魏晋男子的衫及其他服饰
		三	妇女服饰
		四	少数民族的裤褶与裲裆
			结语
	第四章 （6课时）		• 隋唐五代服饰
		一	概述
		二	隋唐时代男子的服饰
		三	唐代女子服饰
			结语
	第五章 （6课时）		• 宋代服饰
		一	概述
		二	宋代男子的袍衫与佩饰
		三	宋代幞头与幅巾
		四	宋代女服
			结语

篇章/课时	课程性质/课时	节	课程内容
第一篇 上古至清代服饰	基础理论＋课件欣赏（46课时）		·辽金元的服饰
		一	概述
		二	辽代契丹族服饰
		三	金代女真族服饰
		四	元代蒙古族服饰
			结语
			·明代服饰
		一	概述
		二	明代男子官服
		三	明代平民男子服饰
		四	明代女子冠服与便服
			结语
			·清代服饰
		一	概述
		二	清代男子官服与常服
		三	清代满汉女子服饰
			结语
第二篇 20世纪以来的中国服饰	基础理论＋课件欣赏（12课时）		·20世纪前半叶的中国服饰
		一	概述
		二	新体制下的服饰
		三	辛亥革命之后的男子服饰
		四	辛亥革命之后的女装
			结语
			·1949～1978年的中国服饰
		一	概述
		二	1949～1978年的中国服饰
			结语
			·改革开放后的中国服饰
		一	概述
		二	现代西方文化影响下的中国服饰
			结语

注：第六章（4课时）、第七章（6课时）、第八章（6课时）属第一篇；第九章（4课时）、第十章（4课时）、第十一章（4课时）属第二篇。

目录

绪论	2
第一节　服饰史课程的性质	2
第二节　服饰的起源	5
结语	12

第一篇　上古至清代服饰

第一章　先秦服饰 ······ 18
第一节　概述 ······ 18
第二节　服饰的萌芽 ······ 20
第三节　周代冕服制度及十二章纹 ······ 27
第四节　周代弁服 ······ 35
第五节　春秋战国的深衣与胡服 ······ 38
结语 ······ 47

第二章　秦汉服饰 ······ 50
第一节　概述 ······ 50
第二节　男子的袍服与佩饰 ······ 51
第三节　男子的冠、巾、帻及履 ······ 55
第四节　汉代女子的服饰 ······ 62
结语 ······ 69

第三章　魏晋南北朝服饰 ······ 72
第一节　概述 ······ 72
第二节　魏晋男子的衫及其他服饰 ······ 72
第三节　妇女服饰 ······ 80

第四节　少数民族的裤褶与裲裆 ············· 83
结语 ············· 86

第四章　隋唐五代服饰 ············· 90
第一节　概述 ············· 90
第二节　隋唐时代男子的服饰 ············· 91
第三节　唐代女子服饰 ············· 95
结语 ············· 112

第五章　宋代服饰 ············· 116
第一节　概述 ············· 116
第二节　宋代男子的袍衫与佩饰 ············· 117
第三节　宋代幞头与幅巾 ············· 120
第四节　宋代女服 ············· 122
结语 ············· 128

第六章　辽金元的服饰 ············· 132
第一节　概述 ············· 132
第二节　辽代契丹族服饰 ············· 133
第三节　金代女真族服饰 ············· 136
第四节　元代蒙古族服饰 ············· 138
结语 ············· 141

第七章　明代服饰 ············· 144
第一节　概述 ············· 144
第二节　明代男子官服 ············· 144
第三节　明代平民男子服饰 ············· 148
第四节　明代女子冠服与便服 ············· 151
结语 ············· 158

第八章　清代服饰 ············· 164
第一节　概述 ············· 164
第二节　清代男子官服与常服 ············· 166

第三节　清代满汉女子服饰 ⋯⋯⋯⋯⋯⋯⋯⋯⋯⋯⋯⋯⋯⋯⋯⋯⋯⋯ 175
结语 ⋯⋯⋯⋯⋯⋯⋯⋯⋯⋯⋯⋯⋯⋯⋯⋯⋯⋯⋯⋯⋯⋯⋯⋯⋯⋯⋯⋯⋯ 185

第二篇　20世纪以来的中国服饰

第九章　20世纪前半叶的中国服饰 ⋯⋯⋯⋯⋯⋯⋯⋯⋯⋯⋯⋯⋯ 190
第一节　概述 ⋯⋯⋯⋯⋯⋯⋯⋯⋯⋯⋯⋯⋯⋯⋯⋯⋯⋯⋯⋯⋯⋯⋯ 190
第二节　新体制下的服饰 ⋯⋯⋯⋯⋯⋯⋯⋯⋯⋯⋯⋯⋯⋯⋯⋯⋯⋯ 191
第三节　辛亥革命之后的男子服饰 ⋯⋯⋯⋯⋯⋯⋯⋯⋯⋯⋯⋯⋯⋯ 192
第四节　辛亥革命之后的女装 ⋯⋯⋯⋯⋯⋯⋯⋯⋯⋯⋯⋯⋯⋯⋯⋯ 196
结语 ⋯⋯⋯⋯⋯⋯⋯⋯⋯⋯⋯⋯⋯⋯⋯⋯⋯⋯⋯⋯⋯⋯⋯⋯⋯⋯⋯⋯ 203

第十章　1949～1978年的中国服饰 ⋯⋯⋯⋯⋯⋯⋯⋯⋯⋯⋯⋯ 208
第一节　概述 ⋯⋯⋯⋯⋯⋯⋯⋯⋯⋯⋯⋯⋯⋯⋯⋯⋯⋯⋯⋯⋯⋯⋯ 208
第二节　1949～1978年的中国服饰 ⋯⋯⋯⋯⋯⋯⋯⋯⋯⋯⋯⋯⋯ 210
结语 ⋯⋯⋯⋯⋯⋯⋯⋯⋯⋯⋯⋯⋯⋯⋯⋯⋯⋯⋯⋯⋯⋯⋯⋯⋯⋯⋯⋯ 225

第十一章　改革开放后的中国服饰 ⋯⋯⋯⋯⋯⋯⋯⋯⋯⋯⋯⋯⋯ 230
第一节　概述 ⋯⋯⋯⋯⋯⋯⋯⋯⋯⋯⋯⋯⋯⋯⋯⋯⋯⋯⋯⋯⋯⋯⋯ 230
第二节　现代西方文化影响下的中国服饰 ⋯⋯⋯⋯⋯⋯⋯⋯⋯⋯⋯ 231
结语 ⋯⋯⋯⋯⋯⋯⋯⋯⋯⋯⋯⋯⋯⋯⋯⋯⋯⋯⋯⋯⋯⋯⋯⋯⋯⋯⋯⋯ 241

参考文献 ⋯⋯⋯⋯⋯⋯⋯⋯⋯⋯⋯⋯⋯⋯⋯⋯⋯⋯⋯⋯⋯⋯⋯⋯⋯ 243

基础理论——

绪论

> **课题名称：** 绪论
> **课题内容：** 1. 服饰史课程的性质
> 2. 服饰的起源
> **上课时数：** 4课时
> **教学目的：** 向学生阐述服饰史的本质和属性,介绍有关服饰起源的考古发现及服饰起源诸学说。引导学生了解中国服饰史的课程性质,在中国服饰文化中的地位和作用,以及其发展前景。同时启发学生如何将中国历代服饰的文化精髓传承并运用于未来的工作和专业研究中。
> **教学要求：** 1. 使学生了解服饰史的性质;
> 2. 使学生了解学习服饰史的用途,了解服饰史在服装设计学中的作用及价值;
> 3. 使学生从服饰考古的角度了解早期人类穿衣的年代、形式及动机;
> 4. 使学生了解服饰起源说法的多样性及争议性。
> **课前准备：** 阅读中国古代历史文献,各种版本的中国服饰史教材和相关权威论文。

绪论

中国是世界上最古老的文明古国之一，中国文化博大而精深，中国服饰文化是中国文化史上一颗璀璨的明珠，中国服饰史又是斑斓的中国服饰文化中最为夺目的一章，它是对中国服饰从上古至现代发展进程的考查、整理、记录、解析，所涵盖的内容非常广泛，不单纯是服装与服饰的简单记录，同时也与政治、经济、哲学、文化艺术的发展进程紧密相连。服饰史既是一定地域的风俗文化史，也是人类生存、发展的演进史，同时又体现了人类的生活史、文化史等。本绪论主要介绍两部分内容：

（1）中国服饰史的性质。主要阐述中国服饰史研究的对象与任务、中国服饰史探讨的目标及方法、学习中国服饰史的意义和要求等。

（2）服饰的起源。对于这一问题，本书是从整个人类服饰起源的角度来写的。因为东、西方人共同生活在一个地球上，人类拥有一个共同的大家庭，彼此间相互联系，所以无论是东方服饰史，还是西方服饰史，都应当系统地、全面地从世界的角度去研究服饰的起源。这样，才能进一步认识、懂得服饰起源这具有强烈的争议性、发展性课题的真正奥秘。

第一节 服饰史课程的性质

一、研究的对象与任务

中国服饰在世界服饰史中具有很高的地位，其较高声誉的取得得益于华夏儿女在创造中华民族文化的同时，也创造了光辉灿烂的服饰文化，华夏民族与神州大地的兄弟民族在长期的交流与融合的过程中，共同发展、壮大，赢得了"衣冠王国"之美誉。"丝绸之路"的开发又使中国成为东方服饰文化的策源地。中国服饰史是劳动人民智慧的结晶，它不但记录了中国服饰的发展渊源，也反映了政治、经济、哲学、文化、艺术等的发展历程。

服饰史就是记录和研究服饰自产生以来的发展沿革的历史，它同时也涵盖了一定地域、一定社会范围的风土人情历史，它与人类的生活史密不可分，因为服饰是构成人类生活的重要因素，同时又是人类物质文化和精神文化的重要组成部分。

服饰的物质性体现在它与各民族的文化交流、生产技术的发展以及材料的更新密切相关。服饰的精神性主要体现在它更深深地受到不同历史时期人类精神文化的影响与制约。中国服饰史是一个流动着的，有着鲜明的时代性、民族性、风俗性、地域性以及艺术性的综合文化现象，它是一定历史时期内人们精神文化活动与物质文化活动的一面镜子。这主要是由于人类在与自然界的斗争中，不断地积累了生活经验，同时也增强了自身的能力，创造出保护和防寒以及满足自身审美、吸引异性等需求的服饰，人类从野蛮向文明过渡的步伐也越来越快了，在人类的生活史当中，服饰的发展演进更能反映人类的价值观和生活方式。正如服饰心理学家赫洛克那样"把服饰当成自身的一部分"。这深刻地说明了服饰是个体的心理体现，同时也是某一社会集团的表征。从中可以看出服饰的功能是向他人传达自己的社会地位、职业、自信心和其他个性特征。

中国服饰史研究的对象是：中国历史中的一切服饰现象及其与社会、历史、文化之间的关系结构的发展、演变规律。它的任务是探索、挖掘中国不同历史时期的政治、经济、文化、思想、伦理、宗教以及审美情趣、审美理想等各种社会因素对服饰发展、演变的作用和影响，同时研究和探索不同历史时期服饰史的继承与演变以及各种服饰现象在服饰史中的地位、作用和意义。

二、探讨的目标与方法

服饰是人类文化的分支，服饰史则是服饰学科体系的分支。在当今学术界，服饰史已成为一门独立的学科和课题，能够帮助我们具体地、科学地考查服饰的发展状况与规律。我们可以通过探索历史的渊源、社会的渊源、文化的渊源，从而达到探索服饰规律、解释服饰文化现象的目的。服饰的发展有其自身的周期和规律，具有鲜明的时代性，并非某一个人的随心所为，它是伴随着人类自身的进化而不断进化的，因此，对服饰史的研究不能只是孤立地去研究服饰，而应当去探索与人类社会有关的一切事物，从而达到对服饰的深刻体会和认识。服饰是人类进化的产物，同时也是人类对物质和精神追求的双重产物。因此社会变革对服饰发展、演化起着至关重要的作用。由此得出服饰史探讨的目标，即弄清服饰自生产之日起是如何演变的及其演变的原因和一般规律。

我们应当怎样去探讨服饰史呢？众所周知，人类历史源远流长，对于服饰，用文字记载的就有五六千年，所涉及的范围亦相当广泛，内容极为丰富。因此，我们不可能泛泛地去研究，应该分清主次，抓住重点，通过划分时代的方法把服饰史分成几个有代表性的块面，抓住每个块面当中代表性的点（即具有代表性的服饰现象），从而由点到面、由表及里地总结出服饰发展的规律。在此基础上，把掌握的史料灵活地运用到服装设计当中，从复制走向创新。也就是说学习服饰史不能仅仅了解人类各个时期的服饰，还要传统为我所用，与现代艺术结合起来，把学到的东西运用到实践和市场当中。在学习的过程中务必要分清主次、理顺条理，在诸多的影响服饰发展的因素当中抓住主导的因素和诱因。

三、学习的要求和意义

服饰史是人类文化史的一个分支，它涉及许多相关领域，与人类发展史、社会生活史、纺织技术史、社会文化史、工艺美术史等学科都有一定的联系。学习、研究服饰史时必须借助于人类学、考古学的研究成果，同时还要关注历代人物绘画、壁画、雕塑品、诗词歌赋、经典小说名著当中的形象资料和文字资料，这些资料都是学习和研究服饰史最为珍贵的依据。学习者和研究者必须多角度地去探索这一门学科，将相关历史、典故、民俗、古典文学等融入至传统服饰文化、传统服饰美学的学习中；同时学习者也不能只以一本书作为学习对象，还应该去参阅经典的服饰史书，精读相关书籍文献的重点内容，在有限的时间内有所侧重地扩展知识面。现代的古装电影和电视剧也不失为一种交流和学习服饰史的训练手段，如指出古装电影中的服饰哪些成分是尊重历史的，哪些成分是电影工作者人为创新的，由此增进对服饰的鉴别能力。

中国服饰史是世界文化的一大宝库，中国传统服饰是人类文化宝库的珍贵遗产。先人们把这些宝贵财富留给了我们，需要我们去珍视这些丰富多彩、五彩纷呈的华夏民族服饰原型，也更需要我们能利用好这些创作源泉。因此，我们要正确地处理好"传统与现代""源流与发展""继承、借鉴与创新"等之间的关系，对古典文化与传统文化既不能轻视鄙薄又不能生硬搬套，而应当批判地学习前人的文化，从而提高自身的修养、激发创作的灵感。

学习服饰史的目的，不仅要知晓每一历史时期的穿着打扮，更重要的是了解中国文化在传统服饰文化中的渗透。学习服饰史的主要意义如下：

（1）通过学习，了解每个历史时期服饰发展状况及影响服饰发展的各种因素，从中找出服饰变迁的原因和规律，加深对今天服饰流行的理解并能预测未来的服饰发展趋势，设计出既有时代感又具有民族性的新颖服装。

（2）加强设计艺术修养，提高设计审美水平，丰富专业知识。

（3）熟悉史实，避免张冠李戴。

第二节　服饰的起源

研究服饰的起源是研究人类何时穿衣、为什么穿衣的问题。关于服饰的起源，是一个非常复杂的问题。多少年来，考古学家与人类学家一直在努力探索这一课题。那些至今仅存的原始遗迹残骸，则是人们设身处地去推测人类及服饰起源的唯一依据，在这种情况下，不可能有哪一位学者能具体推测服饰起源于哪一年，因此在这些有关服饰起源的结论当中，都带有学者们想象和猜测的成分。现今仅存的考古化石、碳化物以及实物，只能帮助人类划分出原始人类活动及原始服饰形成、发展的大致时间区域，而人类最初的着衣动机也会因地域、气候、生活习俗等不同而各不相同，因此，服饰起源具有一定的争议性，随着时代的发展和人类科技、文化等的进步，人类及服饰的起源的观点也会不断有新突破。

一、从古代遗迹看服饰起源

服饰的创造与人类的起源是紧密联系在一起的。史前人穿用衣物的行为，可以依靠间接证据和理论考察来推断。历史就"埋"在我们脚下、"散落"于大地、"克隆"在碑文、"粘贴"在浩如烟海的史料之中。

1. 旧石器时代（170万～1万年前）

据人类学家、考古学家研究指出，400多万年前地球上开始出现人类，在我国云南省元谋县发现了距今约170万年的元谋人。接着又发现了距今80万～40万年的爪哇猿人和北京猿人。在50万～30万年前，人类开始从原始居住的地方迁移到北方寒冷地带，住在山洞里，开始用赭石、白垩土和色彩泥土等涂身。在俄罗斯的北部，曾经发现冰冻在岩层中的男孩遗体上覆盖着被考古学家认为大约是10万年前的皮革裤和靴子。在莫斯科附近还发现了至少3万年以前经过缝制的、用皮毛制成的短裤和套头衫，装饰品有长毛象牙做成的珠子和手镯以及用北极狐狸牙齿做的项链。居住于洞穴中的人类已经学会了制造用来做兽皮服装的剪刀、削刮器，雕刻象牙和鹿角的尖头工具及骨针等，可见他们已经知道如何缝制，并且懂得把鱼骨和动物骨穿起来，或把动物的牙齿穿起来挂在皮带、脖子和手腕上当装饰用。

根据20世纪70年代发现的化石证明，170万年前地球上的人类是属于"能人"，是真正的人类，是现在人类的早期形式，已知制造和使用简单粗糙的石器。90万年前出现"直立猿人"，外形与现代人相近，但脑子较小，群居，用火，制造工具的技术比较先进。

40万年后出现早期"智人"，他们使用的石器有了进一步加工打磨，种类增多，尖状器、削刮器出现。10万年前出现属于现代人种的"智人"，即德国的尼安德特人（1856年在德国杜塞尔多夫尼安德特河流域首次发现10万年前"智人"遗骨，以后在世界各地所发现的同期人类遗骨，皆称尼安德特人）。其脑容量与现代人相同，能够制造基本的衣着，并开始出现饰物，如捷克出土的用猛犸象牙、蜗牛壳及狐狸、狼和熊的牙齿做的项链串（图1）。

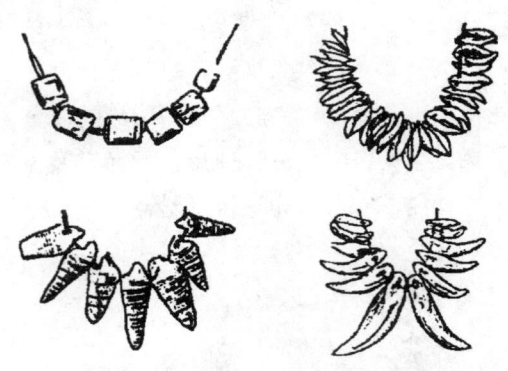

图1 捷克出土的人类最初的项链依次为：猛犸牙、蜗牛壳、狐狸牙和狼牙、熊牙

我国黄河岸边的灵武市"水洞沟遗址"的发掘表明，在3万年前的旧石器时代就有人类在此生息。

我国北京房山区周口店山顶洞人约在18000年前后就进入了农耕文明时代。在山顶洞人居住的遗址中，发现一串散落的项饰与骨针，骨针长8.2cm，针孔处已破断，针尖很锐利，可推断山顶洞人已经使用缝制工具，说明最迟是在当时已经有了原始的缝制技术。凭借考古研究可以推断当时的人用动物的筋线来缝制兽皮服饰，也能说明当时已经有了树叶、兽皮制成的服装。另外，在山顶洞人遗址中还发现了用牙齿、骨管、贝壳等串成的饰品（图2）。

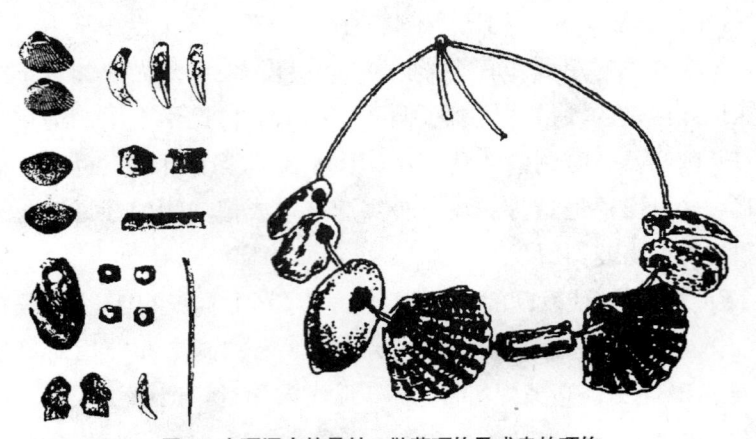

图2 山顶洞人的骨针、散落项饰及成串的项饰

在北京周口店一带出土的大约2万年前的原始遗址中有白色小石珠、黄绿色砾石、兽牙、海蚶（hān，软体动物，壳厚而坚实，生活在浅海泥沙中。肉可食，味鲜美。亦称"魁蛤"，俗称"瓦垄子"）壳、鱼骨和刻出沟槽的动物骨管等。其中穿孔的动物骨管，孔眼精细，孔眼里还残留着赤铁矿粉的痕迹，显然当时已经在制作项饰、足饰或手饰。这些饰件与西方同时期的岩画和壁画中的男女所佩戴的各种头饰、项饰、腰饰、腕饰和足镯等装饰品相近。这说明生活在当时不同地区的原始先民已经懂得了穿戴原始服饰和佩饰，为装饰或是对某种图腾的崇拜。

距今1.1万～1.2万年前的广西柳州大龙潭和广东英德青塘圩（wéi，低洼区防水护田的水堤）遗址中出土的陶片上已饰有绳纹，说明中国当时已经有了原始的编织雏形。

2. 新石器时代（10000～5000年前）

大约在1万年前，人类已经开始纺纱。在瑞士干涸的湖底发现了当时的麻布残片，在南土耳其发现8000年前的毛织物残片。而我国在新石器时期主要衣料包括：麻布、葛布、丝绸、毛织品等（图3）。

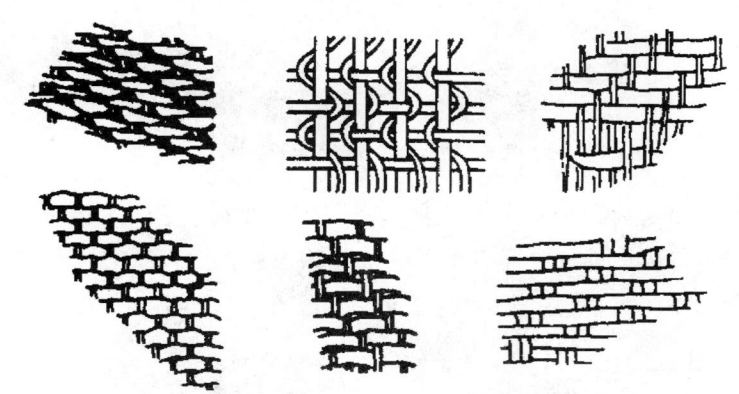

图3　新石器时代半坡陶器上的麻纺织物印痕

距今7000多年前的浙江余姚河姆渡文化遗址曾出土6900年前的麻绳和麻料织物的残片，还有相当齐全的纺轮、机刀、经轴等纺织工具，充分显示了我国上古时期纺织业的发达，奠定了中国丝织物后来成为古代文明史上横贯中西最为耀眼的彩带的基础。

在甘肃辛店出土的新石器时代的彩陶上画有剪影似的人物着衣形象，身束腰带，下摆宽大，显然不是裸态形象，而是身体上有了覆盖物（图4）。

新石器时代的仰韶文化时期，各地遗址中普遍出现了骨针、骨锥、陶纺轮、石纺轮等纺织工具。纺轮的应用，使纺织纤维利用纺轮的转动捻成纺线，纺轮在当时可说是一种先进的纺织工具。同时也发现了织物的痕迹，如在半坡、庙底沟、大何庄、秦魏家等仰韶文化墓葬的陶器上，都曾发现布纹（图5）。

绪论

图4 甘肃辛店出土的新石器时代的彩陶上的剪影人物着衣形象

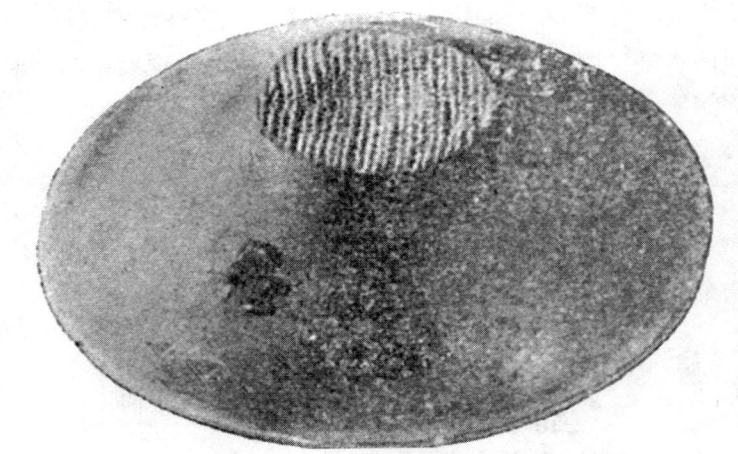

图5 新石器时代陶器上的布纹

在陕西半坡遗址和华县泉护村新石器时代遗址的彩陶上，留下了麻布的印痕，江苏吴县草鞋山遗址中还出土了三块葛布残片。而古墓中出土的大量骨制、陶制、石制的纺轮与纺锤实物，更加证明了早在6000年前人类就开始使用纺织品（图6）。

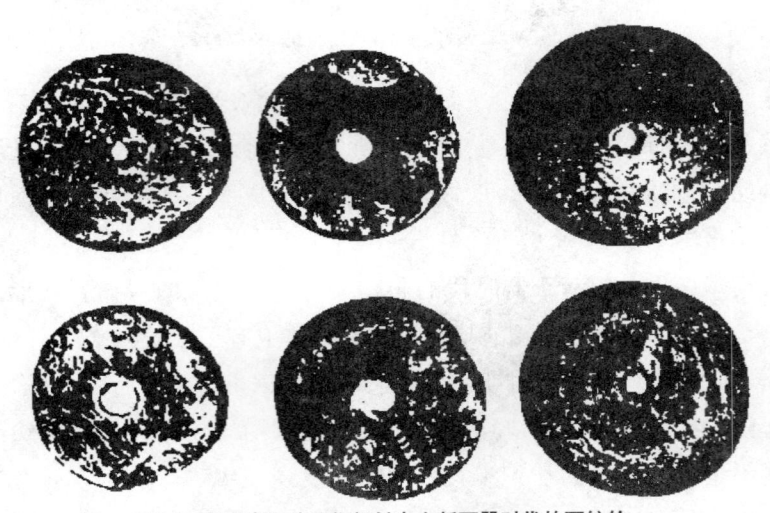

图6 河南省渑池县仰韶村出土新石器时代的石纺轮

在青海省大通县上孙家寨出土的彩陶盆上,有绘制的三组舞蹈人物形象,每组五人在池边柳下手拉手舞蹈,各垂一发辫,摆向一个方向,服装下缘处各有一个尾饰(图7)。在另外的青海省同德县巴沟乡团结村宗日文化遗址发掘出土了一个舞蹈纹彩陶盆,彩陶盆的内壁绘有两组人手拉手跳舞的画面,不同的是这些人物的服饰轮廓呈上身紧而下摆处呈圆球状剪影。同时同地还出土了一个双人抬物纹彩陶盆,四组人中两人分别抬一物,所穿衣物恰似合体长衣,可明显看出其中一人双腿轮廓,这种彩陶盆上的人物服饰只是我们看到的早期服饰的大致情况。

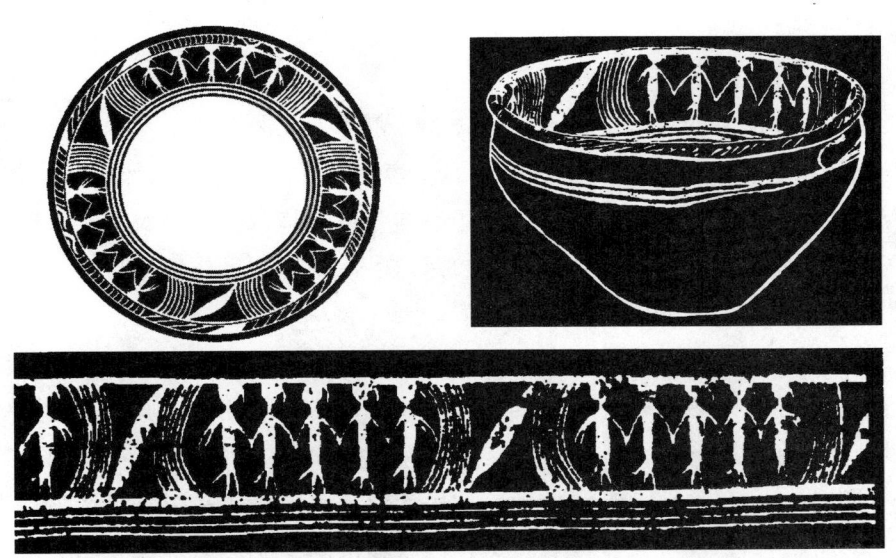

图7 青海大通县上孙家寨出土的彩陶盆上的三组舞蹈人物像(吴小兵、郑军绘)

传说中黄帝的妻子嫘祖"始教民养蚕,治丝茧以供衣服"。《礼记·礼运篇》记载:"昔者先王未有宫室,冬则居营窟,夏则居橧(zēng)巢;未有火化,食草木之实、鸟兽之肉,饮其血,茹其毛;未有麻丝,衣其羽皮。后圣有作,然后修火之利,范金合土,以为台榭宫室牖(yǒu)户;以炮以燔(fán),以亨以炙,以为醴(lǐ)酪(lào);治其麻丝,以为布帛。"其意为:"从前,先王没有宫殿房屋,冬天住在用石垒成的窟中,夏天住在树上木筑的巢室里。那时不会用火加工食物,吃的是草木的果实、鸟兽的肉,喝鸟兽的血,吃它们的皮毛。也没有麻和丝,用鸟的羽毛和兽皮做衣穿。后来出现了圣人,教会人们用火,给生活带来了便利。人们学会了用模型铸造金属器物,和泥烧制土坯,用以建造台榭、宫室、窗子和门户;学会了将食物架在火上烧煮和烤熟;学会了酿制甜酒,将果实煮成糊状食品;学会了制麻和丝,用来做成布帛。"

从以上这些出土的古迹和史料中可见人类着装从涂身、文身,经历了用动物毛皮覆盖、加工缝制毛皮到纺织,再到将织物缝制成衣服的漫长而复杂的过

绪论

程。一般理解为，人类的原始服装如兽皮、藤蔓等在一万多年前就已经出现了，而纺织品类的服装最迟是在新石器阶段中出现的，即人类学会制作彩陶的年代——在距今7000年前。这与中国周朝的史学家们认为的"黄帝始去皮服布"的年代大致相同。

二、服饰起源的各种理论

关于服饰的起源，由于研究者的立场和出发点不同，所得出的结论也不一样，致使服饰起源学说产生了多种理论，其中有代表性的包括保护说、遮羞说、装饰说。

1. 保护说

保护说即服装的保护功能和实用功能，包括生理保护和心理保护。生理保护是指御寒避暑以及防止外物对人体的伤害，心理保护是指祛邪护符的作用。就保护说而言，服饰的起源是人类为了适应气候环境（主要是对应于寒冷）或为了使身心不受伤害，而从长年累月的裸态生活中逐渐进化到用自然的或人工的物体来遮盖、包裹身体或者附着于身体上。

这类学说不难找到相应的观点和论据。诸如：10万～5万年前，尼安德特人开始使用毛皮衣物，适应了第四纪冰河期的寒冷，因此保温、御寒是服装的目的，也是服装的起因。同时，服装用来保护身体的作用还体现在防晒和减少汗液的蒸发上。居住在非洲沙漠地带的民族，其服饰形式是用衣料从头到脚遮盖起来，这与当地的气候条件有关。在沙漠地区的高温环境下，人体的水分很容易通过汗液蒸发掉，因此，该地区人们的着衣目的主要是为了防止暴晒和水分的蒸发。这正如我国史书《释名·释衣服》中所称："衣者，依也，人所依之避寒暑也。"

祛邪护符是人们祈求的一种保护。原始人在自然崇拜和图腾信仰中，相信万物有灵。灵魂有善恶之分，给人类带来幸福和欢乐的是善灵，带来灾害和疾病的是恶灵。原始人为了使那些恶灵不能近身，同时为了得到善灵的保护，用绳子把特定的物体，如贝壳、石头、羽毛等戴在身上以示保佑和避邪。这种穿戴护符的行为发展起来，就是人类的衣生活行为。

很显然，这种学说是基于人类信仰观念的考虑，但人类在很早就有了个人饰物。在遥远的第二冰河期的旧石器时代就有了用骨片穿成的饰物。而迷信、信仰观念是在社会组织复杂化之后，当社会发展到一定阶段才出现的一定形式的宗教和信仰。由此可见，饰物并不是迷信的衍生物，而是与迷信的进化同步存在的。

2. 装饰说

装饰说这一观点认为，服饰的起因来自于人类想使自己更富魅力，想创造性地表现自己的心理冲动，即把服饰的起因归结为人类很早就懂得装饰自己。支持这一观点的人认为，爱美是人类的共同天性。在人类的进化过程中，嗅觉逐渐减退，视觉逐渐增强，对色彩、形态、光线的感受更加敏锐。人类在"裸态时代"就已经懂得装饰自己，装饰的方法可分为肉体装饰和附加物装饰，也可称为永久装饰和暂时装饰。暂时装饰包括任何一种易于去除或替换的装饰（如画身、化妆、染发等）；永久装饰如文身、划痕、穿透身体（毁体）的装饰等。在我国封建时期女性的缠足，西方女性的紧身束胸，都是以装饰为主要目的。今天在一些原始部落，仍然能看到这种文身、穿鼻、穿耳、穿唇、涂色化妆、毁体等装饰形式。从古至今，虽然有不穿衣服的部落，但绝没有不装饰的民族。

装饰说的另一个分析是审美性，认为服装起源于美化自我的欲望，是人类追求美的情感表现。这种动机不仅有许多可信的事实依据，而且审美活动符合人意，是一种比较普遍的说法。科学家们的实验表明：人类，甚至一些比较高等的动物和植物，都有一种属于本能范畴的、对美的事物的良好感觉，诸如对优美的旋律、鲜艳的色彩、芳香的气味会产生好感，并对其产生不自觉的审美意识。

3. 遮羞说

遮羞说是指服饰起源于人类的道德和性羞耻。这种说法认为，人类之所以穿衣，以各种方式遮盖身体，是出于道德感和性羞耻。随着人类智能的不断发展，先民们逐渐开化与文明，懂得了礼仪与羞耻，于是便产生了用以遮身的服装。我国自古以来就特别强调服饰理论的意义，班固在《白虎通义》中就这样解释："衣者，避也，裳者，障也，所以隐形自障蔽也。"

然而，越来越多的考古发现和社会心理学者研究证明，羞耻感并不是服装产生的起因和动机，而是服装产生后的一种结果。社会心理学研究表明，对裸体的羞耻感不是先天就有的，而是后天产生的，并且随时间、地点和习惯的不同而异。3岁以下儿童绝不会因裸态而感到羞耻或难为情，羞耻心在自然裸态时代并不存在，羞耻的概念随时代变化而有所不同。对于人类应该遮掩哪个部位，不同的文化背景和种族有不同的看法。诸如，伊斯兰教妇女可以露腹不能露脚，伊朗妇女按照传统要求蒙盖全身仅露双眼。19世纪人类学家在澳大利亚的塔希堤岛上，发现了遮羞说最重要的反证——腰带、臀带的围饰动机并不在于遮羞，仅作为下层阶级的一种标志。不少学者也认为，服装的起源不是用来遮盖身体，而是为了吸引别人的注意，特别是对遮盖部分的注意，有时身体在遮掩状态下比裸态时更具有诱感力。纵观时装发展史，裙撑、臀垫、短裙、紧身衣、短裤、低领等都是为了强调身体的某一部位，引起别人的注意。

人类服饰起源不是突然某天某时在某人身上发生的，它是在漫长的人类发展演进的过程中，由于寒流的侵袭、外物的损伤、遮羞意识和吸引异性意识的产生等诸多因素导致人类从不同角度想到了服饰。但殊途同归，异曲同工。无论人类从哪种角度想到了服饰，也无论人类出于哪种目的穿着服饰，需要指出的是，当服饰以不同的要求再现时，服饰已经起源并发展了。

结语

上述多种学说，似乎各自都找到了支撑它们的理论依据，而且推理也有一定的合理性。尽管今人对古人着装的真正原始动机还难以作出明确的回答，但是对人类穿衣的目的通常归纳为三种，即保护、礼仪和装饰，并且认为以何种目的穿衣主要取决于当时的文化、经济、气候和社会环境等因素，同时也与国家、民族以及人们的个体特征有关。

美国心理学家马斯洛提出了一种需要理论，这一理论把人的需要看成多层次的组织系统，是由低级向高级形式发展和实现的，马斯洛认为人的需要分为五个层次，即生理需要、安全需要、归属和爱的需要、尊重的需要和自我实现的需要。层次论为我们解释人的特定行为提供了一个可以参照的构架，就是从人的自然本能、人体自身防护以及社会性需求两个方面揭示了人类装饰和衣着的出现可能。

但美国服装心理学家赫洛克认为，这些说法都还不能确切地说明人类装饰和衣着的起源，只有当人类逐渐有了关于服装怎样影响穿着者和旁观者的一定知识后，才能自然产生上述的各种动机。

我们可通过不同的角度去理解和看待服装起源这个问题。首先，我们需要理解的是服饰赖以起源的基础，这就是原始文明。毫无疑问，原始人的生存环境是野蛮的、恶劣的、复杂的，原始人类的实践活动具有盲目性、被动性，因而人对自然的认识还相当模糊、粗浅，在这种环境之中形成的文化，应属于起源文化。我们有理由推测：各种起源文化（或称原始文化）、偶然观念、自然影响都普遍并广泛地交织在一起，形成了混融性、模糊性的原始文明，服饰就是产生于这种混融性、模糊性的原始文明基础之上的。

其次，人类的进化同服饰的起源息息相关。人类的进化不仅是一种关于自然和人自身的社会历史进程。在人类的进化中，人脑的演化是重要的环节，而服饰物的产生正处在这个演化过程之中，人脑的演化、思维的发展影响着人类对服饰物的态度。人的体质的改变，也是服饰的选择因素。

最后，劳动也使服饰成为可能。无论是直接采集的贝壳，还是加工打磨的猛犸牙都是人类劳动的结果。不管原始人是无意还是有意，这些饰物附着于天然人体的行为都是意义重大的，它说明了服饰的产生。当然，我们从服饰产生年代的渺远与正在演化之中的人脑思维能力综合来看，这种行为很可能是随机性的、偶然性的，因为原始人思维有着"不分析和不可能分析"（《原始思维》列维-布留尔）的特点。

实际上，人类认识服饰比产生服饰要晚得多。人类的认识活动中大都是先有了事物的产生、使用经验之后而认识事物的。人类对于服饰的认识（从无到有）也是如此，并且更加复杂。在原始人漫长的劳动中，伴着语言、人脑的演化，逐渐增长了对服饰的认识，这种认识的基础是，一方面人脑进化到一定的阶段，另一方面已经有附着（人体）行为（服饰行为）的知识和经验的积累，同时，这种认识本身是偶然性和必然性的辩证统一，其结果是不同物质环境影响下的认识差异。服饰发展到此，已经以不同的方式和要求出现，诸如为了美、为了保护、作为护符等。

马克思指出："人们为了能够创造历史，必须能够生活，但是为了生活，首先就需要衣、食、住以及其他东西。因此第一个历史活动就是生产满足这些需要的资料，即生产物质生活本身。"（《马克思、恩格斯选集》第一卷）从这个意义上说，服装就是人自己生产的物质生活的一种形式。它是人类智慧的创造，是人摆脱动物状态的手段，也是人取得自由的物质确证。

思考题：
1. 名词解释：保护说、装饰说、遮羞说
2. 简述服饰起源说的各种理论。
3. 论述从古代遗迹看服饰起源。

作业布置：
教师引导学生上网搜寻相关资料及查阅图书馆的资料，从多角度去收集服饰起源说的诸种具有争议色彩的理论学说，并使学生发表个人的认识及见解。

绪论

第一篇
上古至清代服饰

上古时期，人类穴居深山密林，披着兽皮与树叶，过着原始的生活。当时尚未发明纺织技术，但从北京周口店山顶洞人生活过的遗穴所发现的骨针得知，在旧石器时代晚期，人们已初步掌握了缝纫技术，将猎取到的野兽之皮剥下，根据需要拼合缝制成各种衣服，以防御寒流的侵袭，服饰逐步形成。

夏商周时代主要是上衣、下裳（裙）、右衽、腰间系带，带下有蔽膝，称"绂"。周朝以礼仪规范社会，服饰则是每个人等级的标志。

秦汉时期，秦始皇统一六国，创立衣冠制度，对汉初影响较大。汉武帝时，开创丝绸之路，从此中国被世界冠以"丝国"之美誉。

魏晋南北朝时期，受长期战乱等的影响，服饰上出现了"华服境界"、"浪漫境界"与"淡泊境界"，同时北方少数民族服饰与中原汉族服饰渐趋融合。

隋唐五代时期，隋朝服饰沿袭前代。唐时国力强盛，其服饰在中国服饰史上占有重要地位，男服考究，女服多彩。五代时大体沿用唐制。

宋辽金元时期，宋代趋于质朴、拘谨。辽、金、元、西夏皆左衽袍式、窄袖、开叉，且与汉服之间存有一定融合之处。

明代废弃元代服制，上采周汉，下取唐宋。

清代入关后下令军民俱衣满人服饰，不用汉制衣冠，以此作为归顺标志。服饰形制则庞杂繁缛，但后期又汉化、西化。

基础理论——

先秦服饰

> **课题名称：** 先秦服饰
> **课题内容：** 1. 服饰的萌芽
> 　　　　　　 2. 周代冕服制度及十二章纹
> 　　　　　　 3. 周代弁服
> 　　　　　　 4. 春秋战国的深衣与胡服
> **上课时数：** 6课时
> **教学目的：** 向学生介绍中国早期人类服装的基本形制；自周代起的冕服制度及十二章纹；周代弁服及玄端（元端）；春秋战国时期盛行的深衣及胡服。引导学生对先秦历史文化及先秦服饰文化产生浓厚的兴趣，激发学生学习、研究、掌握古代服饰文化的热情。
> **教学方式：** 教师可抓住某一个突破点作为本章的重点内容，或以深衣为重点或以冕服为重点，拓展开来讲述，做到主次分明。
> **教学要求：** 1. 使学生了解先秦时期的服饰形制、服饰文化；
> 　　　　　　 2. 使学生了解先秦时期服饰的历史背景及文化背景。
> **课前准备：** 阅读先秦历史、先秦服饰、先秦工艺美术等相关文献资料。

第一章

先秦服饰

第一节　概述

中国最早的人类于400万年以前诞生于东亚大陆。之后又有170万年前的云南元谋人、80万～75万年前的陕西蓝田人、70万～20万年前的北京周口店的北京猿人、12万年前的山西丁村人、3万～5万年前的广西柳江人、7500年前的四川资阳人、1.8万年前的北京山顶洞人和3.5万年前的内蒙古河套人，他们已经学会制造和使用简单的、早期的生产工具，这就是"旧石器时代"。

旧石器时代的原始人居于天然的洞穴中，用采集的野果和猎取的动物来充饥，为了御寒和保护皮肤等目的，他们披树叶、裹树皮，有了原始服饰的雏形。《礼记·王制》载："东方曰夷，被发文身，有不食火者矣；南方曰蛮，雕题交趾，有不食火者矣；西方曰戎，被发衣皮，有不粒食者矣；北方曰狄，衣羽毛，穴居，有不粒食者矣。"从这段记载来看："远古时代的东夷人披发文身（如现在的人体彩绘）；南蛮人脸上和脚上都刻着花（如现在刺青的感觉）；西戎人披散着头发，身上穿着所谓的皮衣（这应该是现在裘皮大衣的雏形了）；而北狄人把羽毛编连起来穿在身上（这应该是氅氅的雏形了）。"这就是旧石器时代的服饰穿着形象。

在旧石器时代向前发展的过程中，人的智慧得到了进一步的增长，思维更活跃，生活经验更丰富，人们又学会了通过磨光和钻孔来改进生产工具，这样就创造了进一步完善的新的生产工具，此历史时期史称"新石器时代"。新石器时代的先民已能够用铁矿粉末和氧化锰将麻布染成不同颜色。当时的人们甚至知道如何鞣制皮革使之更加耐用而且舒适美观。"新石器时代"距今1万年以前。新石器时代以后我国的长江、黄河流域一带（约四五千年以前）居住着很多部落和部落联盟，黄帝部落联盟、炎帝部落联盟和蚩尤所代表的九黎族部落联盟是当时最有代表性的三大部落联盟，此时人们学会了种植、用火、定居、饲养、制陶、缝衣等。炎、黄时代距今4000多年以前，是我国进入文明社会的时代，《上下五千年》就是记载了从黄帝时代起的文明时代的文化和典故，同时代的文明遗址有河姆渡遗址、龙山遗址、齐家遗址和青莲岗遗址等。近年辽宁西部红山文化遗址的发现，又将祖国的文明史向前推进了1000年。

根据现存的古书资料记载，原始社会发展到以农业种植为主要社会生产特点的历史时期，中国境内已出现了有熊氏、有娲氏（西陵氏）、方雷氏、彤鱼氏、有绒氏、夙沙氏、蜀山氏以及补遂、九黎等大小部落，部落之间经常进行着军事混战。《战国策》卷三所记的"神农伐补遂"，《吕氏春秋·用民》所记的"夙沙之民自攻其君而归神农"，《史记·五帝本纪》所述的"神农氏世衰，诸侯相侵伐，暴虐百姓"等，就是这个时期部落之间战争的写照。而顺应人类社会发展的大趋势，以战争的手段制止野蛮性的掠夺战争，建立国家制度，开创中华文明历史新纪元的，这就是有熊部落军事领袖轩辕黄帝与行政领袖榆罔炎帝。

传说中的黄帝时代，有许多发明创造，像造宫室、造车、造船、制作五色衣裳，等等，这些当然不会是一个人发明的，但是后人都把它记在黄帝账上了。

> 黄帝有个妻子名叫嫘（léi）祖，亲自参加劳动，本来，蚕只有野生的，人们还不知道蚕的用处，嫘祖教妇女养蚕、缫丝、织帛。从那时候起就有了丝和帛。有了丝和帛，就开始逐渐形成完美的服饰。

在《易·系辞下》中记载着这样一句话："黄帝、尧、舜垂衣裳而天下治，盖取之乾坤。"从这里可以看出在当时服饰已经很成型了，不但有了服饰制度，而且治理国家的大道也蕴涵在服制条例当中，此中所说的乾即是天，坤即是地。天在未明时为玄色，故上衣象征天而服用玄色；地为黄色，故下裳象征地而服用黄色。这种用上衣下裳的形制以及上玄而下黄的服色，就是由于对天地的崇拜而产生的服饰上的形和色。由此推断上衣下裳的冕服制度就是从黄帝时代产生的。

尧帝、舜帝、禹帝是在炎、黄以后又相继出现的三个有名的部落联盟首领。公元前21世纪大禹的儿子启建立了夏朝，结束了自元谋人以来的原始社会，进入了奴隶社会，历史也进入了先秦时代。奴隶社会从夏朝开始，西周是奴隶社会的兴盛时期，春秋末奴隶制瓦解。夏代是我国历史上第一个朝代，夏朝启的父亲大禹生活俭朴，但在祭天祭祖时却非常注重服饰的华丽，以示对天地祖宗的敬重。因此夏朝建立了以冕服为中心的服饰制度，它的形式、色彩、纹样皆体现了对天地的崇拜和对乾坤秩序的追求。成汤灭夏之后建立了奴隶制度更加完备的商朝，此时手工业生产的分工日趋精细和专业化。商代蚕桑业的发展也很快,《书序》和《史记·殷本纪》均言"桑谷共生于朝",意思是桑树与当年的主粮一起种植,甲骨文中也有"蚕示三牢"的字句,意为用三头牛祭蚕神,可见商代对植桑养蚕的重视。当时人们已经掌握了育蚕、缫丝、织绸的技术,而且对织机进行了改造,使之能适应提花和斜纹织花的生产要求。公元前1046年(另有说是公元前1027年)周武王推翻商纣王,建立周朝,定都丰镐(今陕西)。公元前770年周平王继位,迁都洛邑(今河南),史书上将东迁以前的周朝称为西周,东迁以后的周朝称为东周。东周时期,各诸侯王逐渐强大,形成了大国争霸的动荡时代,鲁国史书《春秋》记载的东周时期是从公元前8世纪至公元前5世纪,共三百年历史,这段时期被称为春秋时期。经过长期的兼并、瓜分和取代,公元前475年形成了秦、齐、楚、燕、韩、赵、魏七国争雄的局面,史称战国。公元前221年秦灭六国,中国历史进入第一个统一的多民族的封建大国时代。

由于先秦时期历史久远,对服饰的考古比较困难,服饰品不能像陶器和铜器那样久存不朽,考证的资料相当少,只能在一定程度上借助神话传说和器皿纹饰为依据。先秦服饰在我国服饰史上只能被称为奠基阶段和萌芽阶段,我国服装的许多形制,均在这一时期逐步产生和形成,比较完善的有上衣下裳的冕服制及连体式的深衣制和弁服制等。

第二节 服饰的萌芽

在人类的早期阶段,我们的祖先是怎样穿着的呢?这是当今一直在探讨的问题,我们现在所虚拟的原始服饰,只是一种考古结论,是专家们的共同看法,不可能把当时每一件服装、服饰的真实面目再现出来,因此远古服饰依然是一个谜。但从诸多考古资料以及留存至今的仍处于原始社会生活方式之中的部落人类"活化石"来看:人类早期的服装款式最普遍的当属裙装,其次是用来遮挡胸背的上衣,这种上衣的长度应是下摆过臀;佩饰最常见的应是项饰,其材料是采用贝壳、动物的牙齿和骨管等,其次是头饰和臀腹部位的垂饰性装饰。

根据考古学家推论,在旧石器时代人类祖先已懂得以咀嚼兽皮的方式,使皮革柔软,以便用来制作衣服。又根据地球环境考古,在旧石器时代所处的更新时期,全球发生过五次以上的冰期,当隆冬季节来临之时,智慧的华夏人类始祖当然也会懂得用兽皮来护身御寒。而这一行动,也正是人类创造服饰迈出的第一步(图1-1、图1-2)。

图1-1 穿兽皮的远古人类（选自华梅著《中国服装史》）

图1-2 原始人的兽皮装缝制特征——用骨锥、骨针与动物的韧带（筋）来缝制兽皮（王岩绘）

现在我们看到的最早的太昊伏羲氏的服饰形象，也只能从宋代马麟所作的历代帝王像中获得。宋代对人物服式造型比较重视，有不少这方面专著，如聂宗义著《三礼图》，郭若虚著《图画见闻志》，马缟著《中华古今注》，高丞著《事物纪原》等，对古代人物服饰研究颇深。图1-3是太昊伏羲氏的画像，此像粗犷，披发赤足，以兽皮遮身，这种服装造型与《后汉书》记载的"上古穴居

-21-

第一章

而野处,衣毛而冒皮,未有制度"以及《法苑珠林》记载的"古人发多为披发,后用羊毛结系为髻,用骨簪贯之"等相吻合。而与《史记》中记载"太昊伏羲氏始制布帛,以给衣服"却不十分吻合。

图1-3 原始服饰图(上古毛皮制,太昊伏羲氏像,黄辉绘)

从《后汉书》记载的"上古穴居而野处,衣毛而冒皮,未有制度"可以了解到:"上古人居住在山野里的天然或人工的洞穴里,穿戴的是用动物毛皮制成的衣帽,没有什么服饰制度可言。"《法苑珠林》记载的"古人发多为披发,后用羊毛结系为髻,用骨簪贯之"其意是:"古人多为披发,后来将头发与羊毛辫接、结合在一起,用骨制的簪笄贯穿起来加以固定。"《史记》中记载的"太昊伏羲氏始制布帛,以给衣服"的意思是:"从太昊伏羲氏开始制作布帛,用来缝制衣裳。"

远古人类的另一种穿衣材料应当属植物,将植物的某一部分直接折下或采摘来,使其成为衣服和饰品,《旧约全书》中说,亚当和夏娃最初用来遮掩身体的就是无花果的树叶,这可谓是对植物的直接利用。其中用无花果的枝叶围在腰间,当属人类祖先在服饰上的又一发明,也是裙子的前身。在《楚辞》中也有大量词句,描绘了直接用植物来做服装的情景与方式。屈原在《离骚》中写道:"扈江离与辟芷兮,纫秋兰以为佩。"这里的江离指的是江蓠,一种香草;辟芷,是对芷的美好称呼,一种香草名;秋兰,是兰花的一种,其特点是一茎多花。而在《楚辞·九歌·山鬼》中又有"若有女兮山之阿,披薜荔兮带女萝,披石兰兮带杜蘅"等描写。这里的薜荔又名木莲,属桑科藤本攀缘寄生植物;女萝,即松萝,多附生在松树上，成丝状下垂；石兰，是石斛兰的别名，多年生草本；杜蘅，一种香草，开暗紫色花。这些描写都充分体现了各种植物曾在远古服饰上的运用（图1-4）。

图1-4 屈原《山鬼》中用树叶为裙、鲜花为饰的山鬼形象（刘辉煌摹当代李少文作品）

当然，集传说与想象产生的太昊伏羲氏及山林女神的服饰仅可作为参考。伴随着服饰雏形的诞生，我们的祖先经过长期的生产劳动实践，在制作工具和使用工具上有了很大的提高，他们发明了最简单的制衣工具——骨针。骨针起于何时现在无法断言，就目前的出土文物看，1.8万年前，北京山顶洞人已发明了骨针，在5000年前，仰韶文化地区的许多遗址中都有骨针出土，可见当时骨针的使用已经相当普及。

那时我们的祖先已开始过定居生活，由渔猎生活转为农牧业生活，为抵御四季气候变化，周身御寒已势在必行。由于骨针的使用，服饰的形制和制作工艺日趋复杂起来，可以将多片皮子连接成衣。人们先是将下身蔽前与蔽后的两片材料用骨针连缀缝合起来，这样就形成了日后的下裳，也就是后世的裙；而上身则用兽皮连接成后身为一整幅，并在肩部左右各缝一片，让过颈部，绕过肩部垂于前胸，并在胸前左右相交后用来系于腰间，这样就形成上衣。

第一章

上衣下裳形制的确立，奠定了我国服装的最初形制。在其后的服饰发展演变中，衣由简单的两片发展成交领、大襟的形式，在御寒上又向前推进了一步，这种上衣为交领大襟，下裳为裙的形制，构成了我国日后服装的基本形制。

在仰韶文化后期的遗址中，发现了石、陶的纺轮，这至少可以证明那时已经开始用线缝制衣服了（图1-5）。

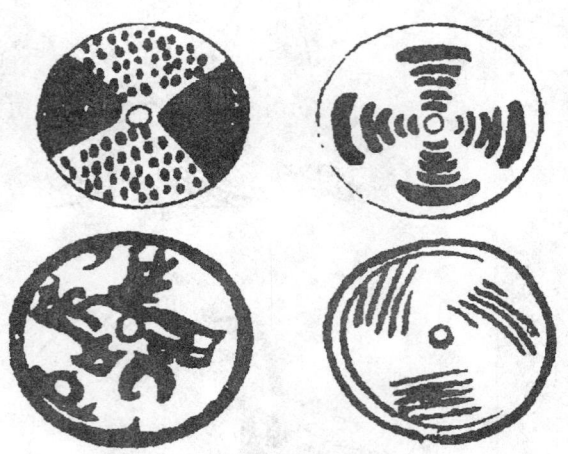

图1-5 彩陶纺轮

在江苏吴县草鞋山新石器时代遗址中，发现了三块葛布残片，证明了远在六七千年前我国就有了原始织机。到龙山文化时期，我国的纺织技术已经有了很大发展。吴兴钱山漾出土的麻布已可见其一定的精细程度。

随着骨针工具的使用和新型服装面料——麻布的出现，服饰的发展有了新的飞跃，人们可以更自由地组织和连接面料，构成新的造型，服装也随之向周身发展，纺织的进步致使面料的质量大为提高，同时也为服饰的进一步发展奠定了基础，从本质上改变了人类衣着状况。

另外，从著名的彩绘舞蹈陶盆的人物形象可以看出，当时的原始人已开始束发，并有一定的发式，其服装形象也清晰可见（图1-6）。

由此可知，在母系社会后期，我国的服饰已发展到上有交领衣，下有裙裳，梳辫发的发式以及佩戴饰物并存的完整的穿着装饰面目。据记载，从伏羲氏开始，以围裹的形式穿衣，到了黄帝时代产生了冕服制度，帝舜时期冕服以十二章纹来区别人的身份、等级、贵贱。这时衣服已从形、色、质上初步完备。

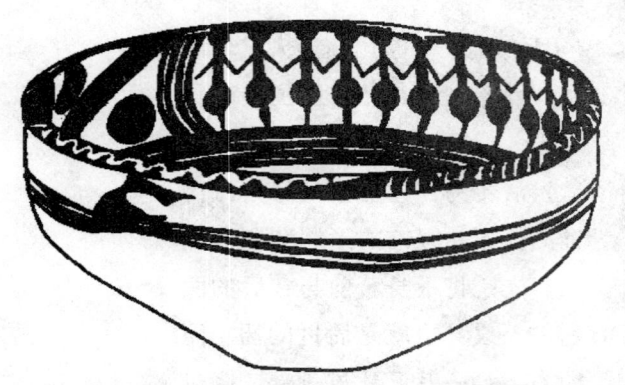

图1-6 1995年青海省同德县出土的彩陶盆，盆上舞蹈人物穿球形下裳

中国在距今约五千年前进入父系氏族公社，农业成为主要的社会劳动形式，手工业逐渐与农业分离而出现了剩余商品的交换，形成了私有制。父系社会后期分化，公元前21世纪进入奴隶社会，出现了我国历史上第一个王位世袭制的夏王朝，夏朝的第一个君王启的父亲大禹，曾领导人民战胜洪水灾害（大禹治水），他提倡节俭，崇尚黑色。但到夏桀时，已变得十分奢靡残暴，公元前16世纪夏被商汤所灭。从夏朝起，王宫里就设有从事蚕事劳动的女奴。夏代称冕冠为"收"，颜色是纯黑色而略带赤，前小后大。

我国发现的最早的和衣服有关的文字记载是殷商时期青铜器上的铭文和甲骨文（图1-7）。

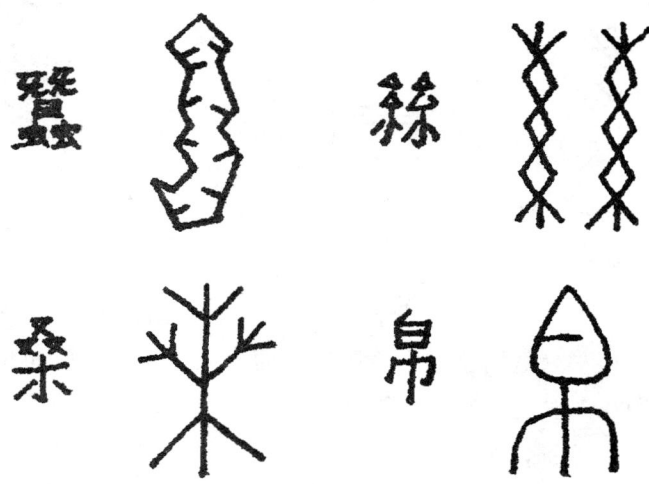

图1-7 来自自然的一种象形古文字

由于商代已进入奴隶制时期，故在甲骨文中出现了王、臣、奴、夷等代表等级制度的象形文字。从"卜辞"的文字中可以证明，商代纺织类已有丝、帛、衣、裘、巾、旒（liú）等品种。

在殷商时期，社会的生产力普遍进一步提高，甲骨文中还发现有桑、蚕、帛字等，可见当时农业的发展已到成熟时期，在商代安阳墓中出土的铜钺上存在有雷纹的绢痕及丝织物的残片等，以及高度精铸的青铜工艺品的制作，都足以说明这时期生产力的发达情形。物质生产丰富，出现了剩余，同时就有攫取这种劳动品的上层人物出现，就产生了阶级分化，被剥削的奴隶阶层也出现了。《商书》中也有："王曰：'格尔众庶，悉听朕言。'"即表示当时已经有了至高无上的权力，"君臣民，主臣仆"，这种等级差别，也必然反映到服饰上来。商代在服饰上究竟怎样分别尊卑等级差别的，史载不甚详确。在出土文物中，多限于作为服装饰品的佩戴之饰件，如玉佩、铜饰等，这些饰件中既有较完整的生活实物形象，也有带有装饰性变形的人像，从中只能窥见整体服饰中的某一构

第一章

件的形象，如芾（fú）、帽、衣带等，从图1-8商代人玉佩饰中我们可以体会到三个侧面男子头像所戴的不同冠帽造型。

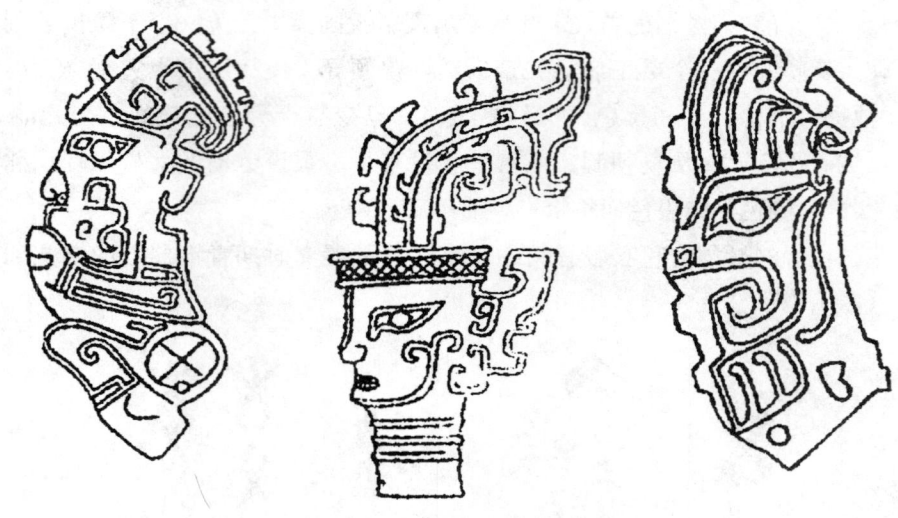

图1-8 商代人形玉饰

到了西周，奴隶主推行的分封制度是同宗法制度紧密联系在一起的，它有力地巩固了奴隶制的统治秩序。另外，周朝在思想方面，提出了"礼"和"刑"的规范。其中"礼"只适用于奴隶主阶级，而"刑"则是专门对付和镇压奴隶阶级的。其作用在于"定亲疏、决嫌疑，别同异、明是非"，就是按照尊卑、亲疏、贵贱、长幼的差别，规定每一等人的义务和权力。最尊贵的人，权力大、义务小；地位低的人，义务大、权力小。由于周代具有"礼制"规范的统治思想的确立，深刻影响了几千年中国封建社会的历史，因而"礼制"下的服饰成为统治阶级区别尊卑的工具。

此外，周代还有《礼记》、《周礼》、《仪礼》等书可参考。这"三礼"的著述也能帮助我们了解当时的制度、服饰等并以之为依据。

周代，由于文字表达能力的加强，有关服饰的记载较为丰富，甲骨文中出现了衣（公 仚）、裘（ ）等字样（图1-9）。

周代分封制度的建立和阶级间等级制的形成，致使服饰上的等级区分较为系统化。其中比较显著的，如冕服制度中的六冕和弁服制度的三弁。

《周礼·春官》中记载："帝王的吉服共有九种，其中六种服装用冕。祭祀昊天上帝服用大裘冕，祭祀五方大帝也用大裘冕；祭祀先王服用衮冕；祭祀先公飨（xiǎng）射（宴饮宾客并举行射箭之礼）服用鷩（bì）冕；祭祀四望山川服用毳（cuì）冕；祭祀社稷五谷神服用絺（chī）冕；祭祀群小服用玄冕。"这里所说的大裘冕、衮冕、鷩冕、毳冕、絺冕、玄冕，就是祭祀用的六

图1-9 周代有关服饰的甲骨文字样

冕，加上祭祀用的三种弁服共九种。凡是冕服都是上玄（黑）衣而下纁（xūn，赤黄）裳。冕的旒数：衮冕则前后各十二串旒，每串旒共十二颗玉，用五彩线穿玉，前后共二十四串旒，总计用玉二百八十八颗；鷩冕前后各九串旒，总计用玉二百一十六颗；毳冕前后各七串旒；绨冕前后各五串旒；玄冕前后各三串旒，每旒都用彩线穿玉十二颗。这是指天子以典礼的轻重大小来区分应该服用的冕服类别。弁服与冕服最重要的区别就是衣裳上无章彩纹饰。弁是仅次于冕的礼帽，主要有韦弁、皮弁、冠弁，这就是六冕三弁中的三弁。在《周礼·春官宗伯第三·司服》中记载"韦弁服用于战事、战争；皮弁服用于临朝听政；冠弁服用于田猎。"（田猎是指上古一种有军事意义的生产活动，并与祭祀有关）

冕服制度至周代其形制已达到完备，历代帝王相继沿袭服用，各个朝代对其章纹及制度有增有减。冕服制度至清末时与封建王朝一起退出历史舞台。

第三节 周代冕服制度及十二章纹

冕服是古代帝王、诸侯及卿大夫的礼仪服装，又称冠服或章服。冕服制主要是用服饰区分贵贱等级差异的一种服饰制度。根据现存资料考证，冕服制度是从黄帝时代开始产生的，夏商时期是冕服制度的发展期，至西周时达到形制完备。由于《易经·系辞》中记载"黄帝垂衣裳而天下治"，因此后人认为，黄帝时代不仅有了冕服，而且也有了完备的服制；但又有学者认为，夏商之前的仰韶文化属于新石器时代，作为衣服的原料，只是初步形成阶段，服制的形成必定在原料出现的前提下，才有可能逐步产生。在西周文献毛公鼎铭文中记载着"玄衣"、"裳"、"赤市朱黄"等字样；这里的"玄衣"就是冕服制度的上玄下𫄸，即上衣是青黑色，象征天的颜色；"裳"即是冕服中"上衣下裳"的"裳"；"赤市"就是衮冕服中垂于衣前腰带下的带子，称"蔽膝"，"朱黄"即是"蔽膝"的颜色。综合各种文献的考证可知，冕服制度在黄帝时代应该是初具形制，在夏商时期得以进一步发展，西周时期已经相对完备。

"冕服至周已大备"。从"大备"二字来看服制的发展已经相对完整、稳定，冕服制在周代以后，历代各朝沿袭继承，虽然在章纹和制度上每一时期都有增减，但以服饰来区别等级的制度却历代所同。冕服在历代服饰发展中，都是一个重要的组成部分。

从孔子"服周之冕"这句话来看，周代冕服制度完备而具有代表性，周代以后的历代冕服均以周代冕服为仪范，并且根据本朝的实际加以改进。周代冕服整体组合包括冕冠，上衣下裳、腰间束带、带下有蔽膝，足穿舄鞋（图1-10）。

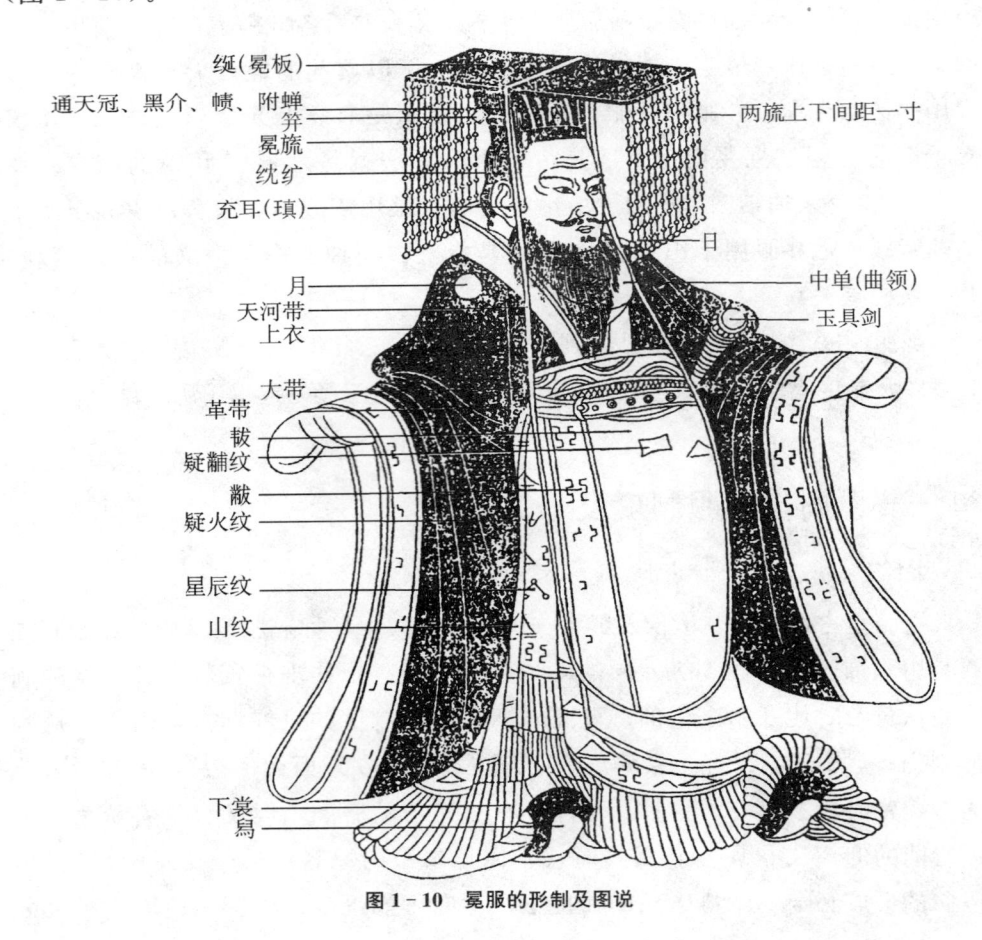

图1-10 冕服的形制及图说

一、冕服的种类

周代天子按照典礼的轻重大小来选择冕服,共有六种冕服。六冕的内容解析如下:

1. 大裘冕

大裘冕是最有代表性的一种冕服,是帝王用来祭祀昊天上帝的礼服。此冕服崇尚质地,为六种冕服中最尊贵的一种,其余五种冕服被称为裨冕。大裘冕为中单、大裘、玄衣及纁裳成配套。玄是青黑色,象征黎明前的天色;纁是赤黄色,象征黄昏时的大地的颜色。大裘冕的上衣绘日、月、星辰、山、龙、华虫六章花纹,下裳绣藻、火、粉米、宗彝、黼(fǔ)、黻(fú)六章花纹,共十二章(图1-11)。

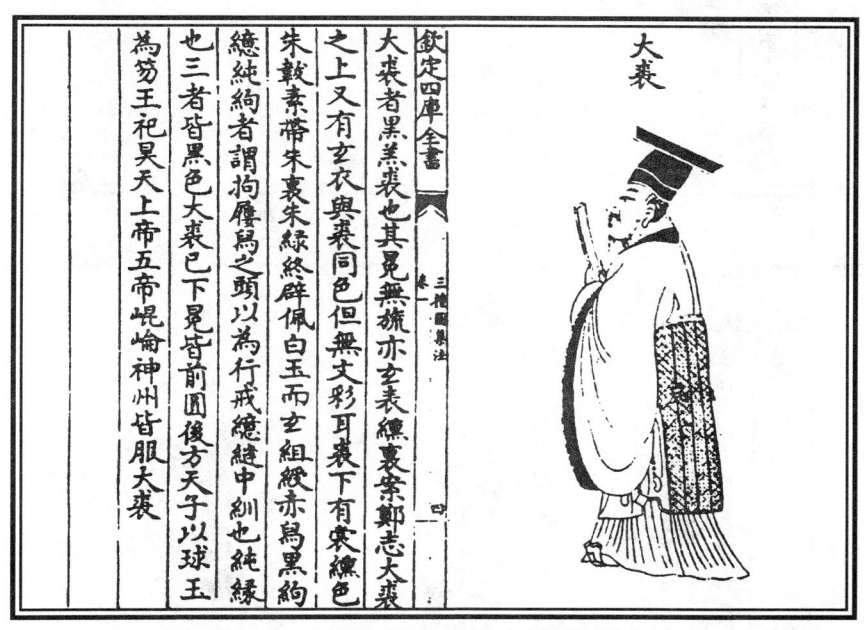

图1-11 大裘冕(选自《四库全书》第129册)

2. 衮冕

用于祭祀先王,为中单、玄衣、纁裳配套。上衣绘龙、山、华虫、火、宗彝五章花纹,下裳绣藻、粉米、黼、黻四章花纹,共九章。因为章纹图案以龙为首,故敬称衮冕(图1-12)。

3. 鷩冕

王祭先公与飨射(宴饮宾客并举行射箭之礼)的礼服。与中单、玄衣、纁裳配套。上衣绘华虫、火、宗彝三章花纹,下裳绣藻、粉米、黼、黻四章花纹,共七章。因章纹以华虫为首,故称鷩冕(图1-13)。

钦定四库全书

衮冕

衮冕九章舜典曰予欲观古人之象日月星辰山龙华虫作绘宗彝藻火粉米黼黻絺绣此古天子冕服十二章王者相袭至周而以日月星辰画于旌旗所谓三辰旂旗昭其明也而冕服九章初一曰龙二曰山三曰华虫四曰火五曰宗彝皆画绩于衣次六曰藻七曰粉米八曰黼九曰黻皆刺绣于裳此九章登龙于山登火于宗彝尊其神明也以龙能变化取其神人所仰也火取其明也宗彝古宗庙彝尊名以虎蜼画于宗彝

图1-12 衮冕（选自《四库全书》第129册）

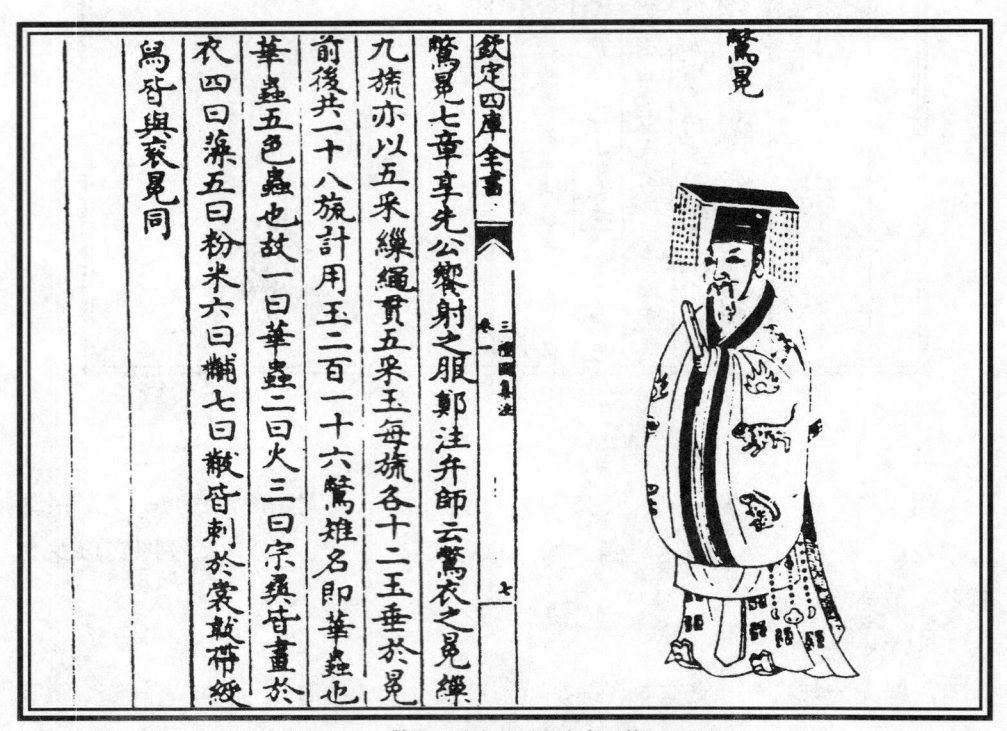

钦定四库全书

鷩冕

鷩冕七章享先公飨射之服郑注弁师云鷩衣之冕繅九旒亦以五采缫绳贯五采玉每旒各十二玉垂于冕缫前后共十八旒计用玉三百一十六鷩雉名即华虫也华虫五色虫也故一曰华虫二曰火三曰宗彝皆画于衣四曰藻五曰粉米六曰黼七曰黻皆刺绣于裳敝带绶舄皆与衮冕同

图1-13 鷩冕（选自《四库全书》第129册）

4. 毳冕

王祭祀四望山川的礼服。与中单、玄衣、纁裳配套。上衣绘宗彝、藻、粉米三章花纹，下裳绣黼、黻二章花纹，共五章。章纹图案以宗彝（虎与蜼）为首，又因宗彝多为细毛兽，故称毳冕（图1-14）。

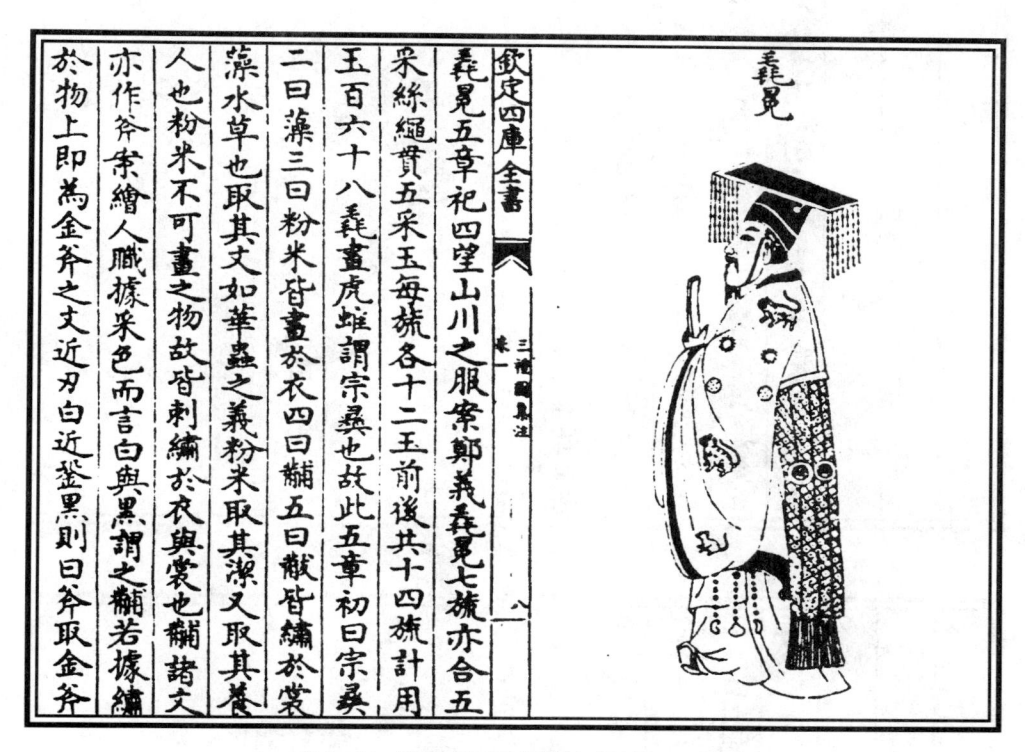

图1-14　毳冕（选自《四库全书》第129册）

5. 绨冕

王祭社稷五祀（五祀，古时说法不一，《太平御览》卷五二九引《汉书议》："五祀，代表金木水火土。木对应句芒，火对应祝融，金对应蓐收，水对应玄冥，土对应后土。"）的礼服。与中单、玄衣、纁裳配套。上衣绘粉米一章花纹，下裳绣黼、黻二章花纹，共三章。绨是绣的意思，故称绨冕（图1-15）。

6. 玄冕

王祭祀群小（即祀林、泽、坟、衍四方百物）的礼服。与中单、玄衣、纁裳配套。衣不加章饰，裳绣黻一章花纹。因仅下裳绣一章花纹，上衣无纹饰，故取玄衣之玄色，称玄冕（图1-16）。

此外，六冕还有以下配件：芾（又称"黻fú"，即"蔽膝"）、大带、革带、绶、赤舄（xì），并用其上面的纹饰区别地位、身份。

图1-15 绨冕（选自《四库全书》第129册）

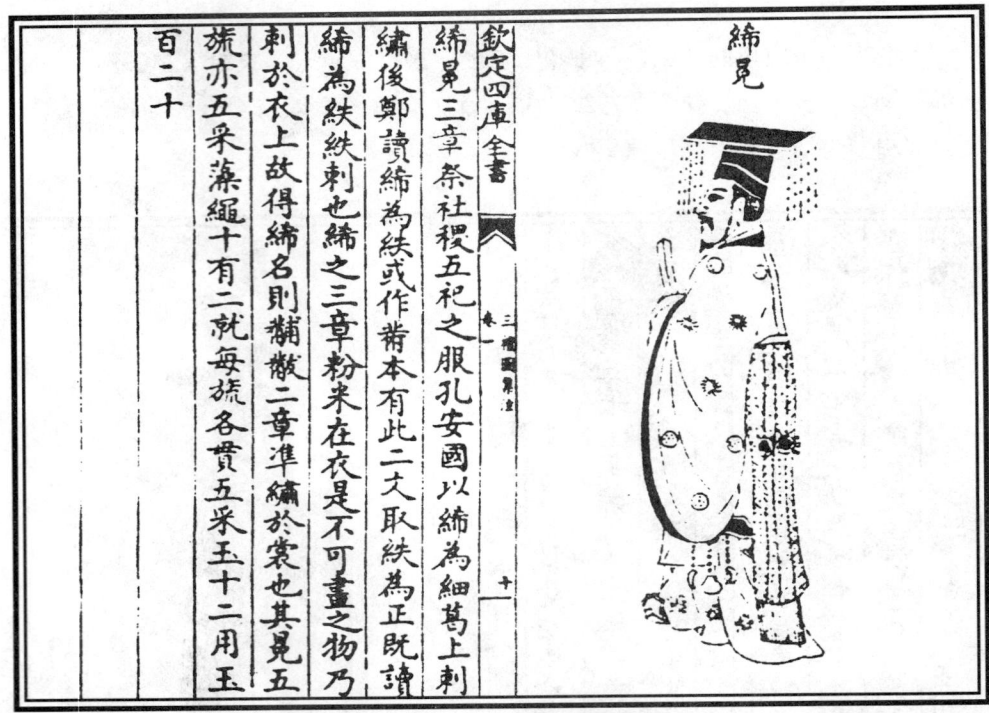

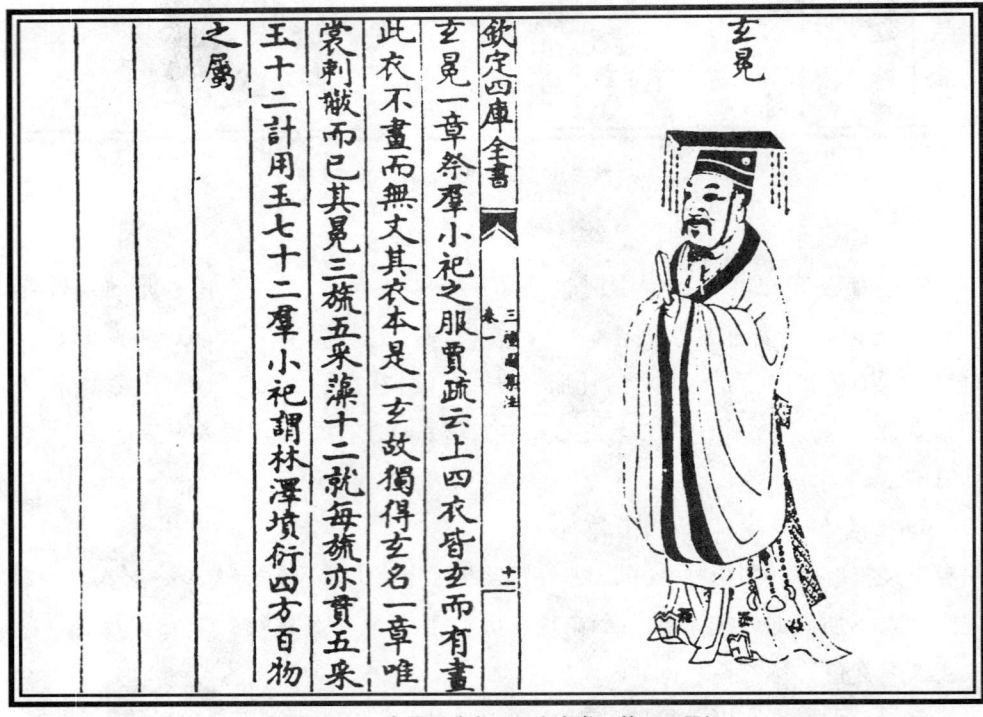

图1-16 玄冕（选自《四库全书》第129册）

二、冕服制度的十二章纹

从周代六冕中可以看出，冕服上的图案是将日、月、星辰、山、龙、华虫绘之于衣，将宗彝、藻、火、粉米、黼、黻绣之于裳。图案纹样是基于现实主义的想象。十二章纹绘绣于服装上的寓意如下：

（1）日：取其明，一轮红日，内有玄鸟或三足鸟，象征君权由上天阳德照耀，赐人间以光明，哺育万物生长。

（2）月：取其明，一轮明月，内有玉兔或蟾蜍或青蛙，玉兔象征上天赐人间以安宁；蟾蜍或青蛙是雌性的，代表着生育能力。

（3）星辰：取其明，三颗蓝白色圆点用线连成的三星图案，象征以天象昭示经纬、四季节令，使天下人知七政（《尚书大传》载：春、夏、秋、冬、天文、地理、人道）。

（4）山：取其镇重，象征着王者尊重，安抚四方。

（5）龙：取其神，善变化并且能呼风唤雨，象征人君应机布教而善于变化。

（6）华虫：取其文章（文采、花纹、图案），华虫为雉类，也有说雉类有耿介（正直）的本质，又因其图案很美，故表示君王有文章之德。

（7）宗彝：取其勇、谋、忠、孝，宗彝是古代宗祠庙宇中盛酒的器皿，是一种祭祀用的器具，在两樽器具内各绘一种兽，即一虎一蜼（wěi，是一种体形较大的长尾猴，黄黑色，尾长数尺）。取虎之勇猛、取蜼的忠孝有谋，以表示有勇、有谋、有忠、有孝的含义。

（8）藻：取其洁，藻为水草，象征冰清玉洁。

（9）火：取其明，表示光明，火焰向上，率众顺归天意。

（10）粉米：取其养，洁白且能养人性命，象征帝王对民众有济养之德。

（11）黼：取其断，画成金斧形，象征帝王决断。

（12）黻：取其辨，呈"亞"形的花纹，为君臣相济，见恶改善，背恶而善。（图1-17）

三、周以后冕服的历代演变

自周代以来，历代礼仪、礼典、礼制、礼教方面的著作尤为丰富，可见古人对礼仪的重视，在周代有关礼的著作有《礼记》、《周礼》、《仪礼》等，因此相应出现了比较完备的周代冕服，并成为周以后历代统治者礼制服饰效仿的对象。

春秋战国时期，诸侯争霸，战争不息。周代祭服，随着周室的礼崩乐坏，其形制有所减损，到秦始皇时，干脆废止六冕制度，仅保留玄冕一种。

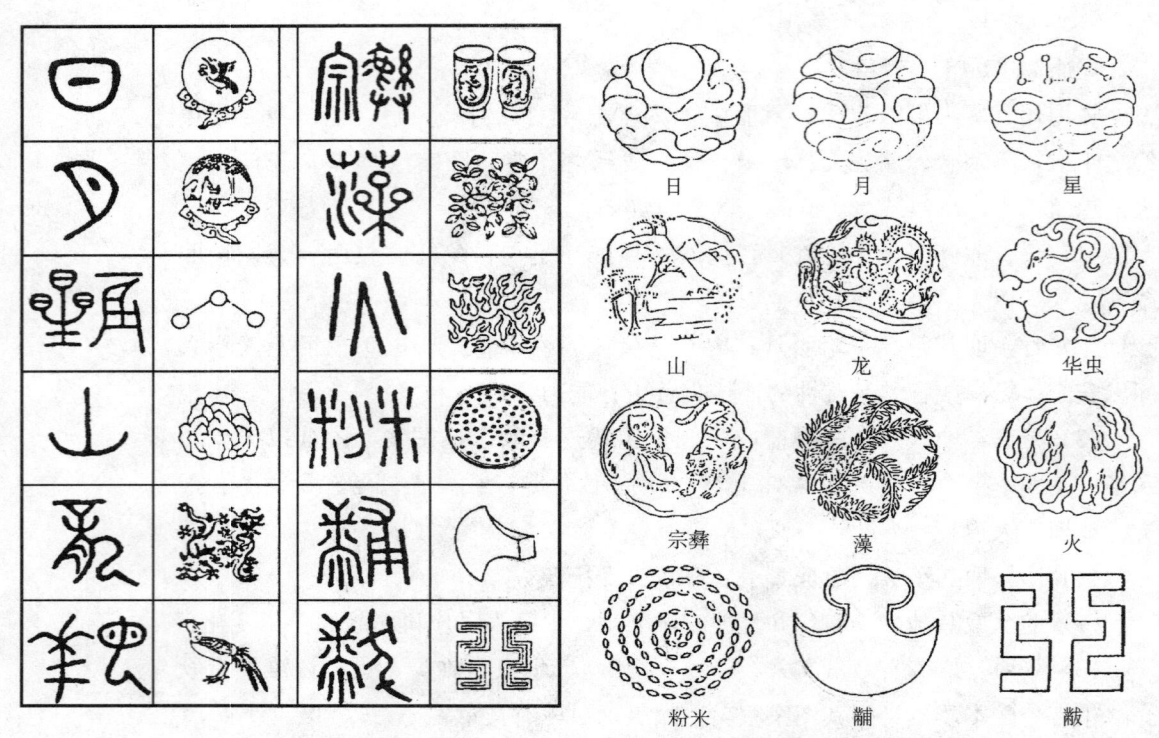

图 1-17 十二章纹饰：日、月、星辰、山、龙、华虫、宗彝、藻、火、粉米、黼、黻
（其中右侧图为《深衣考》上的十二章纹）

汉代冕冠的前后垂旒，无定制。

魏代沿袭汉代制度，唯天子的冕服用刺绣，公卿等用织成的纹样，垂旒改成珊瑚珠为异。

晋代冕𫄧加在通天冠上，衣用皂（黑）色，裳用绛（赤色、大红）色。

隋代恢复汉魏旧制度，并增加了大裘冕制。大业二年（公元606年）以前，衣裳九章，以左右胳膊上绘绣日、月各一，在后身领下绘绣星辰，总计衣裳十二章。

唐初承袭隋之旧制，高宗显庆元年（公元656年）长孙无忌等上奏：因大裘冕冬季可服，而夏季不能服用，请予废大裘冕。因而，在祭祀天地时都服衮冕，以至发展到不分场合，各种祭祀都用此服。其他四冕也不废除，但形同虚设。

宋代冕服制仍依魏、晋的制度，冕板加入通天冠上，并称之为平顶。

元代仿宋、金旧制，只是横于𫄧上的天河带加长至地，冕旒用珍珠。

明代除祭天地穿衮服外，只有天子、皇太子、亲王、郡王、世子用冕服，公侯以下不用冕服。到明英宗时，将冕服制度简化成圆领大袍，色、形、纹样均有改变。

-34-

清代亦有衮服。色用石青，绣五爪正面金龙四团。两肩前后各一，其章饰亦为左日右月。朝服前后列十二纹样。日、月、星辰、山、龙、华虫、黼、黻在衣，宗彝、藻、火、粉米在裳，间以五彩云。

民国废止冕服，但袁世凯在复辟称帝时，曾预制过冕冠一顶（中国历史博物馆陈列），但衣裳未见。

第四节　周代弁服

在周代，除冕服外，尚有弁服、元端、深衣、袍、裘等。

一、弁服

弁服在古代是仅次于冕服的一种服饰。古弁字作 等，都是弁之象形字。弁冠的形制上锐小，下广大，像人的两手作相合状，象形字即似之。弁自天子至士都戴用，到周代时冕与弁逐渐划分尊卑，即冕尊而弁卑。古代的弁主要有韦弁、皮弁、冠弁三种，与六种冕服一起被称为"六冕三弁"。

1. 韦弁

韦弁是古代礼冠之一。韦弁服是天子诸侯以及大夫从事战争、战事活动服饰。其冠是用韎（mèi，将皮革染成赤黄色）制成，色彩呈浅朱色，形制如同皮弁。韦弁也为军戎射礼服饰的首服，比如天子、公卿、大夫行大射礼于辟雍（亦作"璧雍"等。本为西周天子为教育贵族子弟设立的大学。取四周有水，形如璧环为名。其学有五，南为成均，北为上庠，东为东序，西为瞽宗，中为辟雍）时，执事者均戴白鹿皮所做的皮弁。因为以白鹿皮弁为典型，重视服饰色彩搭配和谐的先人着皮弁时要配素白色的衣裳，这一套固定的搭配常常用于射礼等军事礼仪。这套皮弁服装则称为皮弁素积服（图1-18）。

2. 皮弁

皮弁用于临朝听政，是用白鹿皮制成的，在皮革的接缝处点缀有珠玉宝石，其中天子用五彩玉十二颗装饰于冠缝之中。《周礼·夏官·弁师》："王之皮弁，会五采（彩）玉璂（qí，古代皮件缝合处的玉饰），象邸（dǐ）玉笄。"可译为："帝王的皮弁，用五彩玉装饰在帽缝中，象骨为胎，玉为簪。"（图1-19）

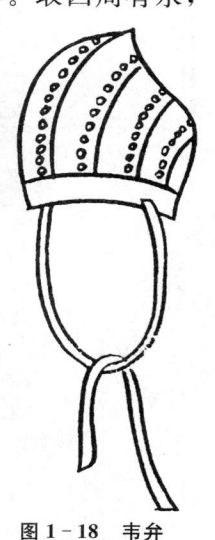

图1-18　韦弁

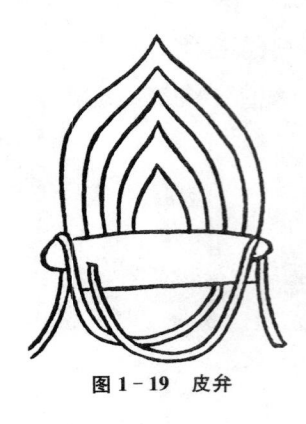

3. 冠弁

冠弁是天子田猎时的装束，在玄冠上加皮帽（图1-20）。上古田猎是一种有军事意义的生产活动，并与祭祀有关。殷商甲骨文中有大量的田猎记录，所获猎物有麋、鹿、兔、兕、狐等。殷商已经是从农业为主的社会，田猎不再是以糊口裹腹为目的的生产手段，周代更是如此。田猎的作用，依文献记载所说有下列各项：一是为田除害；二是供给宗庙祭祀用；三是驱驰车马，弩弓骑射，兴师动众，进行训练。

图1-19 皮弁

图1-20 冠弁（选自《四库全书》第129册）

二、元端（玄端）

除了冕服、弁服外，日常生活中应用频率最多的礼服还是元端和深衣。元端（又称玄端）是一种上自天子下至士都可以穿着的礼服，也可作为天子的燕居服饰，士、大夫则把它当作朝服来用或者在祭祀宗庙时和见父母时服用，也就是说元端是群臣、贤士的礼仪服饰。元端在周代时为国家的法服。所谓元端，就是取其端正之意，其颜色以紫为正色，衣袖都是二尺二寸长、二尺二寸宽的整幅方形。这又是中国传统思想所致。中国历来讲究以规矩行事，万事

—36—

要有模式、有典范，不可随意超越，正所谓无规矩不成方圆，这一点影响了中国服饰几千年（图1-21、图1-22）。

图1-21　着玄端的男子（选自《四库全书》第129册）

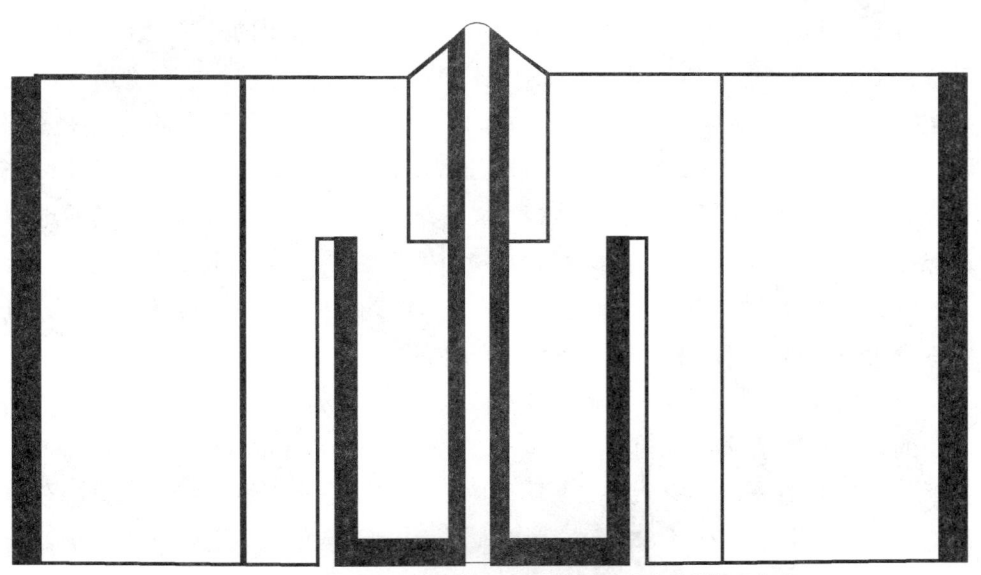

图1-22　元端示意图（选自韩国任明美著《中国古代服饰研究》）

第五节 春秋战国的深衣与胡服

　　春秋战国时期的主要服饰一为深衣，二为胡服。当时，由于战争连年，周代鼎盛时期的各种礼仪逐渐荒废，各诸侯国的服饰相应产生了一些变化，这些变化与中原发达地区各学派的理论也有着密切的联系，也就是说"百家争鸣"首先影响了当时的服饰。例如儒家提倡"文质彬彬，然后君子"，这里的文是指外在的纹饰，自古一般学者认为是一种文才，其实是一种服饰境界，质是外在的形体与内在的智慧，文质互补才是君子的服饰美学观。道家提倡"被褐怀玉，养志忘形"，如老子在《道德经》中提出了"圣人被褐怀玉"这一重要的服饰美学命题。所谓被褐怀玉，即是内持珠玉而外着粗褐陋装的真实服饰写照，这里注重的是人的内在的人格美，而忽略了人的外在的形式美；后来道家学派的庄子又进一步发展了老子的这一观点，主张"养志忘形"的服饰境界，这种境界应该把它理解为一种生命的高峰体验，即尽情陶醉于心灵的满足，而达到忘我的境界。墨家和法家则同时提倡"取情以去貌，好质而恶饰"，这句话虽出自韩非子，但却与墨子的服饰立场相吻合；墨子曾一再列举尧帝当初重用舜、商汤重用伊尹、商王武丁识别傅说的事例，这些被赏识者都是粗衣烂衫的样子，以此暗示"取情去貌，好质而恶饰"这句话是通行天下的大道理。韩非在《韩非子·解老》中发表了较长篇幅的议论，他说："礼仪是情感的外貌，文采是质地的一种装饰。作为君子应该抓住真情而不要在乎自己的外貌，要重视质地而厌恶装饰。那些靠外貌来让人给予他好感的人，其内心一定是丑恶的；那些先把自己装扮修饰以后才让人们去论断质地的人，其质地肯定是衰败的。为什么这样说呢？和氏璧不用通过五彩来装扮，隋侯珠不用白银黄金来烘托，其质地就已经达到了完美的高峰了，任何物质都没有必要去装饰它。那些等到装饰以后才能流行的东西，它们的质地肯定是不美的。"韩非子在这里所说的质，是人或物本身质地的美；而所谓的饰，指的是外在的装扮。韩非子认为如果质地本来就美，是没有必要去装饰的，经过装扮修饰了的人或东西恰恰证明了其原本是不美的。这种论述从某种角度来看是深刻的，并且有一定的醒世作用。总之，当时的儒家、道家、墨家、法家、阴阳家、名家、农家、纵横家、兵家、杂家等诸学派对服饰美学都各有所见。此时最能代表汉族文化又最盛行的服饰，当为深衣。同时赵武灵王又大胆引进胡服，此时的中原服饰文化有很多与礼仪完美结合的成分，但同时也有许多与礼仪相悖的成分，在中国服饰史上，当属一个异彩尽放的时期。

一、深衣

1. 深衣的含义

深衣,"深意"之谐音,它隐含了当时中原汉人的文化、习俗,其定制较多,内涵深刻,也代表了中华儿女在早期对天地及帝王的崇拜,故称为深衣(图1-23、图1-24)。

2. 深衣的形成及特征

中国上古时期的服装款式,从形式上来看,有三种最基本的形制:第一种是"上衣下裳"的服饰制度,即上衣下裙的汉制或上衣下裤的胡制;第二种为"衣裳连属"的形制,即上衣下裳分裁,然后又缝合起来,成为一整件服装;第三种形制就是上下通裁的"袍制",即上下连在一起通裁,然后缝合裁片成一件长衣,称为袍。

"上衣下裳"的穿着阶段主要是黄帝时代至西周以前,文明社会以前则是衣裳分制的兽皮衣。"上衣下裳"主要指的是一截穿在上身,称为衣;一截穿在下身,称为裳。

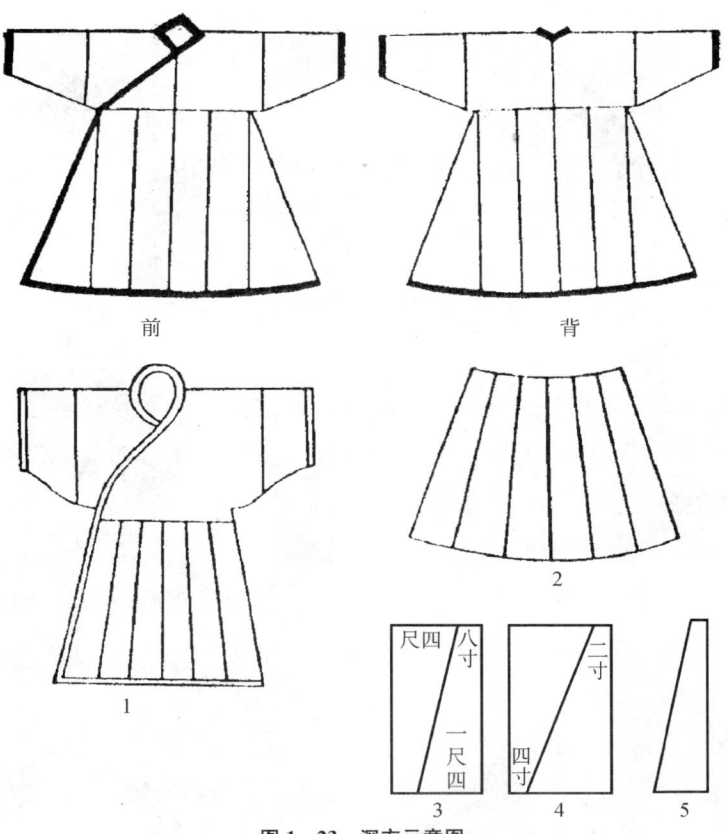

前　　　　　　背

1　　　2　　　3　　　4　　　5

图1-23　深衣示意图

图 1-24 深衣制（帝唐尧氏像，图片来源于百度百科）

至春秋战国时期，中原人把汉族人传统的"上衣下裙"缝合起来，故形成了深衣，东汉郑玄注《礼记·深衣》："名曰深衣者，谓连衣裳而纯之以采也。"从中可以看出，深衣是"衣裳连属"并且将连衣裳染上颜色。在春秋战国时期，深衣制不分男女、不分尊卑、不分长幼且最为盛行。

3. 深衣的形制

深衣的形制繁琐，无论在外形特征还是在局部结构上都有一定的"制度"，规定如下：

（1）深衣是衣裳连属的服装。深衣的制作过程是上下分裁，然后在腰部接缝制成一整件衣服，腰部缝合处以上仍然称衣，腰部缝合处以下仍称裳，华梅教授称此式为象征西周以前的上衣下裳之古制。

（2）"深衣"领为"矩领"。陈戌国点校《礼记·深衣·三十九》以及在《四库全书·深衣考》（第127册）等文献中描写的深衣领子是"曲袷（jié）如矩以应方"，就是"衣领如同曲尺以与正方相应"。东汉郑玄注："袷，交领也，古者方领。如今小儿衣领。"

（3）衣长至足踝。根据《礼记·深衣》："短毋见肤，长毋被土。"清黄宗羲《深衣考》解释为："此言裳之下际随人之身而定，其长短：太短则露其体肤；太长则覆被于地上，皆不可也。"故"深衣"制一般长度都在足踝间。可见深衣的长短也是严格按照礼制的要求来制定的,要求"短不至于露出体肤,长不至于覆住地面"。

(4) 续衽钩边。续衽钩边就是加长衣襟并滚边。衽的本义是指衣襟,这里指衣服的前片。续在古时一般作"连接"讲,由此可以看出,所谓续衽,就是将衣服的前襟接长。而钩边则是指滚边。因此,续衽钩边指的是深衣的前衣襟接长一段,作为斜角,穿着时由前绕至背后,其目的主要是为了防止内衣的外露。

4. 对深衣的"深意"浅析

在这里我们对深衣的"深意"再作进一步解析:中国传统观念是家国同构,天人合一,帝王既是全国民众的家长,又是超凡入圣的天子。《礼记·深衣》载:"古者深衣,盖有制度,以应规、矩、绳、权、衡……制有十二幅,以应十二月。袂圆以应规,曲袷如矩以应方,负绳及踝以应直,下齐如权衡者,以安志而平心也。五法已施,故圣人服之。故规矩取其无私,绳取其直,权衡取其平,故先王贵之。故可以为文,可以为武,可以摈相,可以治军旅,完且弗费,善衣之次也。"用现代汉语可解释为:"古时候的深衣,大概都有一定的制度,与圆规、曲尺、墨绳、秤垂、衡杆相应合……裳制用十二幅布,以与一年十二个月相应。衣袖作圆形以与圆规相应。衣领如同曲尺以与正方相应。衣背的中缝长到脚后跟以与垂直相应。因此袖似圆规,象征举手行揖让礼的容姿。背缝垂直而领子正方,以象征正教不偏,义理公正。下边齐平如秤垂和衡杆,以象征志向安定而心地公平。五种法度都施用到深衣上,因此圣人穿它。符合圆规和曲尺是取它象征公正无私之义,垂直如墨线是取它象征正直之义,齐平如秤垂和衡杆是取它象征公平之义,因此先王很看重深衣。深衣可以作文服穿,也可以作武服穿,可以在担任傧相时穿,也可以在治理军队时穿,法度完善而又俭省,是仅次于朝服和祭服的好衣服。"

此外,深衣的镶边也有讲究。《礼记·深衣》中描述:"具父母、大父母,衣纯以缋。具父母,衣纯以青。如孤子,衣纯以素。纯袂、缘,纯边,广各寸半。"解释为:"父母、祖父母都健在,深衣就镶带花纹的边,父母健在就镶青边。如果是孤子,深衣就镶白边。在袖口、衣襟的侧边和裳的下边镶边,镶边宽各一寸半。"

> 这里的深衣款式,为什么要吻合所谓的规、矩、绳、权、衡呢?《淮南子·天文篇》中有这样的记述:"东方木也,其帝太昊,其佐句芒,执规而治春;南方火也,其帝炎帝,其佐朱明,执衡而治夏;中央土也,其帝黄帝,其佐后土,执绳而治四方;西方金也,其帝少昊,其佐蓐(rù)收,执矩而治秋;北方水也,其帝颛顼(zhuān xū),其佐玄冥,执权而治冬。"

由上文可知，执规治春的是东方大帝，执矩治秋的是西方大帝；南方炎帝执权以治夏，北方颛顼执衡以治冬；执绳治四方的是威风凛凛的中央黄帝。这样，衣装款式及细部因为吻合规、矩、权、衡、绳，便与天地五方、图腾崇拜及帝王权威联系起来了，天人合一在这里表现得直接而具体。这些也正如古书所载的一句话："黄帝尧舜垂衣裳而天下治"。

5. 带钩在深衣上的运用

着深衣时，腰束丝带称大带或绅带，可以插笏板。后来，受到游牧民族胡服的影响，采用革带佩带钩。带钩长的一尺有余，短的一寸左右，有石、骨、木、金、玉、铜、铁等质，贵者雕镂镶嵌花纹，是一种精致的工艺品。《史记》中曾记载这样一句话："满堂之坐视钩而异。"从这句话中可以看出，当时带钩种类各异，品目繁多，盛行一时，匠心独具（图1-25）。

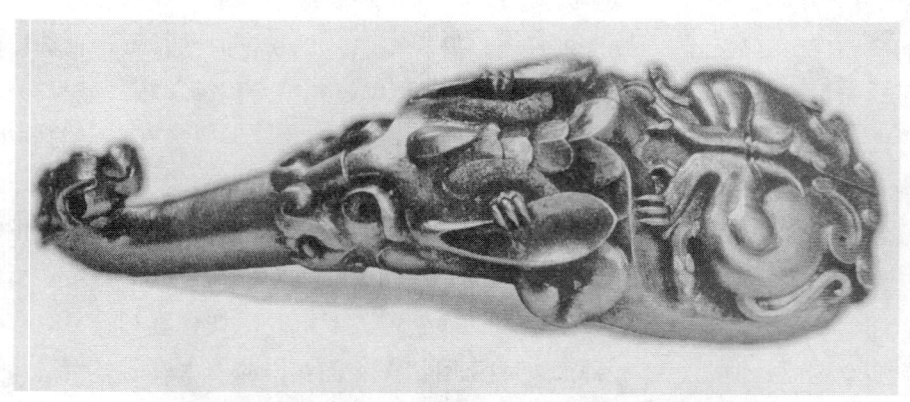

图1-25　战国兽形金带钩（选自黄能馥、陈娟娟《中华服饰艺术源流》）

二、曲裾袍式深衣

前面提到上古时的深衣是上衣下裳分开来裁并在腰节处缝合为一体的，从春秋战国时期开始深衣在裁剪上有了新的突破，款式与结构也发生了变化，以曲裾绕襟式为主。这种绕襟深衣是不可能上下分裁然后组合的，而是上下通裁的，是典型的袍服裁剪法，是早期深衣的新发展，更加简洁实用，"一年十二个月"以及"规、矩、权、衡、绳"等"深意"已经不能再在其造型、结构、色彩、图案中体现出来，也就是说它已经无法包含深衣制的全部内容，是一种新型的袍式深衣。到了汉代时期女子袍式深衣变化丰富，样式时髦，至魏晋时期则更加时髦（图1-26）。

从结构上看，"新型袍式深衣"衣领与衣襟相连且缘边，腰部没有断缝，实为一种长衣。并且冬季袍里夹有棉絮。"续衽钩边"且以绕身盘曲的衣襟为特色，于领、

图 1-26 曲裾袍式深衣

袖、襟、下摆处缘边,紧扎的腰带和袖下部的弧形,无不在结构和外形上显示出线的流动性。此款袍也称"曲裾深衣"或"曲裾袍式深衣"(图 1-27、图 1-28)。

图 1-27 湖南长沙子弹库战国楚墓出土驭龙升天图帛画,画中男子的深衣,似为曲裾袍式深衣,其长度已经与早期深衣制的"短勿见肤,长勿被土"有别,有拖地的感觉(图片来源于坚东网)

第一章

图1-28 湖南长沙陈家大山战国楚墓出土少女龙凤帛画，画中女子深衣，似为曲裾袍式深衣（图片来源于敏特网）

三、赵武灵王的服饰改革

根据辽宁美术出版社，未凡主编的《上下五千年》整理相关史料如下："赵武灵王（公元前325年—公元前299年）是赵国的第六个国王。他是一个社会改革家，也是一个军事家，他在主观上十分开明，主张将传统为我所用，而不将传统视为行为的唯一标准。在客观上由于赵国地处偏北，其东边有齐国、中山（古国名），北边有燕国、东胡，西边有秦国、韩国和楼烦（古部落名）。赵国想统一中原必先扫除后患。赵武灵王亲临前线观察军队与中山国作战时发现，传统的战车和传统的长衣很不适应北部山区作战。战车作战虽动用军卒多，但兵力发挥甚微；胡人往往单兵骑射，速率快且灵活，常在赵军车阵中进出自如，很有威慑力。于是赵武灵王决定改战车为骑射，而骑射必着紧身短衣，因此他决定让军队像胡人那样身穿短衣、长裤，上马下马，非常方便；开弓射箭，行动自如；往来奔跑，迅速非常。

公元前302年春天，赵武灵王与近臣肥义商量说："我想继承先辈的事业，使赵国强盛起来。要使赵国强盛起来，必须改变现在的习俗，我想学习胡人的骑马射箭，首先要从服装上学习，穿胡人的短衣、长裤，这样才便于骑马射箭。我如果叫百姓们学习胡服骑射，恐怕上上下下会对我有议论，你看怎么办才好？"肥义说："我听说过，做一件事情，若是顾虑多，就不能成功；要想实行一项措施，顾虑多了，也就做不成。大王若要改变习俗，学习胡服骑射，就不必顾虑社会上旧观点的议论。从前舜和禹都向苗、倮（luǒ）这些部落学习过他们的一些习俗。所以大王不要有什么顾虑，就下决心去学习胡服骑射吧！"赵武灵王听完肥义的话，坚定了胡服骑射的决心。

"原来赵武灵王打算学习胡服骑射时，就遭到他叔叔公子成为首的王族中的一些人的极力反对。所以赵武灵王在下令全国改穿胡服前，就派人去告诉公子成，希望得到公子成的支持。但是，公子成仍然坚持反对胡服。于是赵武灵王摆出大量的事实说服了公子成，终于使公子成同意带头穿胡服。但其他王族公子仍指责赵武灵王说：'衣服习俗，古之礼法，变更古法，是一种罪过。'赵武灵王批驳他们说：'古今不同俗，有什么古法？帝王都不是承袭的，有什么礼可循的？夏、商、周三代都是根据时代的不同而制定法规，根据不同的事情而制定礼仪。礼制、法令都是因地制宜，衣服、器械，只要使用方便，就不必死守古代的那一套。'王族公子们无言以对，只得接受穿胡服。于是赵武灵王下令全国改穿胡服，他和王公大臣首先穿起了胡服，由于胡服适用方便，很快便被赵人所接受。

"赵武灵王服饰改革成功后，他又亲自训练了一支强大的骑兵部队，军队的装备也随之改变。至胡服骑射的第二年，赵国的国力明显强大，随即收复了中山并且又向北开辟了上千里的疆域。至公元前299年，赵武灵王让位其子赵惠文王，自称主父（君王的父亲之意），此时赵国已是'七雄'中之大国了。"

赵武灵王引进的胡服是与中原人宽衣大带相异的民族服装。胡人之服的主要特征是短衣、长裤、革靴或裹腿，衣袖偏窄，便于活动；腰间系革带，以带钩结扎（图1-29～图1-32）。

革带上有时还带有许多环，用以携带器物。一般上面挂有玦、捍、管、遰、木燧、大觿、手帕、小觿等物，以便游牧生活。捍，据多方考证为古代射者左臂的皮制袖套。在《北堂书钞卷第一百二十八·衣冠部中》载："捍拾也言可以捍弦也。"可见"捍"的作用在于保护左臂不被弓弦弹伤。管，据《北堂书钞卷第一百二十八·衣冠部中》载："管，笔弧（kōu）也。"即笔筒。遰（dì 或 shì），据《北堂书钞卷第一百二十八·衣冠部中》载："遰，《礼记·内则篇》：'带作遰，

图 1-29 窄袖矩领胡服示意图（选自华梅著《中国服装史》）

图 1-30 穿短袍的武士（四川成都出土镶嵌、宴乐水陆攻战纹铜壶纹饰局部）

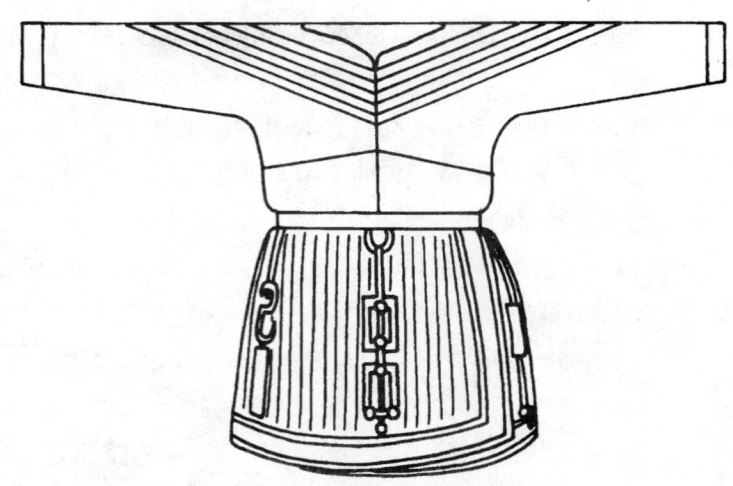

图 1-31 窄袖矩领胡服示意图

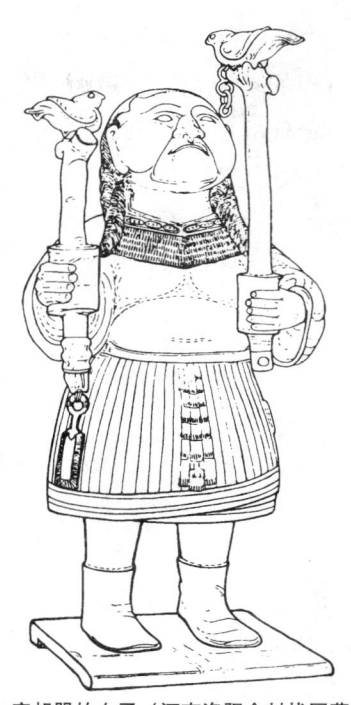

图1-32 穿胡服的女子（河南洛阳金村战国墓出土铜俑）

带刀鞞（bǐng）也。'"可知，鞞即刀剑鞘。木燧，郑玄注："木燧，钻火也。"可知木燧为木制的钻火用具。大觿（xī，亦作"觽"），古代解结的用具，形如锥，用象骨制成，也用作佩饰。小觿，"小觿解小结也"，也就是用来解小结的用具。而胡服的靴是以革制成的高筒鞋（以往汉人也有革履，但无高筒式的），便于骑马，同时，便于在山林草莽中行走作战。在我国中原服饰形制形成并传承近千年后，赵武灵王大胆引进胡人的衣着文化，使汉民族的服饰文化与游牧民族服饰文化得以兼容并蓄，为我国的服饰向着更加实用、丰富的方向发展作出了巨大贡献。

结语

先秦服装是中国服装发展史上非常重要的历史时期，它作为中国古代服装发展的基础，对后世产生了深远的影响。先秦服装由上古时期（原始社会）的服装逐步完善而来，涌现出了诸如衣、裳、履、冠、冕、袍、深衣等多种服装样式，以及各种首饰、佩饰等。它完成了中国古代服饰最基本的形制，即套装式的"上衣下裳制"、"衣裳连属制"、上下通裁的"袍制"以及整合式的上下连属制。此后，中国历代的服装，都按照这三种基本形制发展变化。先秦时期的

第一章

服装也受到了当时政治制度的制约和民俗宗教文化的影响，成为统治者的工具，被纳入礼制的范畴。周代出现的冕服，其形制、服色、章纹、种类等方面都集中体现了礼数的制约。而在春秋战国时期，百家争鸣又对服饰产生了重要的推动作用，服饰在穿着上风格异彩绽放，不拘一格。当赵武灵王大胆引进胡服时，北方与中原的服饰则相互影响。在这一时期所形成的先秦服装，不仅决定了服装制度的基本内容，同时也影响了人们的着装观念。

思考题：

1. 名词解释：冕服、深衣、胡服、十二章纹、弁服、元端（玄端）
2. 简答：
(1) 简述胡服的特点。
(2) 简述深衣的特点。

作业布置：

1. 收集早期深衣、春秋战国时期的袍式深衣及深衣制的规、矩、权、衡、绳的内涵。要求图文并茂，而且要有个人的独到认识及见解。
2. 根据这一历史时期的服饰，借鉴和吸取某些造型要素，与现代服装设计相结合进行系列设计，每系列的件套多少，可根据师生沟通的实际情况而定。

建议：

欣赏电视连续剧《三十六计》等相关片断，体会春秋战国时期的袍式深衣，看看在影片服饰中哪些继承了历史，哪些赋予了创新。

基础理论——

秦汉服饰

课题名称： 秦汉服饰

课题内容： 1. 男子的袍服与佩饰
2. 男子的冠、巾、帻及履
3. 汉代女子的服饰

上课时数： 6课时

教学目的： 向学生介绍汉代男子袍服的特点；汉代男子的巾帻冠帽的种类及梁冠的特点；汉代女子的深衣及其他。重点介绍马王堆汉墓的出土文物的研究价值以及汉武帝时期开辟的丝绸之路的伟大意义。

教学要求： 1. 了解秦汉时期曲裾袍及直裾袍的特征；
2. 了解女子的深衣及马王堆汉墓中出土的其他服饰的特征；
3. 了解丝绸之路对中国古代经济、文化以及服饰方面的深远意义。

第二章

秦汉服饰

第一节　概述

　　秦汉时期是中国封建社会初步巩固的时代。公元前221年，秦王嬴政在空前广阔的领域里建立了第一个统一的多民族的中央集权制的封建大国——秦，结束了自周代以来诸侯割据称雄的局面。秦从公元前221年到公元前206年，虽历时仅15年，但在历史上却占有重要地位，为后来汉民族的形成与经济文化的发展创造了条件。

　　秦朝建立后，秦始皇主张"书同文，车同轨"，统一了汉字、度量衡、法律、货币等。在服饰上广采各国旌旗服御，采用"五德始终"说，认为黄帝时以土德胜，崇尚黄色；夏朝是木德，崇尚青色；殷朝是金德，崇尚白色；周文王以火胜金，色尚赤；秦以水德统一天下，色尚黑。

　　所以秦代的装束以黑色为主，就连上朝的百官也皆着黑朝服，显得素雅整齐，佩饰也十分简单。同时由于秦亲法灭儒，自轻礼仪，因此，秦时没有繁琐的冕服制，祭祀活动时，只穿冕服中级别最低的元冕。此外，在朝中等级标志也仅限于冠式和佩玉上，这些都是秦之思想在服饰上的反映。

　　公元前202年，刘邦建立汉朝，定都长安，史称西汉。西汉后期逐渐走向衰落，经推翻篡权者王莽之后，刘秀重建汉政权，定都洛阳，史称东汉，东汉建于公元25年，亡于公元220年。

　　汉初国力甚微，但政策宽松，气氛和谐。在这种前提下，迅速医治了秦朝末年的战争创伤，经济、文化、国力等都逐渐出现了明显的飞跃，一派繁荣昌盛的景象。

　　刘邦建汉时，在服饰上承袭的是秦制，所以汉代初期服饰色彩依然尚黑，出现了吏黑民白朴素、庄重的服饰风貌。

　　汉武帝时，除加强了同少数民族的联系外，还曾两次派张骞出使西域，沟通了中国与波斯、印度等一些国家的贸易往来，也开辟了中国与西方各国的陆

—50—

路交通，就是著名的"丝绸之路"。沿着这条陆路通道，中国古老的文化伴随着丝绸的运送被传播到了中亚各国以及欧洲大秦国（罗马帝国）。同时汉武帝接受儒生董仲舒提出的"罢黜百家、独尊儒术"的建议以后，儒家思想逐渐成为汉代封建社会的统治思想。汉朝重土德，尚黄色。由于经济的发展和对服饰礼仪的重视，服饰在汉前形制、工艺、纺织、刺绣、染绘的基础上根深叶茂地发展起来。此时的服饰和整个文化的各个组成部分都得到了空前的发展。中国文化的基本模式也就是在此时勾画出了基本轮廓。

随着汉朝政治的巩固和经济的飞速发展，以及内外交流的日异活跃，汉代的衣冠服饰亦日趋华丽。从马王堆出土的大量西汉时期的丝绣织品中可以看到，华丽的服饰生动地再现了汉代独特的装饰风格与特点，并反映出了汉代纺织业的高超水平，染织工艺的进步是汉代服装质量得以提高的基础。

第二节　男子的袍服与佩饰

一、袍服的盛行

秦汉时期男子的袍服盛行，这一时期的袍有曲裾和直裾两种，其形制是由春秋战国时期的深衣演变而来的。在秦汉时代，宽大衣袖的袍服一直被当作礼服，于朝会、礼见时穿着。袍服在式样上无差别，但衣料的精粗及颜色有差别，一般红为上，青绿次之。秦汉时期，男子无论文武皆穿袍，从出土的壁画、陶俑、石刻来看，袍服的领口开得较低，以便露出袍内的禅衣，袍服的领口、袖口、底摆都镶嵌着花边，花边的图案有菱形纹、回形纹、方格纹、夔纹等。根据《尔雅·释衣》所载，袍服的袖头称"祛"，袍服的袖身宽大处称"袂"。

> "袂"的叫法最早来源于春秋战国时期的深衣，《东周列国志·晏子使楚》中记载着这样一段对话，楚灵王问相貌不扬的晏婴："齐国派你来莫非无人？"晏子说："齐国可谓行者摩肩，立者并迹，每个人挥一把汗，天上就下一场雨，每个人都把袖子扬起来就形成一片乌云，遮住天上的太阳，何谓无人？"灵王说："那为何派一小人来出使我国？"晏子说："敝国派出使者，有一规矩：贤者奉使贤国，不肖者奉使不肖之国；大人出使大国，小人出使小国。臣为小人，又最不肖，故奉使命来至楚国。"楚王闻言心中暗暗惊异。"张袂成荫"的成语由此而来，晏子是用"张袂成荫"来形容齐国人的众多，但也可通过袖子能成荫的比喻反衬出袖子的宽大。

第二章

从湖南长沙马王堆汉墓出土的实物来看，汉代的袍服有两种形式，即曲裾袍和直裾袍。曲裾，即为战国时期流行的深衣，汉代仍然沿用，在款式和造型上略有变化，但多见于西汉早期（图2-1）。

图2-1 湖南长沙马王堆一号西汉墓出土曲裾袍，以幅宽50cm的汉帛裁制，每件需用帛32m，约合汉尺14丈，包括衣里（图片来源于中华文化论坛网）

东汉男子一般不穿曲裾袍，而穿直裾袍，亦称襜褕（chānyú），样式宽大且长，是直接穿于外的衣式。西汉时已出现，但没有作为正式礼服，至东汉时得以普及。直裾的"襜褕"除祭祀、朝会之外，各种场合都可穿着。襜褕和深衣的不同之处在于深衣多用曲裾，而襜褕多用直裾。襜褕是在内衣得到完善的基础上而盛行的，在样式上，更加时髦（图2-2）。

禅（dān）衣，也叫中衣，是一种无内里的单层袍服。这种袍服是当时的一种内衣或衬衣，有时也可以作为夏日里的居家服来穿，其面料大多为薄纱。

图 2-2 湖南长沙马王堆一号西汉墓出土直裾袍，以幅宽 50cm 的汉帛裁制，每件需 23m，约合汉尺 10 丈，包括衣里（图片来源于黄能馥、陈娟娟《中华服饰艺术源流》）

二、男子佩绶与簪笔

1. 佩绶

汉代佩绶制度是前代佩饰制度的一大发展，它是与汉代封建主义思想的进一步强化相适应的，成为汉代服装的一大特点。汉代服装中用冠、笄、巾、帻等区分等级身份，但往往仅凭冠帽不能严格区分等级（如汉代文官所戴的进贤冠，只有一梁、二梁、三梁），所以在前代玉佩等饰物的基础上通过印、绶来划分更加严明的等级。

佩饰制度自古有之，古人往往在腰带上悬挂着许多佩件，这些佩件有的出于实用的目的，如印章、囊袋及解结用的玉觿，因为古代服装没有口袋，这些随时要用的零星杂物只能佩挂在腰际。另外，有的是为装饰而用，没有太大实用价值，如玉环、玉珩等各种玉制的物件。古代除这两种腰部的佩饰以外，还有前身下裳上的韨（fú，古代大夫以上祭祀或朝觐时遮蔽在衣裳前的服饰。用熟皮制成。形制、图案、颜色按等级有所区别）佩，即蔽膝。这种蔽膝一直是帝王百官及命妇祭服中的一个组成部分。

春秋战国时期，佩饰的物件有所变化。由于战争关系，贵族阶级的佩饰一般都是兵器。自秦汉以后，除佩挂刀剑外，还有佩挂组绶的礼俗。组，是一种用丝带编成的饰物，可以用来系腰。古代用以系玉佩的带子名曰綎，到汉代这种綎带演变成一条织有丙丁纹的绶带，即绶，和官印系结在一起。这种官印上的綎带又称为印绶，成为官吏权力的一种象征。不仅汉族官员具有，就连属于汉朝的少数民族也一印承受一绶。印的质料表现官阶高低，有玉、金、银、铜之别；绶的长短、色彩、组织各有差异，官员也有区分，由朝廷统一发放。西汉末王莽篡政，曾派专使前往边疆收回汉朝的印绶，以致激起了各族的反抗。

根据汉朝规定，职官平时在外，必须将官印随身携带，通常的做法是将印章放在一个特别的鞶囊里，再将鞶囊系在腰间。为了显示官阶身份，在放置官印时，必须将官印上的绶带露在囊外，朝下垂搭，由于印绶的差异，便知系佩者的不同身份。从具体的印绶制度来看，地位越高的人，所佩的印绶也越长，如果任其下垂，势必拖在地上。于是官吏在佩绶时，多将其打成回环，然后剩余一小部分朝下垂搭（图2-3、图2-4）。

图2-3 汉时垂绶　　　　　　　　　图2-4 汉时绶囊

2. 簪笔

簪笔是汉代的一种制度。官吏上朝奏事必先书写在笏板上，皇帝的旨意或议事的结果也需书于笏板上以备忘。故官员需随身带笔，笔无搁处即插于头上耳边一侧的冠内，叫作簪笔。本出于实际应用，后才形成官制。限于御史或文官使用，这一点成为汉时的文官上朝时的特征之一。

自汉时起，朝堂之上文官簪笔一直影响日后的许多朝代，只不过是簪笔的方式不同。但整体看只有汉代是为了实用，其他朝代只不过是文官的一种特征。簪笔的方法有立笔、竖笔的不同。《晋书·舆服制》："笏者，有事则书之，故常簪笔。今日之白笔是其遗像。三台五省二品文官簪之，王、公、侯、伯、子、男、卿、尹及武官不簪，加内侍卫者乃簪之。"这段记载也表明最初的簪笔是大臣用来在笏板上记事的，后来则变成了一种佩饰，表示身份等级，称为"白笔"，并且簪笔的制度十分详细（图2-5）。

图2-5 簪笔

第三节 男子的冠、巾、帻及履

冠帽是区分等级差别的重要标志之一。汉代冠的名目繁多，《后汉书·与服志》载，汉代的冠包括：冕冠、长冠、委貌冠、皮弁、爵弁、通天冠、远游冠、高山冠、法冠、武冠、建华冠、巧士冠、却非冠、却敌冠、樊哙冠、术士冠等20种之多。

汉代男子除冠外，首服还有巾、帻，且每类又有诸多名目。汉代男子的首服是区分不同身份、不同等级的标志。

一、冠服式样及特征

1. 长冠

一种祭祀用的冠，以竹皮为骨架，外蒙漆缅（纱类），冠顶扁而窄长（图2-6）。

2. 通天冠

以铁丝为梁，外裱细绢布，并饰有"山"、"述"附件的冠饰，出现于战国时期，从秦至汉，历经唐宋，一直沿用到明代。在汉代高九寸，皇帝带此冠并加冕板。月正时百官朝贺等场合，天子多戴之（图2-7）。

3. 远游冠

制如通天冠，有展筒横于前而无山述。诸王所戴，有五时服备为常用，即春青、夏朱、季夏黄、秋白、冬黑。西汉时为四时服，春青、夏赤、秋黄、冬皂（图2-8）。

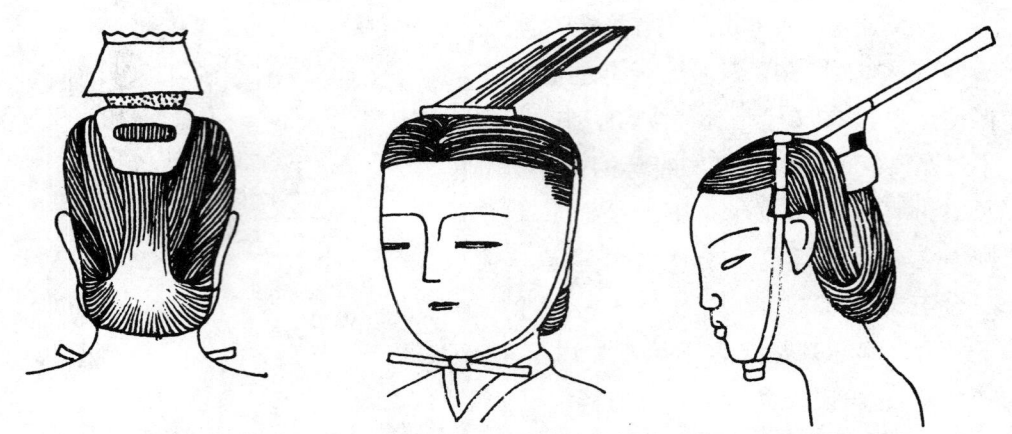

图 2-6　汉代楚冠之一男俑长冠（马王堆出土，选自袁杰英编著《中国历代服饰史》）

图 2-7　通天冠

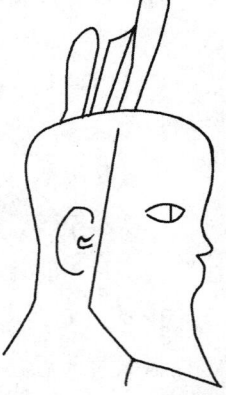

图 2-8　汉代远游冠（选自袁杰英编著《中国历代服饰史》）

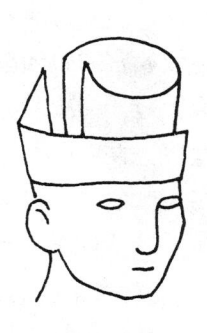

图 2-9 汉代进贤冠（选自袁杰英编著《中国历代服饰史》）

4. 进贤冠

进贤冠是前高七寸，后高三寸，长八寸的文儒之冠。这里的长是帽梁的长，用梁的多少区别身份高低，文官公侯三梁、博士二梁、博士以下的小吏和私学弟子一梁。帽梁与前高七寸、后高三寸的帽缘相接，形成前高后低的斜势（图2-9）。

5. 法冠

为执法官所戴，又称獬豸冠。獬豸是传说中的一种能辨别曲直、是非的独角兽，春秋时楚王喜其明察秋毫，因而取其体貌特征来作为冠饰。秦灭楚之后把这种冠饰赐给御史，成为执法者的冠饰（图2-10）。

图 2-10 法冠（据《汉宫仪》绘制，选自黄辉著《中国古代人物服式与画法》）

6. 武冠

武冠是各级武官或跟随皇帝的侍从及宦官所戴的礼冠。

（1）武弁大冠：又称赵惠文王冠，是秦汉时期武冠的一种（图2-11）。

（2）鹖尾冠：在冠的左右各插一支鹖尾，据《汉书》记"鹖者，勇也，其斗一死乃止……"鹖是一种善斗的鸟，两鹖相斗，必有一死。因此，春秋战国时期，赵武灵王下令将武士的冠插上鹖尾。又据《汉宫仪》记："虎贲冠，插两鹖尾。"可见，汉代勇士的冠，插有两只鹖尾。此冠多为太尉（秦汉时掌管武事的最高官员）、卫尉（汉代统率卫士守卫宫禁的官）等武官用（图2-12）。

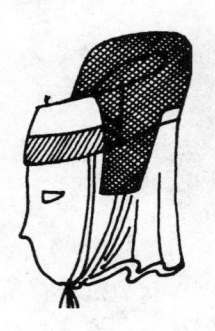

图2-11　汉代武冠（选自袁杰英编著《中国历代服饰史》）

图2-12　鹖尾冠（根据《汉冠服汇考》绘制，选自
　　　　　黄辉著《中国古代人物服式与画法》）

二、巾、帻及履式

1. 巾

商周以前，士以下人用巾约发，而士以上单用帽约发。由于头巾只用于庶民，因此就出现以头巾呼庶民的情况。春秋战国时，兵士多用青布裹头，于是称士卒为"苍头"。《七国考》中有"苍头二十万"的说法。后来逐渐把下层的平民百姓统称为"苍头"。秦时以黑巾裹头，所以又称百姓为"黔（qián，黑色）首"。幅巾大抵长三尺，幅宽二尺二寸。这种用于百姓的头巾，在后代得到发展。东汉末期，虽然王公大臣按规定都可穿用冠冕堂皇的服装，但他们更喜欢裹幅巾（实为一幅料为巾，巾长二尺二寸，巾宽二尺二寸）。幅巾在汉末成为流行首服，或以幅巾为雅，或以幅巾为尚，直至魏晋时期，仍为儒雅之人喜好（图2-13）。

图2-13 戴幅巾的男子（根据《汉书·舆服志》绘制，选自黄辉著《中国古代人物服式与画法》）

2. 帻

帻是常服中的首服。虽起于战国，但当时的帻并不普及和完善。帻直接佩戴，是官吏燕居的首服。另一种戴法是上朝或办公务时与冠佩戴，戴时先裹帻巾，然后戴冠。但帻、冠的颜色须相互配套。

帻原为秦时的箍帕，是武官、武士所戴，主要目的在于束发，以防前发下垂有碍战事。平巾帻传说是由于汉元帝额前多发，所以他将箍帕加宽施于头上以便遮盖，再戴冠以理朝政。介帻的盛行据说与王莽头秃喜在冠下衬帻的传说有关。这两件偶然事件，不仅使帻的形制有所演变，而且汉时戴帻成为一种社会风尚，上行下效，演变成一种流行的首服。这是一个典型的因偶然事件导致服饰形制变化和流行的实例。这类例子不论在中国，还是在世界服饰史中都会经常出现。戴冠衬帻时冠与帻不能随便配合，文官的进贤冠要配介帻。武官冠下衬平帻，卑贱执事只能戴帻而不能戴冠（图 2-14）。

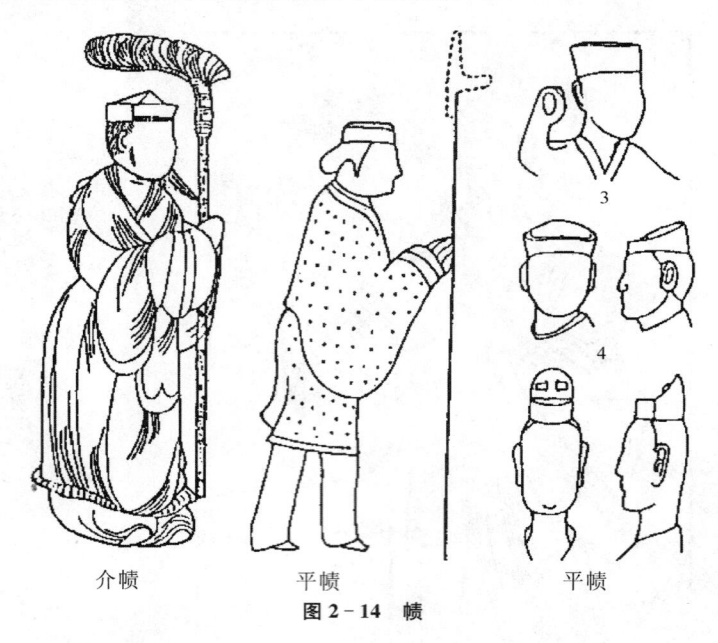

介帻　　　　平帻　　　　平帻

图 2-14　帻

3. 履

汉代以前鞋的总称是屦，汉代以后鞋的总称是履。汉时的履主要为高头或歧头丝履，上绣各种花纹，或是葛麻制成的方口方头单底布履。另外还有诸多式样和详细规定。

（1）舄：为绸面木底，配祭服穿用，厚底（图 2-15）。

（2）履：配以礼服入朝时穿用（图 2-16）。

（3）屦：多指草鞋，但也可夏用葛、冬用皮制，为居家燕服的薄底便鞋（图 2-17）。

（4）屐：出门行路用，颜师古注："屐者，以木为之，而施两齿，所以践泥。"此处不难理解，它是一种木底鞋，鞋底装二齿，可在泥地中行走，很适合于当时出门远行用（图2-18）。

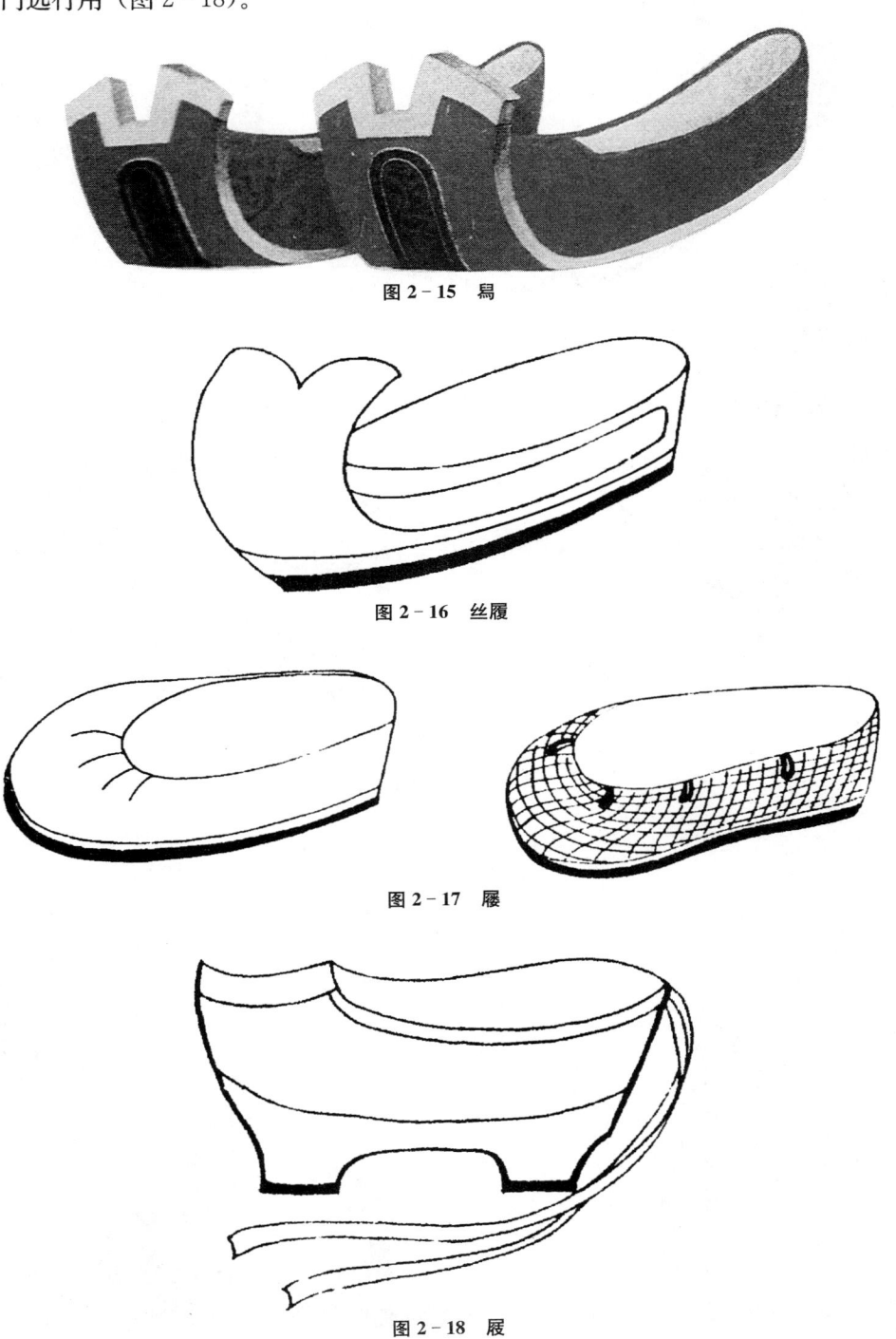

图2-15 舄

图2-16 丝履

图2-17 履

图2-18 屐

（5）靴：多以皮革制成高筒式，靴随胡服传入中原，汉时常为军中骑兵和猎人所穿（图2-19）。

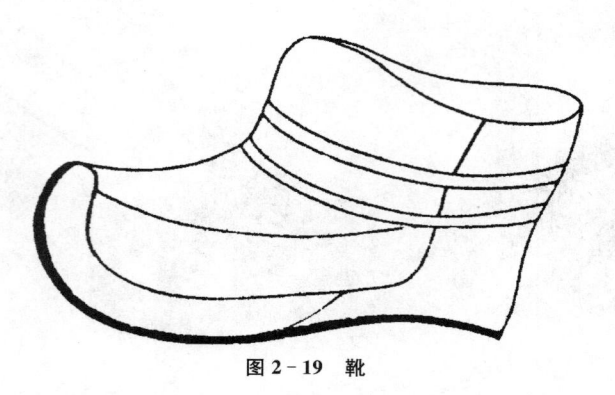

图2-19　靴

（6）袜：自汉代起鞋的统称亦为履，以原料质地命名。有皮履、丝履、麻履、草履等诸称。总体上看，皆体宽大，质地粗糙且硬挺，为方便行走着履时必须系带。为防止磨损肌肤，特制了较厚实的布帛或皮革长袜，并在袜筒上端，用一尺长的白色或红色带束紧，使之行走时不至垂落（图2-20）。

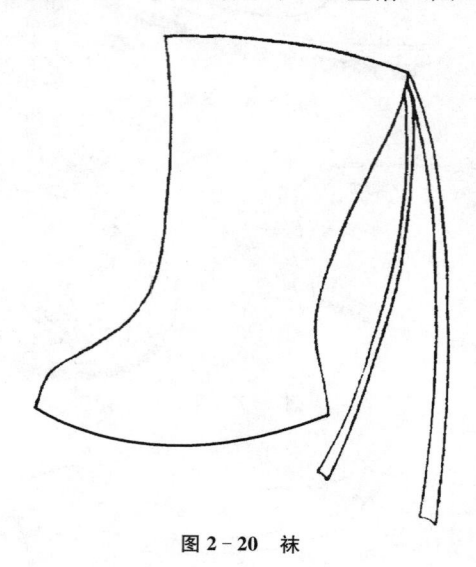

图2-20　袜

第四节　汉代女子的服饰

汉代女子最流行的服饰是深衣，此时的女子深衣款式多变且时髦，有的衣襟绕转的圈数变多，衣服下摆增大，穿着这种服装腰身都裹得很紧，以绸带固定腰部。除此之外，妇女也穿襦裙，上襦下裙，上襦较短，仅到腰际，襦裙较长，最长的下垂至地。

一、女子的几种袍式深衣类服饰

汉代女子深衣仍采用连衣裳，只是裁制时不必对应 12 个月，其续衽曲裾的加长和裁制的方法都不必与前代正宗深衣一致。从款式上看以春秋战国时期的袍式深衣为主，还有在此基础上再创新的，从外观上看，其衣襟绕转的层数增多，衣服下摆部分增大。这类曲裾深衣在汉代女服中极为盛行，衣身长可曳地，下摆呈喇叭状，行不露足，衣袖有宽窄两式，袖口多有镶边。衣领部分很有特色，通常用交领，领口很低，以便露出里衣。有的多达数层，三层的为多见，被称为"三重衣"，这种绕襟深衣衣襟多层绕转，穿着时腰身一般裹得很紧。为使盘绕的衣襟不至于松散，另加一条丝带系扎，或系在腰际，或束在臀部（图 2-21～图 2-23）。

图 2-21 穿绕襟深衣的妇女（湖南长沙马王堆一号汉墓出土帛画局部，选自黄能馥、陈娟娟《中华服饰艺术源流》）

图 2-22 绕襟深衣平面示意图（湖南长沙马王堆一号汉墓出土帛画局部，选自华梅著《中国服装史》）

图 2-23 穿三重领深衣的女子（陕西西安红庆村出土加彩陶俑，选自华梅著《中国服装史》）

汉代女子的深衣制中，有一款很有代表性，被称为袿（guī）衣。《释名》载："妇人上服曰袿，其下垂者，上广下狭如刀圭也。"其大意是："妇人的长襦衣叫袿衣，在两侧有上宽下窄的垂幅，形状如同刀圭。"从图式来看，应该是把面料通过斜裁，才能达到这种效果（图2-24、图2-25）。

图2-24 女子袿衣示意图（选自华梅著《中国服装史》）

图2-25 身着袿衣的女子（江苏徐州铜山汉墓出土陶俑，选自华梅著《中国服装史》）

素纱禅衣：1972年冬，在湖南长沙马王堆汉墓中出土了大量的服饰实物，其中最使人惊奇的是素纱禅衣，整件衣服，薄如蝉翼，轻如烟雾，衣长128cm，将袖子展开成一字形，两袖端之间的通长是190cm，在领边还镶嵌着5.6cm宽的绒圈锦，共两件，其中一件质量为48g，而另一件质量为49g，都不到1两（50g），是两件极为罕见的稀世之品（图2-26）。关于素纱禅衣的用途，在考古学界有两种非常有争议的说法，有人说这是最早期的性感内衣，由于它是透明的，当时考古学家曾将素纱禅衣六层衣料铺在《人民日报》上，竟然仍能看清报纸上的字。还有人说这是墓主人辛追夫人最外层罩衣，它既能挡住灰尘又能让人看清里面的华丽服饰，《礼记·玉藻》中载："禅为䌰。"䌰指的是罩在外面的单衣，这一解释与第二种观点是一致的。"禅衣"就是"单衣"的意思，按许慎《说文解字》，禅指无衬里，就是指单衣。当初写考古报告时曾有笔误，把"禅衣"写成"禅衣"，但辛追夫人生前的年代距白马驮经文的年代还有一段距离，周总理发现了这一小问题，提笔把"禅"字改成"禅"字。现在我们从服装造型的角度来考证，西汉时期华丽的礼仪女装或正规场合的女装，主要是传统的大袖深衣，而素纱禅衣的衣袖较窄，罩在外面是不合适的，因此，理解为内衣类的衣装可能更确切一些。

图2-26　素纱禅衣（湖南长沙马王堆一号汉墓出土实物，本图片来源于中国新闻网）

二、襦裙

在中国考古界所见到的最早的襦裙装束，是出土的战国时期中山王墓的小玉人的服饰形象，这几个小玉人穿的即是上短襦、下方格裙的服饰，自战国到清代的两千多年间，襦裙的穿着方式一直是中国历代妇女的主要装束。尽管依各个时代的风格和审美标准使襦裙有长短、宽窄不断变化，但基本形制始终保持着最初的形制。

> 《后汉书·皇后纪上·明德马皇后》中记："常衣大练，裙不加缘。"从这里也可以看出汉代的裙子没有缘边。在湖南长沙马王堆汉墓中，还发现了完整的裙子实物，它是4幅素绢为之，裙腰的两端分别延长一截，以便系结。整条裙子简洁大方，也没有缘边，当时称"无缘裙"。

古代"裙"、"群"二字同源，群就是多的意思，当时布帛门幅狭窄，一条裙子通常由多幅布拼制而成，因此有"裙"的名称。汉刘熙《释名·释衣服》载："裙，群也，连接群幅也。"汉代时期襦裙已经成为女子的日常装束，其形式是：上衣为一种短衣，称襦，长至腰间，有衬里，领子分交领、直领两种；下裙上窄下宽，极长，有的几乎从腋下垂至地面，不施边缘，裙腰用绢条，两端有系带（图2-27）。

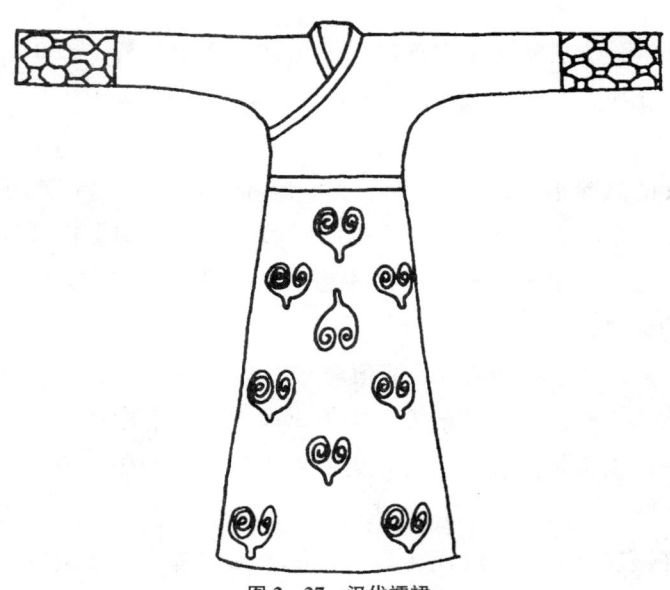

图2-27 汉代襦裙

三、秦汉女子的发型、首饰、佩饰、履

1. 发型

汉代贵妇发型以高大为美。《后汉书·马廖传》载："闻长安语云：城中好高髻，四方高一尺；城中好广眉，四方且半额。"从这里可以看出长安城中流行高髻，城外人皆纷纷效仿。当时妇女常常在真发中掺接假发梳成高大的发髻，

插入数只笄簪将它固定，也有用假发做成假髻直接戴在头上，再以笄簪固定的成为"副贰"。还有一种以假发和帛巾做成帽子一样的假髻，白天戴在头上，晚上取下来，称为"帼"。

2. 首饰

汉代女子的首饰丰富，有笄、簪、钗、华胜、擿（zhì）、步摇簪等。

（1）笄：《说文》："笄，簪也。"古代盘头发或别住帽子用的簪子。其材料有木、竹、骨等。

（2）簪：是笄的发展，可用金、玉、牙、玳瑁等制作，常常做成凤凰、孔雀的形状。

（3）钗：妇女的一种首饰，由两股簪子合成，即金钗、玉钗。

（4）华胜：是制成花草之状，插于髻上或缀于额前的装饰。汉时在华胜上贴金叶或贴上翡翠鸟毛，使之呈现闪光的翠绿色。

（5）擿（zhì）：簪子的一种，是将簪子头部做成搔头的样式，俗称搔头。《后汉书·舆服志下》："簪以瑇（dài，通'玳'）瑁为擿"，是指用瑇瑁做成的簪子。

（6）步摇簪：步摇簪是在簪顶挂珠玉垂饰的簪子，簪子长1尺左右，行走时晃动，垂饰相撞，发出风铃一样的声音。

3. 佩饰

汉代妇女的佩饰亦华丽多彩，有梳篦、步摇冠、颈饰、臂饰、指环等。

（1）梳篦：指将梳或篦插在髻上的一种妆饰。在中国上古时期便已出现这种妆饰，历代也多有出现。值得一提的是，至宋代时，妇女喜插大梳，因而出现相当夸张的款式。

（2）步摇冠：花蔓状和树状的冠顶金饰，走动时能摇动。

（3）颈饰：广西合浦西汉墓曾出土用玛瑙珠穿成的项链。湖南长沙五里牌东汉墓曾出土加工精美的金质项链，由三种不同形状的193颗金珠串组，还有一个花穗形金坠。

（4）臂饰：现今发现的汉代臂饰主要从云南省晋宁石寨山滇王王族墓出土的西汉时期的玉环及金、银、铜镯。从云南江川李家山出土的有铜嵌绿松石手镯。从湖南长沙五里牌东汉墓出土的有一个用多根细金丝交织而成的绳形手镯。

（5）指环：两汉时期以金、银制作指环，在湖南长沙、零陵，广东广州、增城等地曾出土较多实物。

4. 履

妇女履式与男子大同小异，一般多施纹绣，木屐上大多绘有彩画，再以五彩丝带系之。

结语

秦汉处于封建社会的上升阶段,其服装的各个方面较前有了很大的发展,从出土的马王堆衣饰、秦始皇兵马俑等该期实物来看,都显示了当时的服饰日益讲究,着装渐趋华丽。随着中国的统一,各个阶层的服装也都随之得到更进一步的发展。

战国末期的哲学家、阴阳家的代表人物驺衍,也叫邹衍,运用五行相生的说法,建立了五德终始说,并将其附会到社会历史变动和王朝兴替上。如黄帝为土德,禹是木德,汤是金德,周文王是火德。因此,后代沿用这种说法,总结为"秦得水德而尚黑"。而汉灭秦,也就是以土德胜水德,于是黄色成为高级服色。另根据金、木、水、火、土五行,以东青、西白、南朱、北玄、中黄色标准,从而更确定了以黄色为中心的主旨,因此最高统治者所服之色当然应该以黄色为主了。同时还有五时服色,即"春著青,夏著赤,季夏著黄,秋著白,冬著皂。"由此看来,汉初承秦旧制,崇黑,而后又尚黄、尚赤。而在此时之前的春秋时期,"绿衣黄裳"曾被一般民众所穿着,在文献中也有许多这样的记载,例如:"载玄载黄,我朱孔阳,为公子裳"等,从这句《诗经·国风》中的描写,更明确地看到了黄色下裳曾是民众常服。至汉武帝起,皇帝虽用黄色来作正朔服色(正朔:一年第一天开始的时候。正和朔分别为一年和一月的开始。夏历以冬至后第二个月为正月,天历以冬至所在的月份为正月,夜半为朔。从汉武帝时候和太初历直至今天的夏历,都用夏正。古时改朝换代,新王朝常重定正朔。《礼记·大传》:"立权度量,考文章,改正朔,易服色,殊徽号,异器械,别衣服,……"孔颖达疏:"改正朔者,正谓年始,朔谓月初,言王者得政,示从我始,改故用新,……是易朔也。"正朔服色:就是新王朝改革后采用的服色,汉代改正朔是从汉五帝开始的,西汉初随秦制),不过未像后代那样禁民众服用。男子仕者燕居之衣,可服青紫色,一般老百姓则以单青或绿作为日常主要服色。汉初还曾规定百姓一律不得穿杂彩(各种颜色)的衣服,只能穿本色麻布。平民可穿青绿之衣,已经是西汉末年的事了。

袍是秦汉时期典型的服式,它集中体现了这一时代的政治、经济状况,思想风尚以及审美倾向,它的穿着者不分尊卑贵贱、男女长幼,它的形制与种类也产生了许多的变化,其中男子的曲裾袍服和女子的曲裾深衣更是一种独特的创造。成熟时期的秦汉服装通过"丝绸之路"开始走向了世界,它的意义在于:悠久的中国服饰文化,从此得以在世界各地传播与扩大。

思考题：

1. 名词解释：曲裾袍、直裾袍、男子禅衣、佩绶、女子素纱禅衣
2. 简答：

（1）简述秦汉时期男子的袍服。

（2）简述汉代女子的深衣制。

作业布置：

1. 收集并解析两汉时期的服饰图案。
2. 根据汉代服饰特征，与现代服装设计相结合进行系列服装设计。

建议：

观看电视剧《汉武大帝》中加冠仪式片断，了解古代加冠仪式。

基础理论——

魏晋南北朝服饰

> **课题名称：** 魏晋南北朝服饰
>
> **课题内容：** 1. 魏晋男子的衫及其他服饰
> 2. 妇女服饰
> 3. 少数民族的裤褶与裲裆
>
> **上课时数：** 6课时
>
> **教学目的：** 向学生介绍魏晋时期男子着衫的三种境界；胡汉两族服饰的相互转移与融合；魏晋妇女讲究修饰点缀的服饰文化；北方少数民族裤褶与裲裆在融合状态下的特点。
>
> **教学要求：** 1. 使学生了解魏晋男子衫的特点；
> 2. 使学生了解魏晋女子杂裾垂髾深衣的特点；
> 3. 使学生了解北方与中原服饰的相互影响及裤褶、裲裆的特点。
>
> **课前准备：** 阅读魏晋时期的各种人物传记及相关历史典故，从而了解魏晋男子各种服饰境界形成的原因；阅读各种文献资料中的魏晋服饰。

第三章

魏晋南北朝服饰

第一节 概述

  魏晋南北朝的整个历史阶段是从公元220年始至公元589年隋灭陈统一全国，共369年。这一时期政治险恶，社会动荡，自汉末起战乱相寻，几无宁日。曹操《蒿里行》中"铠甲生虮虱，万姓以死亡。白骨露于野，千里无鸡鸣"是当时社会的真实写照。军阀割据、王室贵族自相残杀，北方游牧民族同中原汉族人争夺生存空间。整个社会处于动乱分裂状态，先为魏、蜀、吴三国鼎立之势，后司马炎代魏，建立晋朝，统一全国，史称西晋，不到四十年灭亡。

  公元317年，司马睿也就是晋元帝，在南方重建晋朝，为了和司马炎建立的晋朝有区别，历史上把这个晋朝称东晋。在北方，有几个民族相继建立了十几个国家，被称为十六国。东晋后，南方又经历了宋、齐、梁、陈四朝，统称为南朝。与此同时，鲜卑族拓跋氏的北魏统一北方，后又分裂为东魏、西魏，再分别演变为北齐、北周，统称为北朝。最后杨坚建立隋朝，统一全国，结束了南北分裂的局势。

  这一时期是封建国家分裂和民族大融合时期，成千上万的北方少数民族入居中原，与汉族人民互相错居、互相学习、互相促进，汉族文化和少数民族文化不断趋于融合，包括服饰在内的文化、生活习俗亦逐渐趋于融合状态。

第二节 魏晋男子的衫及其他服饰

一、衫

  魏晋男子服装以长衫为尚。这种服饰风尚又分三种境界。何晏、曹植时期精雕细琢的华服境界；竹林七贤时期的粗服乱头、宽衣博带的浪漫境界；陶渊明时期的闲适淡泊境界。而粗服乱头、宽衣博带的浪漫超脱境界是魏晋服饰所独有的特征，在士人的衣着和生活方式中留下了深刻的印痕，曲折地反映了他们对现实社会的不满与反抗。衫与袍的区别在于袍有袪（袖端处收袖口），而衫为宽大敞袖。衫有单、夹两式，面料主要是纱、绢、布等，当时以白色为时尚，喜庆、成婚之日亦白，《东宫旧事》记："太子纳妃，有白縠（hú）、白纱、白绢衫、并紫结缨。"看来白色不仅在常服中出现，也是礼服喜用色彩（图3-1）。

图3-1 朝服中的大袖衫（选自华梅著《中国服装史》）

1. 华服境界

从三国鼎立至司马炎代魏，政权不断嬗递，王朝频繁更替，给人一种万物瞬息、历史无常、人生如幻的感觉。所以，很多名士就如大梦一场，醒来后忽然悟到人生真谛：只有自己是真的，只有活着是真的，只有情感感受是真的。既然如此，那么就应该好好地珍爱自己的生命本体，这是一种"人的自觉"的社会思潮。这种思潮涌动到服饰界便表现为魏晋服饰第一种境界——华服境界，即涂脂抹粉、华衣美服。以上流社会的男子为主形成了热衷修容美饰的新潮流。这种热衷与讲究，是从美化人体自身，从对自身生命的珍爱与欣赏的角度出发的，是对先秦服饰理论的反叛与发展。于是王公贵族、文人学士，自上而下竞相效仿。一种乔装打扮、低眉顾影的男子服饰新潮迅速形成。华服境界的代表人物是曹植、何晏（图3-2）。

图 3-2 着衫的魏晋人物，其中左起第二人为曹植的形象，其服饰代表的
是当时的华服境界（郑军、吴小兵根据顾恺之的《洛神赋》绘）

2. 浪漫境界

战乱，政治险恶，贵族华服追求极致（物极则反），玄学、佛学、道学、服寒食散等诸多原因促使魏晋士人追求超自然的境界，表现在服饰上为粗服乱头，宽衣博带，甚至裸露身体，这是魏晋服饰风度的第二种境界——浪漫境界：不屑时政的叛逆哲人、诗人、士庶等以违背常规的、别具风度的服饰来表现其超脱大气、潇洒飘逸、玄远旷达的精神理念。如当时的竹林七贤，其深沉讥世、放荡不羁的品性从其袒露上身或宽衫大袖的着衣方式中可窥一斑。阮籍宽袍大袖，以旷放任诞、蔑视礼法而著名，这同他在政治生活中的谨慎适成相对照。

《抱朴子·刺骄篇》称"世人闻戴叔鸾与阮嗣宗傲俗自放；……或乱项科头，或裸袒蹲夷，或濯脚于稠众。"阮嗣宗就是"竹林七贤"之一阮籍。相传他同山涛、嵇康、向秀、刘伶、阮咸、王戎相友善，游于竹林，号为七贤，他们以任性不羁、放浪形骸闻名。这既表现了他们崇尚虚无、轻蔑礼法，也反映他们对现实政治的不满。鲁迅在《魏晋风度及文章与药及酒之关系》这篇著名的演讲中曾有这样生动的叙述："旧传下来的礼教，竹林名士是不承认的。"如刘伶，他曾做过一篇《酒德颂》，他是不承认从前规定的道德的。

今天还有图像反映，南京出土的"竹林七贤与荣启期"砖刻所示人物，都穿着宽敞的衫子，衫领敞开，袒露着胸怀，八人全赤足；其中一人散发，三人丫髻，四人裹幅巾，这反映了当时玄者的典型衣着。由于玄者轻蔑礼法，放纵高傲，因此他们的衣着不拘仪表礼俗，随意放荡，甚至往往褴褛肮脏。他们大多隐居山中，相互讲诗谈玄以示超脱，还时常过度饮酒和吃药，吃后药性发作，周身发热和发痒，所以他们衫子肥大得出奇，抓起痒来倒是十分方便。而嵇康于众目睽睽之下坦然裸态或者宽衣大袖，不修边幅，笃信神仙，研养生之术（图3-3）。

嵇康　　　　阮籍　　　　山涛　　　　王戎

荣启期　　　　阮咸　　　　刘伶　　　　向秀

图3-3　南京西善桥出土砖印壁画，图中竹林七贤与荣启期皆身着宽衣大袖，袒胸露背，披发跣足，放荡不羁，其服饰属魏晋时期的浪漫境界

3. 淡泊境界

在经历了中国服饰史上这次空前绝后的浪漫主义狂潮之后，陶渊明去掉了何晏、曹植的雕琢炫耀，也没有了阮籍、嵇康的激烈反叛，而将服饰带进了自然淡泊的境界。平和谦虚、淡远深挚，服饰自然平朴，一如他淡远亲切的诗句"采菊东篱下，悠然见南山"；又犹如他的《归去来兮》辞中"舟遥遥以轻扬，

风飘飘而吹衣"之境,给人随意、平和、自然、质朴之感。这是服饰风度的第三种境界——闲适淡泊的境界(图3-4)。

二、首服

魏晋南北朝时期首服有各种巾、冠、帽等。

1. 幅巾

因用整幅料裹头故称幅巾,更加普遍流行于士庶之间(图3-5)。

图3-4 陶渊明闲适淡泊境界的服饰形象　　　　图3-5 戴幅巾的人物

2. 纶巾

幅巾的一种,配有青丝带。传说为诸葛巾,又名纶巾。《三才图会·衣服一》记:"诸葛巾,一名纶巾。诸葛武侯(亮)尝服纶巾,执羽扇,指挥军事。"苏轼《念奴娇·赤壁怀古》中有"羽扇纶巾",是周瑜之形象(图3-6)。

3. 小冠

魏晋时期流行戴小冠,小冠始于汉盛于晋,隋及唐初仍流行,以后也有沿用的。其特点是前低后高,中空如桥,因冠小而得名,不分等级(图3-7)。

4. 漆纱笼冠

简称笼冠，是魏晋南北朝时期的主要冠饰，男女皆可服用，以黑漆细纱制成，故名漆纱笼冠。其制：平顶，似圆形筒子，两边有耳垂下；戴时必须罩于冠帻之外，才成为帽子，下用丝带系缚。这种冠帽，最早产生于汉代。河南洛阳画像砖墓的彩绘武卫、山东沂南汉墓石刻武士，都戴有漆纱笼冠。湖南长沙马王堆西汉墓出土的漆奁（lián，古代盛梳妆用品的匣子）中，发现实物一具，顶部略呈圆形，与魏晋南北朝的形制有所不同。陕西乾县唐章怀太子李贤墓壁画上，亦见有戴漆纱笼冠的文吏。文官皆戴笼冠，其效果十分挺拔、庄重。东晋画家顾恺之《洛神赋》上的人物多戴此冠（图3-8、图3-9）。

图3-6 戴纶巾的诸葛亮

图3-7 戴小冠的北魏灰陶加彩乐人俑

第三章

图 3-8 笼冠（顾恺之《洛神赋图》局部，图中侍者多戴笼冠）

图 3-9 戴笼冠的骑马人物

5. 帢（qià）

士人戴的一种丝织的便帽。《三国志·魏·武帝纪》："裁缣帛以为帢"，根据上述文献记载此冠为曹操所创，于灾荒年代用缣帛仿制皮弁帽而成。以不同的颜色区分身份、贵贱，当时以白色为时尚（图3-10）。

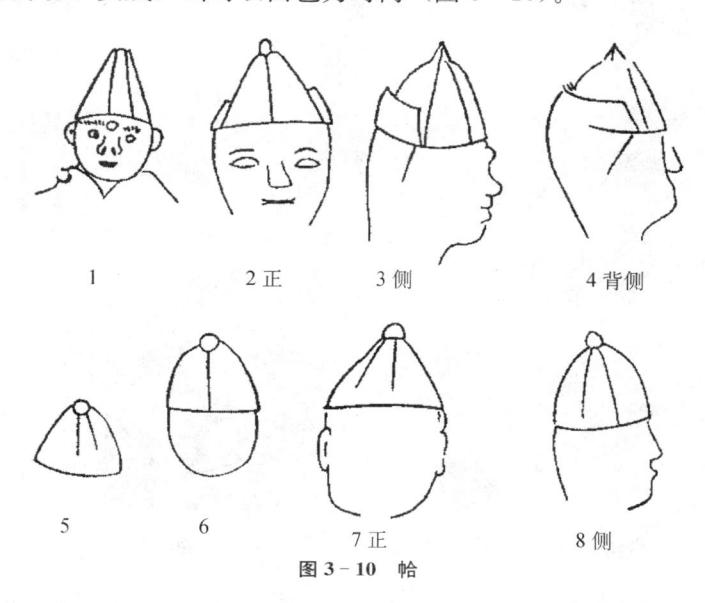

图3-10 帢

6. 白纱高顶帽

又有人说是菱角巾，是南朝时一种特有的冠帽。尤为天子的首服。南朝天子宴私（公余闲居之时或指公余的私生活，如游宴玩耍之类），都戴白纱帽。初唐阎立本《历代帝王图》中陈文帝即戴这种帽，样式为高顶列檐（图3-11）。

三、履式

在履式方面，除采用前代丝履外，盛行木屐。木屐早在春秋时期就流行于齐鲁一带。

> 晋文公想封赏曾割股肉为之充饥的介子推，但他拒不受封而隐于山中，文公以火烧山想逼之出仕，介子推抱树焚死，文公非常哀痛便以该树制成木屐穿之以作纪念，说明木屐早在先秦就很流行。

魏晋以后木屐形式多样，用途也有所不同。晋代的平底无齿木屐，曾是行走蒺藜荆棘中的军旅工具。至南朝时期，穿木屐十分普遍，上至天子，下至庶民，无不穿屐，但多为家居便装，不用于正式场合。当时还出现了一种前后齿均可卸下的木屐，上山时去其前齿，下山则去其后齿，因诗人谢灵运喜

图 3-11　南朝帝王像（陈文帝），头上所戴为白纱高顶帽

穿，故被称为"谢公屐"。后来，木屐主要在南方地区盛行，北方地区则以木屐为雨鞋。潮汕地处亚热带，气温高雨量多，穿木屐可以避暑纳凉，防潮去湿，因此穿木屐之风在潮汕广为流行。男人多穿白坯屐，女人多穿油漆红皮屐，或是漆画屐、绣花屐。

第三节　妇女服饰

这一时期妇女的服饰大多继承秦汉之遗俗，日常汉族服饰有衫、袄、襦、裙、深衣等形制，腰间常系一围裳或抱腰，也称为腰采，外系丝带。同时，此期的妇女服饰也受到北方少数民族服饰文化的影响，从现存的大量北魏彩陶女俑来看，衣着明显特征为上俭下丰，上衣短小，下裙宽大，交领窄袖，束腰紧身。在整个魏晋南北朝时期，妇女的服饰风格有窄瘦与宽博之别，如南梁·庾肩吾《南苑还看人》诗云："细腰宜窄衣，长钗巧挟鬓。"是在咏其窄式衣装之美。南朝梁·吴均《小垂手》诗："舞女出西秦，蹑影舞阳春，且复（同'复'）小垂手，广袖拂红尘。"则是咏宽衣的潇洒与标致的。当时妇女除一部分人融入了北方民族服饰的成分，同男子一样穿着裤褶外，基本上延续传统的汉制服饰，还是以襦、衫、裙为主，有肥瘦之分，南朝仍流行细小、窄瘦的衣裳。实际上南朝时期一些风流者也已经开始穿能够表现身体曲线的紧瘦服装了，这样的例子在服饰史中并不乏见。

1. 襦裙

魏晋时期的襦裙特点是，对襟、束腰、袖根窄、袖端宽、袖口有一块不同颜色的贴边，下着条纹间色裙，腰间有束腰。除穿间色裙外，还有其他裙式，晋人记载太子妃服饰，有绛纱复裙、丹碧纱纹间色裙等。襦裙做工精细，质料考究，色彩丰富。东晋画家顾恺之《列女传》、《女史箴图》中，常绘有穿着各种风格襦裙的女子（图3-12）。

2. 帔子

古代妇女披在肩背上的服饰，交于领前自然垂下，晋朝出现，以后流行于各朝。帔子的流行更使妇女服饰显得丰富多彩。帔子有防寒和装饰双重功能，《释名·释衣服》云："帔，披也，披之肩背，不及下也。"南朝梁简文帝《倡妇怨情诗》："散诞披红帔，生情新约黄。"其意是："放诞不羁地披着红帔，又忽生情趣在额头涂黄为饰。"庾信《奉和赵王美人春日诗》："步摇钗梁动，红轮帔角斜。"其意是："步摇簪钗梁上的珠串在颤动，半圆形的帔巾的两个巾角也斜飘了起来。"这些诗都是当时妇女披戴形象的生动写照（图3-13）。

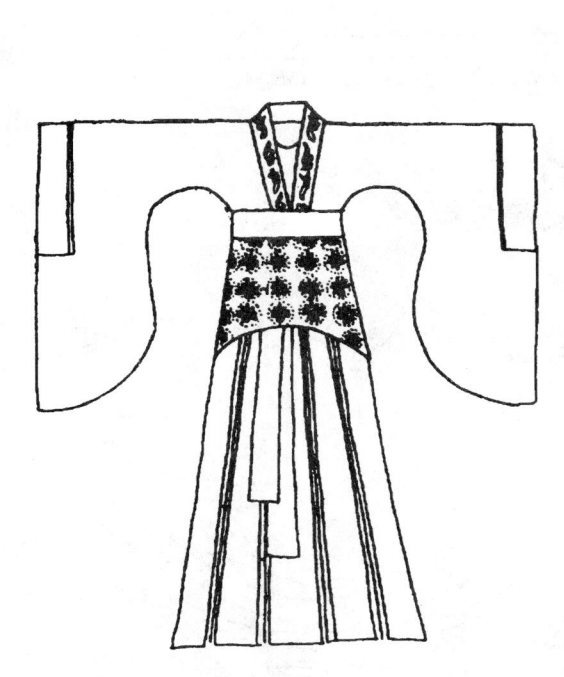

图3-12 魏晋南北朝时期的女子襦裙装　　图3-13 戴窄帔的晋代女子

3. 深衣

在这一时期，女子的深衣又有了新的发展，被称为杂裾垂髾（shāo，通"梢"。一指脑后下垂的发梢；二指燕尾之属，古代妇女发饰；三指旌旗上所垂的羽毛；四指的是女服下摆的垂角）女服。垂髾就是在衣服的下摆部位，加一些饰物，通常用丝织物制成。其特点是上宽下尖的倒三角形，并层层相叠。另外，还从腰部围裳的两边伸出长长的飘带，一般左右各一条或两条，这种飘带称为"襳（xiān）"（图 3-14、图 3-15）。

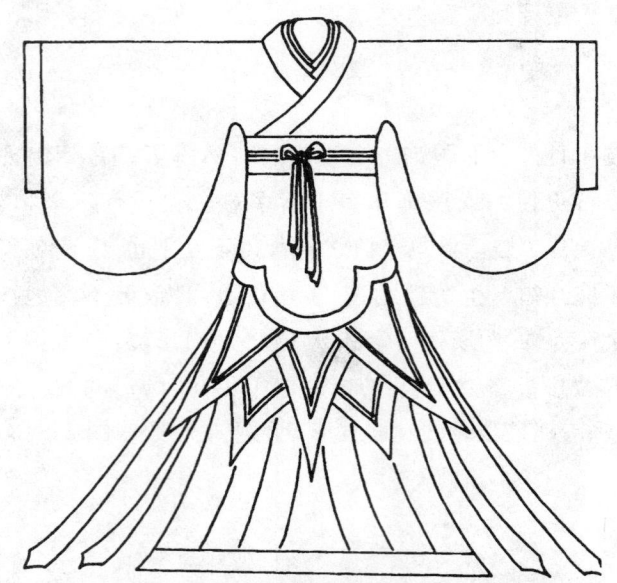

图 3-14 杂裾垂髾深衣展示图（选自华梅著《中国服装史》）

图 3-15 穿杂裾垂髾深衣的魏晋女子（郑军、吴小兵绘）

4. 履

与男鞋一样，继承汉代，唯鞋头式样多变，有凤头、有聚云、有五朵、有鸠头、有笏头……多在鞋上绣花，嵌珠，描色。

从总体来看此时女子服饰，突出表现为竞尚富丽，其质料之华贵，名目之繁多，是前所未有的，显然与宫中姬妾成群，军中"营妓"形式的出现而导致的奢侈风气有关。服饰也从点缀修饰的功用，进而形成以色相迎。故而，首饰光灿夺目，强调与众不同，成为嫔妃、营妓的热衷之处。

第四节　少数民族的裤褶与裲裆

南北朝时期的汉、胡服饰文化，由于两种原因而相互转移。其一是入主中原的少数民族首领及权臣，醉心于汉族官服的高冠博带，并借此炫耀自己身份地位的显赫。最有影响的是北孝文帝改制，公元486年孝文帝始服衮冕，公元494年改革本民族（鲜卑族）的衣冠制度，公元495年接见群臣时颁赐百官汉式冠服。其二是胡服的实用功能优于汉服，向汉族劳动阶层转移，最后连汉族上层人士也穿上了鲜卑服饰。此时期胡汉杂居，促进两族服饰相互影响，构成中国服饰史上的一段独特篇章。

1. 裤褶

一种胡服，上衣叫褶，下衣叫裤，是一种衣裳分制的服装，分广袖、窄袖两种，多为对襟，腰间束革带，裤子多在裤管的膝盖处系扎丝带，又称缚裤。裤褶原是北方游牧民族的传统服饰，后流行于各地区，《宋书·帝纪》说，宋后废帝（刘昱公元473年至476年）就常穿裤褶而不穿衣冠。《南史·帝纪》则说，齐东昏侯把戎服裤褶当常服穿（图3-16～图3-19）。

2. 裲裆

《释名·释衣服》释："裲裆，其一当胸，其一当背也。"由此可见，所谓裲裆，也就是我们所说的背心或坎肩的意思，其意在挡背挡心。其形制也与现在的背心相似，前后各一片，在肩部有两条带子相连，腰间再以皮带系扎。观古代遗物中裲裆穿在俑身上的形象，其形式为无领无袖，前后两片，腋下与肩上以襻扣之，男女均可穿着。这种服式一直沿用至今，南方称马甲，北方称背心或坎肩。

《太平广记》卷三一七引《幽明集·钟繇》："棺中一妇人，形体如生。白练衫，丹绣裲裆，伤一髀，以裲裆中绵拭中血。"从这段话可以看出，裲裆有夹有棉，妇女穿的常饰有彩绣。

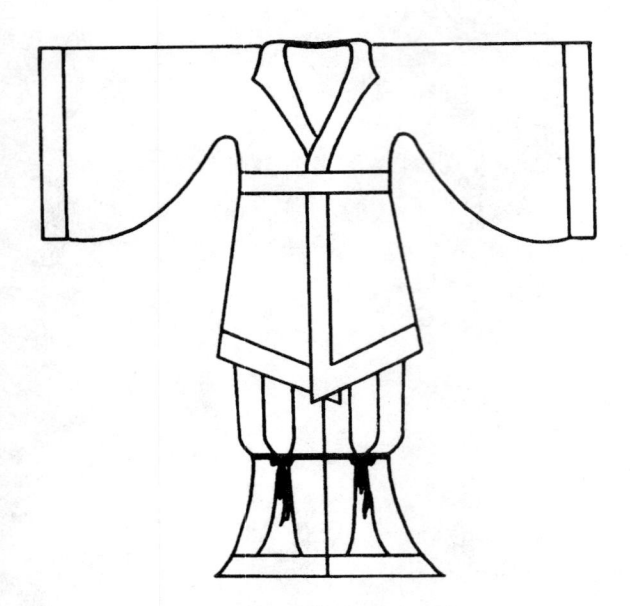

图 3-16 宽袖褶、缚裤示意图

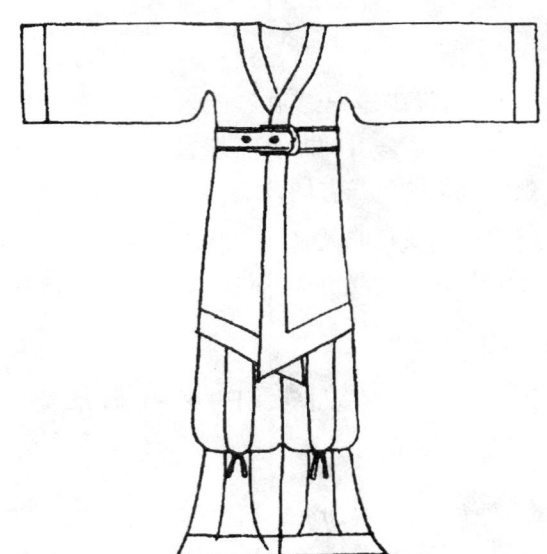

图 3-17 窄袖褶、缚裤示意图

图 3-18 北魏着褶与缚裤的侍臣

图 3-19 上穿褶、下穿缚裤的男子
（北朝陶俑传世实物）

也有用金属做的，为护身的战甲。《乐府诗集·佚名·企喻歌辞》："前行看后行，齐著铁裲裆。"从这句话可以看出，作者运用朴实的语言和重复的句式，透过齐着铁制裲裆甲与头盔的壮盛军容，将军队出征、行伍整齐的情况，真实地描述出来。《隋书·志第七·礼仪七》："侍从则平巾帻，绛衫，大口袴褶，银装裲裆甲。"这里记载了当时的侍从不但头戴平巾帻，身穿大红色的衫，与大裤口缚裤搭配的褶衣，而且更强调了外罩银色裲裆铠甲（图3-20～图3-22）。

图 3-20 穿裲裆的男子

图 3-21 穿裲裆铠、缚裤、戴兜鍪的武士（北魏加彩陶俑传世实物）

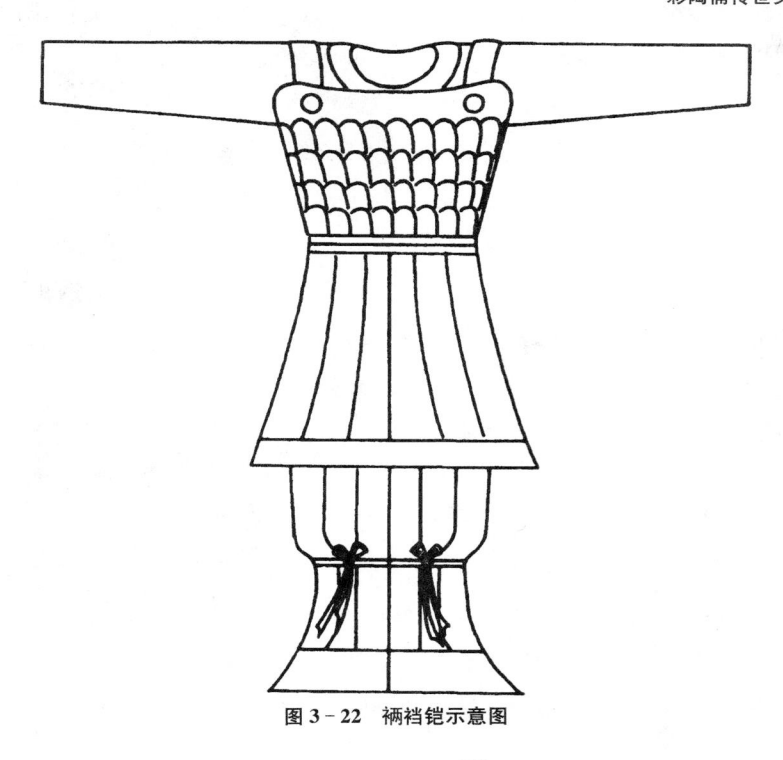

图 3-22 裲裆铠示意图

结语

汉末董卓之乱，犹如一股强劲的旋风，使久已摇摇欲坠的汉帝国终于崩溃瓦解。长期以来，王室贵族自相残杀，北方民族入主中原，政权更迭，上层人物深感朝不保夕，因此，追求及时行乐，出现了服饰的第一种境界，这就是以曹植、何晏等贵族为代表的华服境界。

政治的险恶、战祸、天灾、瘟疫等，使社会动荡不安，儒学失去了统治人心的力量，玄学、佛学、道学随之兴盛。此时，文人意欲进贤，又怯于宦海沉浮，只得自我超脱，除沉迷于饮酒、奏乐、吞丹、谈玄之外，还在服饰穿着上寻求宣泄，以傲世为荣，故而宽衣大袖、粗服乱头、袒胸露怀、披发跣足、不拘小节，这就是以竹林七贤为代表的浪漫境界。在南京西善桥出土的砖印壁画《竹林七贤与荣启期》中，可看到几位文人蔑视世俗的神情与装束。

除此之外，当时的隐士们纵情山水田园，在服饰上洒脱、质朴、豁达、飘逸、闲适、淡泊，又给人一种随意、平和、自然之感，这就是以陶渊明为代表的闲适淡泊境界。

魏晋时期的女装，特别是东晋时期（公元317—420年），随着东汉礼教伦常观念的崩溃，贵族女性追求自由放纵的生活方式，她们蔑视传统社会规定给女子的义务和责任，热衷于社交活动，喜欢出外游山玩水，投身于艺术、文学与玄学的研究，标榜这种有违封建"妇德"的生活方式。正是这种率性而为、毫无顾忌的处世态度，导致妇女服饰向繁丽、夸张的方向发展。广袖长裙、飘带长垂、裙袂飘飘、头饰巍峨富丽，魏晋女子服饰独具时尚。

北魏孝文帝改制，使鲜卑族的各阶层穿上了汉族服饰，而胡服的实用功能优于汉族的宽衣大带，又使汉族各阶层纷纷穿上了胡服。服饰在民族交往中逐渐融合，裤褶、裲裆等北方民族服饰在普遍流行的同时，也融入了许多汉族服饰的成分。

由于魏晋南北朝是一个动荡的时期，阶级矛盾和民族矛盾此起彼伏，战争连绵不断，朝代更替频繁。在这种长期混乱的时代里，"人人厌苦，家家思乱"。因此，除了玄学、道学外，佛教兴起，成为人们的重要精神寄托。佛教盛行亦与服饰发展有密切联系。一方面时人将服饰风尚加于佛像身上，从敦煌壁画和云冈石窟、龙门石窟雕像中即可看出。另一方面随佛教而兴起的莲花、忍冬花等纹样在服饰面料上大量出现，成为一种新的服饰气息，又有通过丝绸之路传来的异族风采。如"兽王锦"、"串花纹毛织物"、"对鸟对兽纹绮"、"忍冬花纹毛织物"等织绣图案，成为魏晋南北朝时期服饰文化中的重要特色。

思考题：

1. 名词解释：幅巾、小冠、帢、裤褶、裲裆、魏晋女子襦裙、帔子、杂裾垂髾深衣
2. 简述魏晋男子着衫的三种境界。

作业布置：

1. 收集并论述魏晋美男子及其"变态美"的服饰风尚。(要求：要有个人的见解，论证角度要独特、新颖；大胆而富有创意；既遵循历史，又具有敏锐发现)
2. 吸收魏晋服饰文化，结合现代服饰进行系列服装设计。

基础理论——

隋唐五代服饰

课题名称：隋唐五代服饰

课题内容：1. 隋唐时代男子的服饰
　　　　　　2. 唐代女子服饰

上课时数：6课时

教学目的：向学生介绍唐代男子的圆领袍衫、幞头、乌皮靴；唐代受异域文化影响的服饰；唐代丰富多彩、富丽堂皇的女子服饰；唐代女子面妆的独特风采。引导学生认识唐代男女服饰吸收异域服饰文化的成分以及唐代女子开放的、多样化的服饰形成的原因。

教学要求：1. 让学生了解唐代男子代表性服饰圆领袍衫、幞头、乌皮靴的特征；
　　　　　　2. 让学生了解女子服饰的多样化的款式特征；
　　　　　　3. 让学生了解唐代女子的化妆多样化与独具匠心的风格；
　　　　　　4. 让学生了解幂篱与帷帽的款式特征及形成的原因。

课前准备：阅读唐代对外交流方面的历史文化典籍以及唐代服饰史方面的资料。

第四章

隋唐五代服饰

第一节 概述

　　隋朝从公元581至618年，共37年的历史，历经3代皇帝。公元581年杨坚代北周称帝，国号隋。公元583年，以新筑大兴城（陕西西安城东南一带）为国都。公元618年隋炀帝缢死于扬州江都，同年，李渊废隋恭帝杨侑（yòu）自立，隋亡。

　　唐朝从公元618至907年，共289年，历21帝。公元618年李渊建立唐朝，定都长安。公元628年唐太宗李世民统一全国。公元907年唐朝被朱温所灭，历史进入半个世纪的军阀割据的时代，即五代十国时期（公元907—979年，共72年）。公元907年朱温（朱全忠）灭唐后，建立后梁。至公元960年赵匡胤代周称帝，建立北宋。这期间，中国北方相继出现了梁、唐、晋、汉、周五个朝代，共53年，史称五代。同时，中国南方和山西地区先后出现了十个基本并立的政权，史称十国。公元979年北汉为宋所灭，中国由分裂走向统一。

　　隋朝的统一，把南北方的成就结合起来，其经济盛况较之秦汉时期更为发达，其国势也达到了空前的强盛，隋朝尽管历时较短，但它却在经济、文化及服饰上都为大唐帝国奠定了一定的基础。

　　唐朝则是中国封建社会的鼎盛时期，揭开了中国古代最为灿烂夺目的新篇章。大唐帝国南北合一、疆域辽阔，经济繁荣昌盛，其文化事业也达到了中国封建社会的最高峰。在服饰上，唐帝国承袭了中国历代的冠服制度，同时，又通过丝绸之路与和平政策与异域及异族同胞交往日密，广收博采众族之长，出现服饰史上的百花争艳的时代，其辉煌的服饰盛况是中国服饰史上的重要时期，也是世界服饰史上举足轻重的组成部分。

　　唐以后的五代十国时期，是唐末军阀割据的继续，在服饰上大体沿袭唐制且趋于战时压抑所致的怪诞。

第二节　隋唐时代男子的服饰

圆领袍衫是汉族男子服装发展至隋唐时代的一种重要的变体，汉服的圆领式样在中国服饰历史上很早便有出现，但一直到隋唐才开始盛行，成为官式常服。这种服饰延续到唐、五代、宋、明，并对日本、高丽等国产生了很大的影响。裹幞头、穿圆领袍衫、脚登乌皮靴是唐代男子的普遍服饰，并以幞头、圆领袍衫、乌皮靴为尚。其中的幞头又称袱头，是在汉魏幅巾基础上形成的一种首服。唐代以后，人们又在幞头里面增加了一个固定的饰物，名为"巾子"。巾子的形状各个时期有所不同。除巾子外，幞头的两脚也有许多变化，到了晚唐五代，已由原来的软脚改变成左右各一的硬脚。《新唐书·舆服志》载："群臣的服饰有二十一种。"这说明唐代已经确立了比较详尽的服饰制度，但真正在唐代男子中广泛盛行的却是圆领袍衫、幞头、乌皮靴，并且没有贵贱之分。

1. 圆领袍衫

圆领袍衫又被称为团领袍衫，是一种上衣下裳相连属的服装形式，受胡服影响而成，而又不失汉族服饰传统。它与深衣制有相同之处，即上衣下裳相连属。其不同之处在于：深衣为交领、大袖，领、袖、襟均有缘饰；圆领袍衫则是圆领、窄袖，领、袖、襟均没有缘饰，为士人之上服，亦为官员一般之常服。

此时的圆领袍衫亦称襕袍、襕衫，其最大特点是在传统袍衫的下摆施加一横襕，故而得名。南北朝时，北周武帝曾下令在袍衫下加一横襕，以象征古代上衣下裳之旧制。唐中书令马周曾上议在袍衫下加襕。这些都是为仿古制。由此可以看出，在讲究礼法、规矩的传统文化影响下，中国的服饰有着极强的传承性，同时中原文化与异域文化交融也为新服饰的诞生提供了契机（图4-1、图4-2）。

2. 幞（fú）头

古代男子用的一种头巾。幞头是唐代男子首服的一大特点，又称"折上巾"，是一种包头用的巾帛。早在东汉时期男子便流行用巾帛包头。魏晋以后，巾帛更加普及，几乎成了男子的主要首服。到北周时，将这种巾帛做了修改加工，裁出四带，即四角，始名"幞头"，亦称"袱头"、"服头"，是以三尺皂绢裹发，四带中的二带系脑后垂之，另二带反系头上，令曲折附项。幞头与幅巾的区别，主要在角上，经过改制加裁剪制作后的巾帛，四角皆成带状，以固定

图 4-1 唐圆领缺胯袍衫、靴、软角幞头

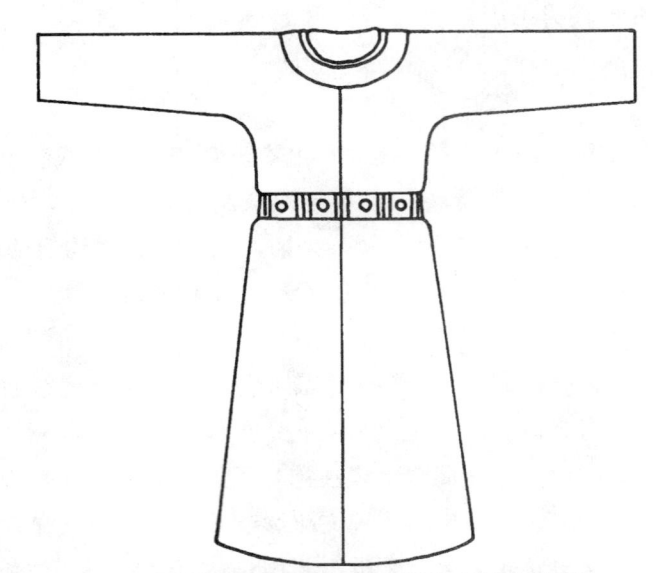

图 4-2 圆领袍衫示意图（选自华梅著《中国服装史》）

发髻和"巾子"（以木造型，盖于髻上的木形称巾子），远远望去，巾形整洁圆滑，后带装饰飘逸，十分美观。

隋初的幞头，基本上是因袭北周之制，只是以全幅黑色罗帕向后幞发，比较简单，形象上也比较矮平。从隋末开始，在幞头之下加了一个"巾子"扣在发髻上，裹在幞头之内，其作用相当于一个假发髻，以便能使幞头裹出一个固定的形状。

幞头的两脚，不同时期也有不同形制。初期略似两条带子，从脑后自然下垂，或至颈，或至肩。以后两脚渐渐缩短，有的还将两脚反曲朝上，插脑后结内，这种式样多见于中唐。由于这些幞头的双脚都用轻薄柔软的质料制成，故被统称为"软脚幞头"。

中晚唐至五代时期，幞头的形制又有了变化。中唐时，巾子已从前俯变为直立，两脚之内加有金属丝，因此脚变得硬挺，形制或圆或阔，并逐渐向两侧展开，有很强的装饰和造型特点。晚唐巾子变得微微后仰，巾顶分瓣也不十分明显，两脚渐为平直或上翘，被称为"朝天幞头"或"朝天巾"，此类幞头又统称为"硬脚幞头"。至五代，幞头的脚已为平伸的硬脚，称为"展脚幞头"。

晚唐时，由于政治上的动乱和生活上的不安定，人们为了生活之便和应急需要，开始使用木围头。这是一种用纸绢为衬、用铜铁为骨加以固定的幞头，以减少平时或战时对镜系裹的时间。这种幞头实际上已经超出了巾帕的范围而成为帽，采用了裹巾的形制，使用的是帽的制作方法，已进入巾向帽的过渡阶段。

五代时的帝王多用两脚上翘的"朝天幞头"。此时各地官吏又创造了许多种新格式，有的两脚上翘后又折下来，有的呈蕉叶形式，有的像团扇，有的用漆纱，有的将幞头的脚左右展宽一尺多，取名"龙角"，有的左右长一尺，形成平直一横线，不再上翘等。至此，幞头的大体形式基本确定下来（图4-3、图4-4）。

图4-3 唐幞头示意图（《游骑图》中服饰）

图 4-4　幞头"英王踣（bó）样"、"开元内样"、"平头小样"（唐代陶俑，选自华梅著《中国服装史》）

3. 乌皮靴

乌皮靴为这一时期普遍所着履式，其中最有名的是六合靴，由六块皮子拼合而成，又称六合乌皮靴。幞头、圆领袍衫，下配乌皮六合靴，既洒脱飘逸，又不失英武之气，是汉族与北方民族相融合而产生的又一套服饰，流行广泛久远（图 4-5）。

图 4-5　穿乌皮靴的汉臣与胡臣（唐　阎立本《步辇图》局部）

第三节 唐代女子服饰

一、唐代女子的穿着方式

唐代的首都长安是当时亚洲经济、文化的交流中心,据《唐六典》记载,与唐朝交往过的国家曾有三百多个,最少时也有七十多个;在长安居住的,除了汉族人外,还有回纥人、龟兹人、吐蕃人、南诏人以及国外的日本人、新罗(朝鲜)人、波斯(伊朗)人、阿拉伯人等。唐朝与各国使臣及异族同胞的亲密往来,促进了服饰的更新与发展,在这种氛围下,唐代女子在服饰上作出了大胆的尝试,可见当时人们思想境界的开放。

1. 襦裙服

唐代女子的日常服饰,主要是上着短襦或衫,下着长裙,佩披帛,加半臂,足登凤头丝履或精编草履,头上花髻,出门可戴幂䍦。裙式及色彩的丰富是前所未有的。

襦:唐朝女子依隋之旧,喜欢穿短襦,下着长裙,裙腰提得极高至腋下,以绸带系扎。上襦很短,成为唐代女服特点。襦的领口常有变化,如圆领、方领、斜领、直领和鸡心领等。盛唐时有袒领,初时多为宫廷嫔妃、歌舞伎者所服,但是,一经出现,连仕宦、贵妇也予以垂青。袒领短襦的穿着效果,一般可见到女性胸前乳沟,这是中国服饰演变中比较少见的服饰和穿着方法(图4-6)。

2. 袒胸衫

这种袒胸衫,一般为袒胸贯头式,且有很华美的纹饰。其袒胸处呈方形或双桃形,恰与女子隆起的胸部协调一致,紧密结合,充分地体现了女子的形体美。唐代墓室壁画、出土文物证明,这是唐时期颇为入时的一种服饰,起初是宫女和宫中乐舞姬的特定服饰,后来也在仕宦、贵族妇女之中流行(图4-7)。

图4-6 穿半臂、襦裙的女子(陕西西安永泰公主墓石椁浅雕)

图4-7 穿袒领大袖衫、长裙的女子（陕西乾县出土墓门石刻局部）

3. 长裙

这时女子非常重视长裙，尤其是隋初和盛唐时期，这种长裙下摆长、裙腰高，面料以丝织品为主，用料有多少之别，通常以多幅为佳，由于古代的布帛幅面较窄，裙子都要用几幅布帛连接起来。唐代的裙子一般是用六幅布制成的，"裙拖六幅湘江水"（李群玉）就是对此的写照。唐代时尚以裙宽肥为美，华贵的则用到七幅、八幅。裙腰上提高度，有些可以掩胸，上身仅着抹胸，裙及抹胸多刺绣花纹，色彩斑斓，外仅披纱罗衫，致使上身肌肤隐隐显露（图4-8）。

4. 女着男装

唐代女着男装的风气最早在宫廷之中流行，至开元、天宝年间，盛行天下。这种上行下效的装束，成为唐代女装的一大特点，即圆领袍衫，带幞头，穿乌皮靴。唐代画家张萱的《虢国夫人游春图》与周昉的《纨扇仕女图》等古代画迹之中，女着男装，于秀美俏丽之中别具一种潇洒英俊的风度。同时也说明，唐代对妇女的束缚明显小于其他封建王朝（图4-9）。

图4-8 穿短襦、长裙的妇女（周昉《纨扇仕女图》局部）

图 4-9　唐　女着男装像（《虢国夫人游春图》局部）
（选自李儒光编《白描人物》，湖南美术出版社，1994 年 11 月第 1 版）

女着男装在中国长期封建社会中，是较为罕见的现象。《礼记·内则》曾规定："男女不通衣裳。"其意是："男女衣服不能互相穿戴，即不能互换衣服，或说男子不许穿女子的衣服，女子不准穿男子的衣服。"尽管事实上不可能这么绝对，但是女子着男装，常会被认为是不守妇道。虽然在唐以前的汉魏时也有男女服式差异较小的现象，但那不属于女着男装，只有在气氛非常宽松的唐代，女着男装才有可能蔚然成风。这还应将一部分起因归于游牧民族的影响。当时影响中原的外来服饰，绝大多数都是马上民族的服饰。那些粗犷的身架、英武的装束，以及矫健的马匹，对唐女着装意识产生一种渗透式的影响，同时创造出一种适合女着男装的气氛。《旧唐书·舆服志》载："或有著丈夫衣服、靴、衫，而尊卑内外斯一贯矣。"已明确记录下女着男装

第四章

的情景，即"宫内宫外，贵族民间，多有女子身穿男式衣衫，足登男人皮靴，女子服饰男性化了。"

> 《新唐书·五行志》记："高宗尝内宴，太平公主紫衫玉带，皂罗折上巾，具纷砺七事，歌舞于帝前。帝与后笑曰：'女子不可为武官，何为此装束？'"即："武则天的女儿太平公主，一次在高宗的宫廷宴会上，以紫衫、玉带、皂罗折上巾，佩弓、剑等'纷砺七事'的装扮出场，不但男装，而且全副武装，弄得高宗和武后都觉得好笑，对她说：'女子不可以当武官，你怎么打扮成这样？'"虽说这太平公主此举有些恃宠撒娇，但也说明了唐初已经出现女着男装的倾向，同时也体现了上层人物对女着男装的影响。

女着男装的风气尤在大唐开元、天宝年间盛行。《中华古今注》记："至天宝年中，士人之妻，著丈夫靴衫鞭帽，内外一体也。"可见，天宝年间宫内宫外女着男装已经普及。《新唐书·李石传》记："吾闻禁中有金鸟锦袍二，昔玄宗幸温泉与杨贵妃衣之。"连杨贵妃都穿锦袍，由此可以看出，当时女子仿制男装、穿着男装相当普遍。

5. 女穿胡服

从西汉盛期至大唐帝国，"丝绸之路"上的"胡商"带来了异域的礼俗、服饰、音乐和美术等，胡地文化被强大的唐朝帝国无所畏惧地采纳吸收。辉煌的大唐宫殿里，胡舞盛极一时，唐玄宗酷爱胡舞胡乐，李白醉酒填词，杨贵妃、安禄山均为胡舞能手。因此，受胡舞的影响（胡旋舞、胡腾舞、柘枝舞），女穿胡服成为唐代女装的又一大特点。胡服流行于开元、天宝年间，其主要特征是翻领、对襟、窄袖、锦边。在陕西等地的墓中壁画上有大量反映，新疆吐鲁番阿斯塔那出土的绢画中也有穿这类服装的妇女。凡穿胡服的妇女，腰间都系有革带，革带原来是北方民族的装饰，在魏晋时传入中原。到了唐代，曾一度定为文武官员必佩之物，上面悬挂算袋、刀子等七件物品，俗称"蹀躞七事"。开元以后，由于朝廷有了新的规定，所以一般官员不再佩挂。但在民间妇女中十分流行，省去"七事"，以窄皮条代替，仅存装饰之意，无使用价值（图4-10）。

6. 披帛

在唐代的绘画以及陶俑中可见妇女在肩背上披一条长长的画帛，叫做披帛。它的出现，历代学者说法不同，一说始自秦，汉代杨雄《方言》有："帗（hù）裱为之被巾。""帗裱"就是古代妇女的披巾，"被巾"亦是披巾的意思。隋代壁画中已有披帛，唐代广泛流行。用金粉或银粉绘花的薄纱罗

图 4-10　穿翻领窄袖胡服、戴浑脱帽、佩鞢韎带的女子（陕西西安出土石刻局部）

制作，披搭在肩上，旋绕于手臂间。披帛分两种：一种横幅较宽，长度较短，多为已婚妇女所用；另一种长度可达两米以上，多为未婚女子所用。简而言之，披帛是唐代妇女的服饰，是披在肩上的一种带子，一般有几米长（图 4-11、图 4-12）。

图 4-11　穿襦裙、佩披帛的女子（顾闳中《韩熙载夜宴图》局部）

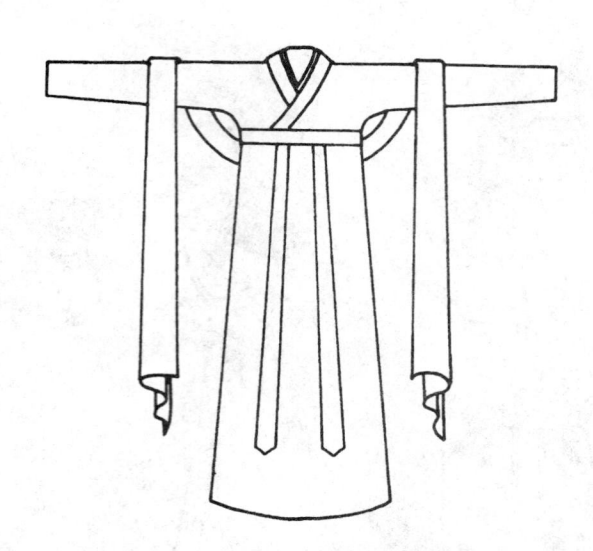

图 4-12 窄袖短襦、长裙、披帛示意图

二、首服

1. 幂篱

> 《新唐书·舆服志》记载:"初妇人施幂篱以蔽身,自永徽中始用帷帽,施裙及颈。武后时帷帽益胜,中宗后乃无复幂篱矣……开元初,从驾宫人骑马者,皆着胡帽,靓妆露面无复障蔽。士庶之家又相效仿……至露驰骋而帷帽亦废。"其意是:"起初妇女戴幂篱来遮蔽身体,自永徽年间开始戴帷帽,帽裙至颈部,武则天时帷帽更加盛行,唐中宗以后再也没有人戴幂篱了……开元年初,随皇帝从嘉的骑马宫女,全部都戴胡帽,露出靓丽的装扮而不加障蔽。士庶人家的妇人也竞相仿效……以至达到废弃帷帽而露髻驰骋。"

幂篱是一种大方巾,一般用轻薄的纱罗制成。戴时披体而下,障蔽全身。最初是西域地区少数民族的装束,不仅妇女可用,男子也可以戴,这种装束被隋及唐初的我国妇女所采纳,但也不是任何场合都戴,只是将它作为出门远行时的服饰,尤其是在骑马外出之时,其目的在于蔽尘。此外,唐初经济还未发达,思想意识落后,女子要讲究"笑不露齿,站不依门,行不露面"。女子戴幂篱出门,也是为了避免生人观看。

幂篱的式样,目前除文字记载外,形象资料反应不多。究其原因,可能是因为穿着幂篱,全身都被蒙住,无法看清面目及姿态,所以当时的艺人不去或很少去表现它(图 4-13)。

2. 帷帽

到了永徽年间,妇女的首衣出现了帷帽,逐渐取代了幂篱。帷帽又称席帽,

图 4-13 幂篱

是一种高顶宽檐的笠帽,在帽檐周围或两侧缀有一层网状面纱,下垂至颈,早先也是西域地区的服饰。帷帽在我国的民间初行时,曾受到朝廷的干预,其原因是"过为轻率,深失礼容",可是它却在民间与上层妇女中很快流行起来,其势头已无法改变,这深刻地反映了唐时的社会风尚以及妇女们敢于冲破封建礼教之束缚的心态。帷帽普及后,妇女们又一次对它进行改革,干脆去掉那层纱,只将一块皂帛包裹住头的两侧,整个面庞全部裸露在外(图 4-14)。

图 4-14 唐郑仁泰墓及新疆阿斯塔那出土的戴帷帽的女俑

第四章

3. 胡帽

至唐玄宗开元年间，胡服之风盛行，帷帽之制又被新的潮流所淹没。胡帽是西域少数民族帽子的总称，有蕃帽、搭耳帽、珠帽、毡帽、浑脱帽等。

> 据文献记载，浑脱帽最早是长孙无忌用乌羊毛制成的形如浑脱（浑脱是游牧民族杀牛羊后，剥下完整皮囊，吹气使其饱满，用来盛装酒浆或乳酪，又被称为革囊或皮混沌）的帽子，后来人们用较厚实的锦缎或毛毡来制作这种帽子（图4-15）。

胡帽起初被唐代男子所采纳，武则天时期，在女子当中开始盛行胡服，胡帽则随之在女子的装扮中盛行，至开元年间穿胡装、戴胡帽骑马出行而不掩面的女子形象已经成为社会风气。

图4-15 唐郑仁泰墓出土陶俑，头上所戴为浑脱帽

三、唐代女子的妆式

1. 花钿（diàn）

花钿是我国妇女面部加放装饰的化妆法，时值晚唐，达到流行高峰，花钿确切地说它是用金、银片做成的花形，贴在额头上或鬓角上的装饰。但也有用金箔片、黑光纸、鱼鳃骨、螺钿壳以及云母片等制成各种形状，粘贴于额上。关于花钿的由来说法不一。《中华古今注》中说，起始于秦始皇时期。

> 据说秦始皇对神仙之术异常狂热,派徐福带领童男女三千人远渡扶桑寻找并不存在的长生不老药,徐福船队的去向,一直是一个谜。史圣司马迁说,徐福到了一个叫"平原广泽"的地方。近年来,日本在徐福研究上取得了突破性的进展,他们权威地宣布:徐福当年所到的"平原广泽"就是日本;日本皇室人员也不无骄傲地称,徐福是日本人的祖先。

当时,经常与秦始皇来往的方士们,在宫中的打扮就是梳仙髻、额前贴五花子,画成云凤虎形,目的就是希望他们的形象与当时世人心目中的神仙形象相差无几。后来,这种五花子偶然被宫女们效仿,渐渐变成一种流行的妆饰。又有说法是在三国时吴国一官妻(孙和的夫人邓氏),其丈夫醉酒后手舞如意时将其误伤,在用药治疗时,因药内琥珀过多,伤口好后,留有赤痕不褪,被视为更为娇妍,于是世人纷纷效仿,都以丹点颊。另一说法来自宋高承《事物记源》,说花钿起源是在南朝宋武帝时期,传说宋武帝的一个最受宠爱的幼女寿阳公主一日与侍女在庭院玩耍,当在章含殿下小歇时,合目养神迷糊欲睡之际,忽从天空飘落下梅花花瓣,数朵花片散落在公主的额头和脸颊边,经过三日方才洗去,于是宫女纷纷效仿。还有一种说法,在《事物记源》卷三《酉阳杂俎》中载:"今妇人面妆用花子,则前此已有其矣,似不起于上官氏也。"上官婉儿原为武后在文呈上的助手,唐中宗时封为昭客,至于上官婉儿额上的梅花(梅花妆),有人说是因为激怒了武则天,因罪施刑,以刀刺面后,为掩盖刀痕而贴花。这几种说法虽然难以考证哪个是实哪个是伪,但共同点都是在偶然的情况下,使面部多了红点,启迪人的美感(图4-16)。

根据以上几段史料的摘记和分析,"贴花"装饰的历史性存在是真实可信的,只是对起始的时间尚无一致的确切看法,今在此将史料摘录,以供探讨研究。花钿的形状各异,十分简洁概括,从敦煌壁画上我们可以见到中唐以来供养人的面相上均饰以梅花妆,有圆点和四瓣、五瓣的花瓣形,从新疆出土的唐画中,也有十余种十分美观的梅花钿。

花钿是唐代面部装饰的一大特点,这种在脸部额间贴上花钿进行装饰和点缀的方法,

图4-16 武则天时期花钿(新疆出土)

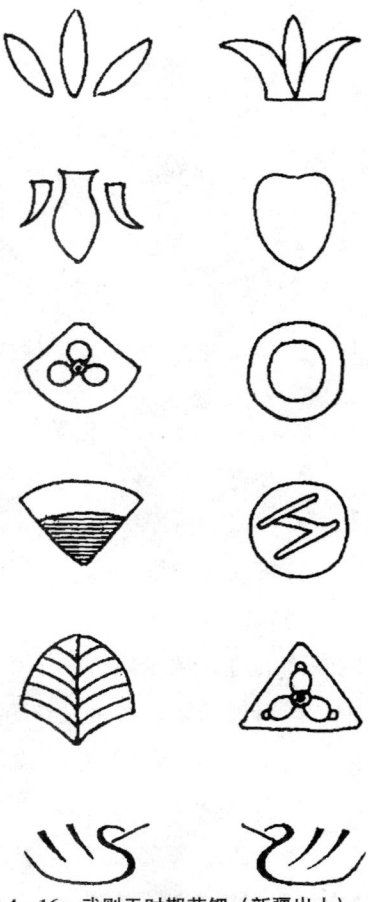

在唐时十分盛行，尤其是唐的后期更为时尚，并且有多种效果，这在王建的诗中描写得十分详细："腻如云母轻如粉，艳胜香黄薄胜蝉。点绿斜蒿新叶嫩，添红石竹晚花鲜，鸳鸯比翼人初贴，蛱蝶重飞样未传，沉复萧郎有情思，可怜春日镜台前。"这首诗使我们体会到当时花钿的视觉效果，从而知道花钿的质地是薄而轻的，色是腻而艳的，样式有鸟、虫、花叶等，这在当时的壁画、绢画上都有反映。唐代化妆的顺序是：一敷铅粉，二抹胭脂，三画黛眉，四贴花钿，五贴面靥，六描斜红，七涂唇脂（图4-17）。

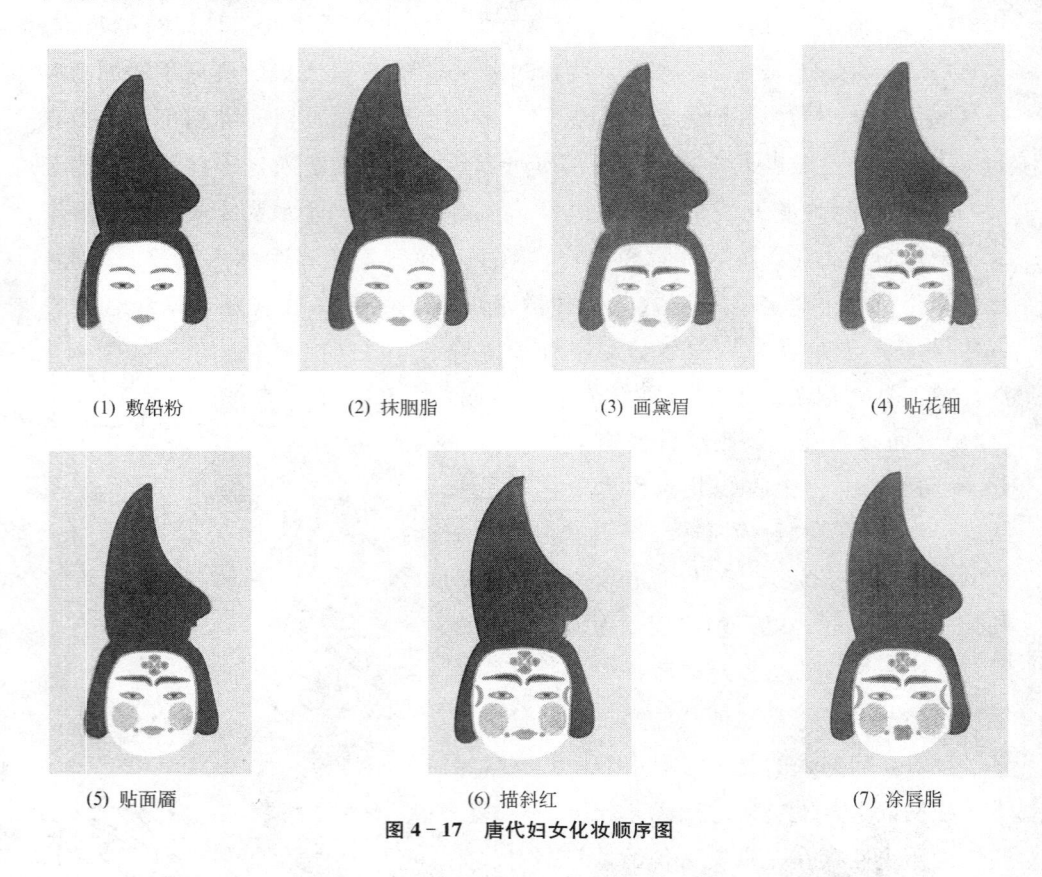

(1) 敷铅粉　　(2) 抹胭脂　　(3) 画黛眉　　(4) 贴花钿

(5) 贴面靥　　(6) 描斜红　　(7) 涂唇脂

图4-17　唐代妇女化妆顺序图

靥钿又称"贴花子"，靥钿是在脸颊上点画出如星如月的形状，然后用胭脂、丹青涂抹上去。从新疆吐峪沟出土的绘画残片上，发现妇女面部有红花子的装饰痕迹；从《捣练图》中也看到妇女额头上有红瓣花片的装饰。《木兰诗》中"当窗理云鬓，对镜贴花黄"，所谓花黄即指将金箔剪刻出花形，贴在额头上的为花钿，贴在两颊的是靥钿（图4-18）。

2. 唐女眉饰

唐女画眉千姿百态。唐代妇女用青黑色颜料将眉毛画浓，叫做"黛眉"，"黛眉"是汉代以"黛"画眉风气的延续。

—104—

图 4-18 王叔晖绘《木兰从军》中，南北朝的花木兰"当窗理云鬓，对镜贴花黄"的形象

> 《太平御览》中记载："染青石谓之点黛。"《释名》："黛，代也。灭眉毛去之，以此画代其处也。"可见，这里的"黛"字是代替的"代"，当时的妇女，剃掉眉毛，用青石画出的眉痕来代替眉毛。白居易的《上阳发白人歌》中："小头鞋履窄衣裳，青黛点眉眉细长；外人不见见应笑，天宝年间时世状。"（《红楼梦》："西方有石名黛，可代画眉之墨。"可见《上阳发白人歌》中的"黛"，又指的是"黛石"。）这些文献资料十分明确地记述了"黛石"的质地、颜色和功能，为后人留下了宝贵的历史资料。

当时妇女修眉，除剃掉原来的淡眉外，还要刮净额毛，用"黛"画出各种眉毛式样。唐玄宗曾命令画工设计数十种眉，以示提倡。如鸳鸯眉、小山眉、五岳（yuè，通岳）眉、三峰眉、拂云眉、倒晕眉、挂叶眉、黑烟眉、半额眉等。最常见的是蝴蝶眉。张籍《倡女词》中记"轻鬓丛梳阔扫眉"，白居易的《上阳发白人歌》中描述"青黛点眉眉细长"以及"莫画长眉画短眉"等都是记载了画眉的长、短、宽、窄和浓淡。李商隐诗"八岁偷照镜，长眉已能画"说明唐女画眉已及未成年的女孩，可见流行之盛。在唐时画眉，各个时期都有变化。隋炀帝的殿脚女吴绛仙就是善于画长眉，而且用青黛画眉。唐代画眉初尚宽与浓，至开元、天宝年间，则尚细淡的画法，又尚细八字式低颦，后又流行

第四章

过蝴蝶眉、八字眉等，到晚唐时化妆趋于怪诞，一时有以悲以怪为美，以病态为美，八字眉、画黑唇、臃肿发式的悲啼妆就是这一时期的典型例子。总之唐初、唐中期的发式与化妆普遍趋于多样、自然、健康、活泼，而晚期则有变态、压抑、愁闷、病态的倾向（图4-19）。

序号	年代		图例	资料来源
	帝王纪年	公元纪年		
1	贞观年间	627～649		阎立本《步辇图》
2	麟德元年	664		礼泉郑仁泰墓出土陶俑
3	总章元年	668		西安羊头镇李爽墓出土壁画
4	垂供四年	688		吐鲁番阿斯塔那张雄妻墓出土陶俑
5	如意元年	692		长安县南里王村韦洞墓出土壁画
6	万岁登封元年	696		太原南郊金胜村墓出土壁画
7	长安二年	702		吐鲁番阿斯塔那张礼臣墓出土绢画
8	神龙二年	706		乾县懿德太子墓出土壁画
9	景云元年	710		咸阳底张湾唐墓出土壁画
10	先天二年 开元二年	713～714		吐鲁番阿斯塔那唐墓出土绢画
11	天宝三年	744		吐鲁番阿斯塔那张氏墓出土绢画
12	天宝十一年后	752年后	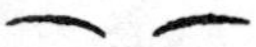	张萱《虢国夫人游春图》
13	约天宝～ 元和初年	约742～806		周昉《执扇仕女图》
14	约贞元末年	约803		周昉《簪花仕女图》
15	晚唐	约828～907		敦煌莫高窟130窟壁画
16	晚唐	约828～907		敦煌莫高窟192窟壁画

图4-19 唐代女子的各种眉饰造型及画法

3. 发式

由于唐代的开放和入世思想的抬头，人们不断地追求美的各种形式，在妇女的装束中，反映明显，发式名目繁多：圆环翻髻、半翻髻、反绾髻、乐游髻、回鹤髻、愁来髻、抛家髻、倭堕髻、乌蛮髻、长乐髻、高髻、义髻、飞髻、锥髻、囚髻、闹扫妆髻、双环望仙髻及各种垂鬟等。唐代妇女的发型，从五代影响至北宋末年，特点是竞尚高大，即利用自己收集或别人剪下的头发加添在头发中，或以之做成各种假髻戴在头上（图4-20～图4-22）。

图4-20 盛唐 加钗梳高髻

图4-21 盛唐 插梳高髻

图4-22 晚唐 女子高髻

第四章

4. 斜红

斜红是妇女面颊上的一种妆饰。从唐代墓葬里出土的女俑，脸部常绘有两道红色的月牙形妆饰。这种妆饰色泽浓艳，形象古怪，有的还被故意描绘成残破状，远远看去，宛如白净的脸上平添了两道伤疤。该妆饰被称为斜红（图4-23）。

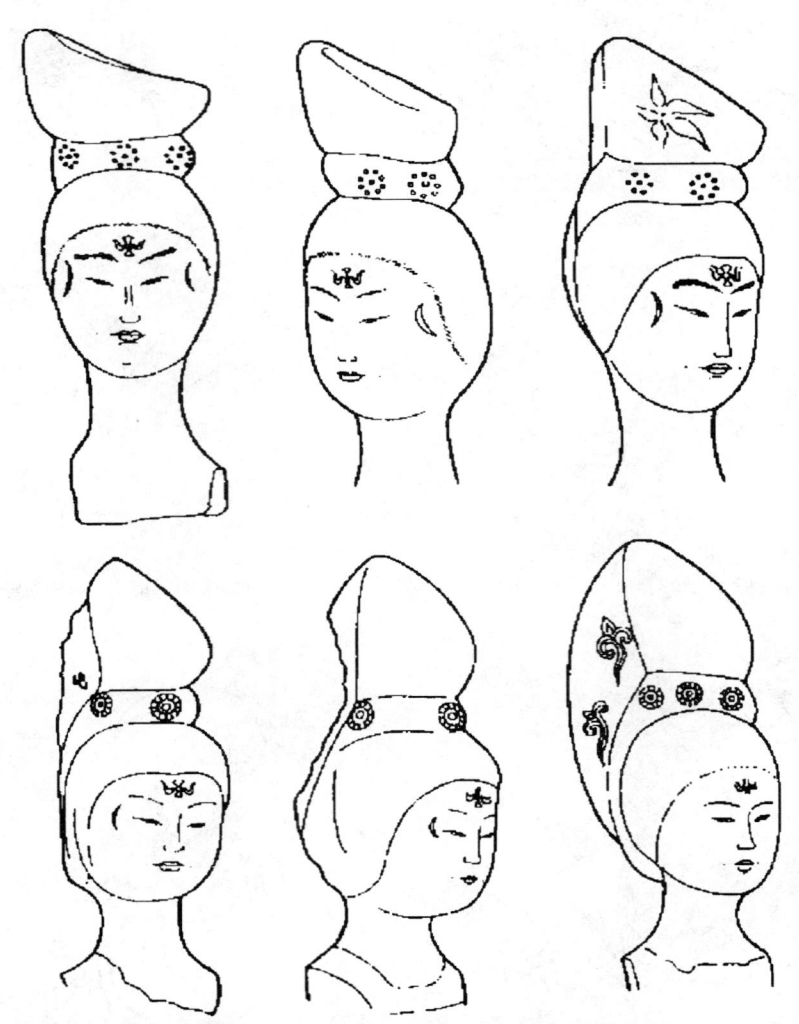

图4-23 喀喇和卓高昌（今吐鲁番）遗址出土泥俑头部，面颊处月牙状妆式为斜红

据张沁《妆楼记》载，三国时，魏文帝曹丕的宫中新添了一名宫女，叫薛夜来，文帝对她十分宠爱。一天夜里，文帝灯下读书，四周有以水晶制成的屏风。薛夜来走近文帝，不觉一头撞上屏风，顿时鲜血直流，伤处如朝霞将散，愈后仍留下两道疤痕，但文帝对她宠爱如昔，其他宫女有见其此，也模仿起薛夜来的样子，用胭脂在脸部画上这种血痕，名叫"晓霞妆"，时间一长便演化成一种妆式——斜红（图4-24）。

图 4-24 唐代女子塑像，此头像面颊处为唐代女子斜红（呈残破状）

图 4-25 盛唐 女子面妆花钿、靥钿

5. 面靥

除斜红之外，唐代还流行一种面部妆饰叫面靥。面靥与斜红不同，它施于面颊酒窝处，也称妆靥，更古老的名称叫"的"。刘熙《释名·释首饰》中"以丹注面曰'的'"，即指此。根据传说，妇女在脸上注"的"，原来并不是为了妆饰，而是宫廷生活的一种特殊标记。当一位宫女月事来临，不能接受帝王的"御幸"，而又难以启齿时，只要在脸上点上两个小点即可表意。以后这种做法被传到民间，逐渐变成一种妆饰。

面靥通常以胭脂点染，也有用金箔、翠羽等物粘贴而成。在盛唐以前，妇女面靥一般多做成黄豆大小的圆点；盛唐以后，有的形如钱币，被称为"钱点"；有的如杏核，被称为"杏靥"。也有饰似各种花卉的，俗谓"花靥"。晚唐五代以后，妇女面靥妆饰之风愈益繁缛，除了施以圆点、花卉之外，还增加了鸟兽图形，有的甚至还将这种花纹贴得满脸皆是（图 4-25）。

6. 点唇

在古代妇女的面部妆饰中，还有点唇的习俗。所谓点唇，就是以"唇脂"一类的化妆品涂抹在嘴唇上。"唇脂"是我国最早出现的点唇材料，它的主要原料是"丹"。"丹"是一种红色矿物，也叫"朱砂"，用它调和动物脂膏制成的"唇脂"，具有鲜明强烈的色彩光泽。随着社会风气的变迁和审美观念的演变，唐代妇女的点唇形式也出现多样的造型，如石榴桥、大红春、小红春、半边娇、万金红、露珠儿、内家圆、天宫巧、淡红心等，也有以形状大小或妆容姿色取名，如嫩吴香、圣檀儿、洛儿殷等。这里的"唇脂"就是后来的胭脂锭（图 4-26）。

第四章

①唐人《弈棋仕女图》　　　②新疆吐鲁番出土泥头木身着衣俑　　　③新疆吐鲁番出土唐代绢画

图 4-26　唐代妇女唇妆样式图（选自李秀莲著《中国化妆史概说》）

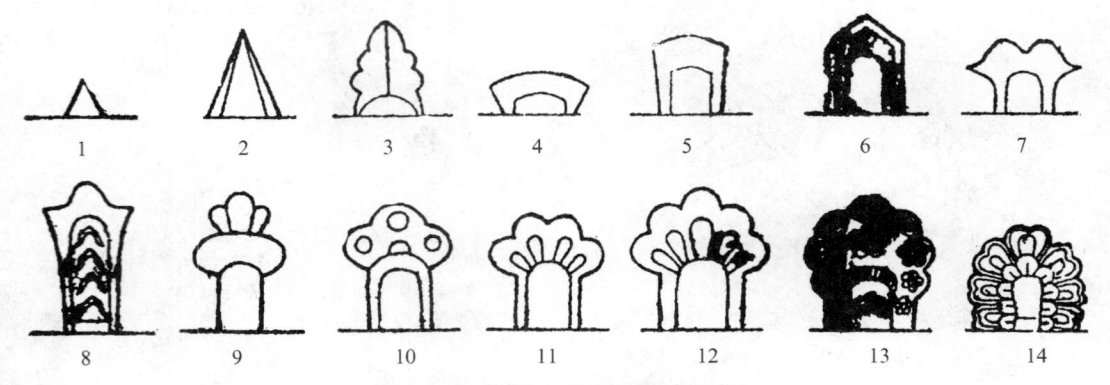

图 4-27　唐代妇女所着履头部前视图

1—莫高窟 375 窟壁画　2—莫高窟 171 窟壁画　3—《簪花仕女图》　4—莫高窟 202 窟壁画　5—莫高窟 156 窟壁画　6—莫高窟 205 窟壁画　7—《历代帝王图》　8—阿斯塔那 230 号唐墓出土绢画　9—莫高窟石室所出绢画，据《敦煌画の研究》附图 125　10、13—莫高窟 130 窟壁画　11、12—莫高窟 144 窟壁画　14—《宫乐图》转引孙机先生插画

四、唐代女鞋

1. 唐代女子代表性的鞋履

　　唐宫廷中女子，一般穿"高墙履"，即前头高出一长方形鞋头，是由南北朝时期笏头履演化而来，如高出方片是有分段花纹的，就称为重台履。其次穿软底透空锦勒靴，这种靴子与翻领小袖齐膝袄及条纹小口袴配套，可称为是女装男性化的胡服式样，唐永泰公主墓、章怀太子墓、懿德太子墓、韦顼（xū）墓、韦洞墓石刻上的女侍者们常有这种打扮。第三种为尖头而略上弯的鞋，似从汉之勾履演变而来。武德间妇女穿履及线靴，开元初有线鞋、大历时有五朵草履子、建中元年流行百合草履子，文宗时吴越织高头草履，内加绫縠（hú），此外还有金薄重台履、平头小花履等。《舆服志》说，民间妇女衣青碧缬（xié）裙，着平头小花履、彩帛缦（màn）成履及吴越高头履。图 4-27 则描绘了唐代妇女所穿履的头部形状。线鞋在辽宁博物馆有实物，系用麻线编成。新疆也有实物出土（图 4-28）。

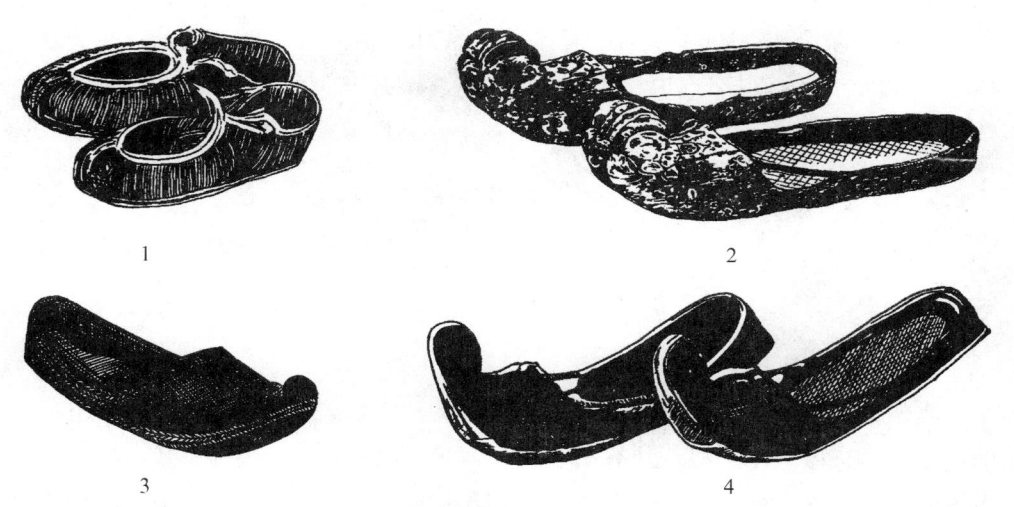

图 4-28 唐代女鞋出土实物

1—新疆吐鲁番唐墓出土的麻鞋,鞋头不作上翘式 2—新疆吐鲁番阿斯塔那唐墓出土锦鞋 3—草鞋,新疆吐鲁番阿斯塔那唐墓出土,长 24.5cm 4—唐代麻布鞋

2. 五代十国时期南唐兴起的金莲

裹脚也叫缠足,是中国封建社会特有的一种陋习。所谓的缠足,就是用一条狭长的布带,将脚紧紧地扎裹,从而使脚变形、足形缩小,以符合当时的审美情趣。在缠足时代,绝大多数女性,大约从四五岁开始裹脚,一直到成年以后,骨骼定型,方能解去这种布带。从史籍记载来看,缠足之风出现在五代南唐。

> 五代南唐李后主一嫔妃窅娘,美丽多才,能歌善舞,以帛绕足,令其纤小作新月状,在莲花台上翩翩起舞,舞姿更加优美。后主李煜看了,喜不自禁。此后,窅娘为了保持和提高这种舞蹈的绝技,以稳固受宠的地位,便常用白绫紧裹双足,其舞姿也更为自然,美不胜收了。时人竞相仿效,五代之后逐渐形成风气,缠足陋习从此在宫廷及民间流行。

有学者认为,小脚之所以称之为金莲,应该从佛教文化中的莲花方面加以考察。莲花出淤泥而不染,在佛门中被视为清净高洁的象征。佛教传入中国后,莲花作为一种美好、高洁、珍贵、吉祥的象征的含义也为广大中国百姓所接受。在中国人的吉祥话语和吉祥图案中,莲花占有相当的地位也说明了这一点。故而以莲花来称妇女小脚当属一种美称。另外,在佛教艺术中,菩萨多是赤着脚站在莲花上的,这可能也是把莲花与女子小脚联系起来的一个重要原因。为什么要在"莲"前加一个"金"字呢,这又是出于中国人传统的语言习惯。中国人喜欢以"金"修饰贵重或美好事物,如"金口"、"金睛"、"金銮殿"等。在以小脚为贵的缠足时代,在"莲"字旁加一"金"字而成为"金莲",当也属一

第四章

种表示珍贵的美称。因此，后来的小脚迷们往往又根据大小再来细分贵贱美丑，以三寸之内者为金莲，以四寸之内者为银莲，以大于四寸者为铁莲。于是言及金莲势必三寸，即所谓的三寸金莲。后来金莲也被用来泛指缠足鞋，金莲也成了小脚的代名词。

结语

　　唐朝是中国封建社会的鼎盛时代，唐代统治者在国力强盛、有着充分自信的前提下，实行一种开明、开放的政策，博采和吸收各方的文化。唐代服饰在中国服装发展史上有着举足轻重的作用。隋唐壁画、石刻、陶俑各地出土较多，为研究唐代服饰提供了较充分的依据。唐代服饰的种类和样式比汉代有了很大的发展，最重要的是趋于完美、整体和成熟。唐代的绘画、雕塑、音乐、舞蹈都达到了一个完美的高度，因此在服饰上显现出开放、自由和民族的豪迈精神。

　　在唐代男子服饰方面，尽管《新唐书·舆服志》中记载群臣服饰有21种，但唐代男子不论贵贱一律通服圆领袍衫、戴幞头、穿乌皮靴，成为一时之风尚。

　　唐朝服装的空前繁荣，突出体现在女子服装上，其主要特征是表现丰美华丽、雍容大度的服饰风格，其款式和织物都和当时崇尚丰硕体态的审美融为一体。唐代的妇女更有着前代和后代妇女都没有过的自由，她们可以抛头露面、出门游玩、听戏、看球，也可以在春季里和男子一起到风光胜地踏青。在这种开放的社会中，唐代妇女一改过去"笑不露齿，站不依门，行不露面"的传统，在服饰上进行了一系列大胆的尝试，她们废弃幂䍠、帷帽就是典型的例子。

　　天宝年间，不少妇女还模仿男子的装束，着幞头，穿袍衫，脚登乌皮靴。这种装束初在宫中流行，后渐渐传入民间，成为各阶层妇女的日常装束，我们从《虢国夫人游春图》中可以见到。

　　唐玄宗开元年间，胡服之风盛行，妇女多着胡装。唐代的胡服，指的是包括西域地区的少数民族服饰，以及印度、波斯等外国服饰。妇女在着胡服的同时，腰间还常系有革带，此时的唐代妇女常常表现出矫健英武、跃马扬鞭之势。

　　胡服盛行期间，不但被广大女子所喜爱，甚至遍及全国，男女老幼争以胡服为新。直至安史之乱以后，随着中原人对安禄山等胡臣的反感，才逐渐摒弃胡服，恢复宽袍大袖，但胡服的遗韵难消，其影响已渗透于汉族习尚之中。

　　唐代女子的发型及面妆品种繁多，异彩绽放。它也只有在唐代这个以开放安民为策、兼用礼教的时期才能一突而起，它是在开化的社会意识、繁荣的经济条件、人体的自我表现三者兼备的基础上开出的鲜花。这种丰满的、具有青春活力的热情和思想境界常常体现在唐诗之中，这当中也体现了大唐帝国青春、自由、欢乐的风貌。

关于缠足，始于五代，源自南唐后主李煜的嫔妃窅娘，她美丽多才，能歌善舞。李后主专门制作了高六尺的金莲花台，用珠宝、绸带、璎珞装饰，窅娘以帛缠足，使纤小的脚呈新月状，再穿上素袜在莲花台上翩翩起舞，从而使舞姿更加优美，李煜看后十分喜欢，称其有凌云之态。缠足陋习从此在宫廷及民间流行，金莲也成为缠足鞋的代名词。

思考题：

1. 名词解释：圆领袍衫、幞头、乌皮靴、点唇、斜红、花钿、幂篱、帷帽、胡帽、缠足
2. 简答：
(1) 简述唐代男子的圆领袍衫、幞头、乌皮靴的着装形式。
(2) 简述唐代女子各种穿着形式及变化。
(3) 简述唐代女子的妆式。

作业布置：

1. 收集资料论述唐代广收博览的异域服饰文化在汉族服饰中的体现。
2. 收集资料描述幂篱与帷帽的形制。
3. 结合唐代服饰文化进行系列创意服装设计。

建议：

1. 观看《大明宫词》及《武则天》影视片段，或把片段加入课件当中，从而丰富教学，且能切身体会本章相关服饰。
2. 从五代十国时期起，中国女子开始缠足，本章亦可在老师指导下观看音像片《世界五千年》之《三寸金莲》。

基础理论——

宋代服饰

课题名称： 宋代服饰

课题内容： 1. 宋代男子的袍衫与佩饰
2. 宋代幞头与幅巾
3. 宋代女服

上课时数： 6课时

教学目的： 向学生介绍宋代官服的特点及等级标志；宋代女子的服饰与形制。

使学生认识到宋代服饰为什么趋向于拘谨、质朴，而与唐代风格大异。

教学要求： 1. 使学生了解程朱理学对宋代服饰的影响；
2. 使学生了解宋代男子的朝服、公服的款式；
3. 使学生了解宋代背子、襦裙等女子服饰款式。

课前准备： 阅读与宋代理学相关的历史典籍以及代表宋代理性美的服饰资料。

第五章

宋代服饰

第一节　概述

北宋从公元 960 至 1127 年，共 167 年，历经 5 个皇帝。公元 960 年后周禁军首领赵匡胤在赵普、赵匡义、石守信等人策划、配合下，在陈桥驿（开封东北）发动兵变，黄袍加身，代后周而称帝，从而基本上完成了中原一带的南北统一，定都于汴京（今河南省开封市），史称北宋。

南宋自公元 1127 至 1279 年，共 152 年，历经 9 个皇帝。公元 1127 年金兵攻下汴京，俘获北宋徽、钦二帝和六宫北去，北宋灭亡。之后，康王赵构在南京（河南商丘）称帝，后又定都临安（浙江杭州），史称南宋。公元 1279 年，宋军被元军打败，宋朝忠臣陆秀夫背负小皇帝赵昺跳入大海溺死，大将军张士杰亦自坠水溺死。南宋灭亡。

宋代是我国封建社会经济文化在唐鼎盛之后的一个延续和维持期，虽然当时的农业、手工业、商业、都市经济较之唐代有一定的发展，其发展速度相对减弱，宋代整个社会文化渐渐趋于保守。

宋王朝的建立，结束了五代十国的割据和动乱局面，出现一段统一和平时期，经济有所发展，北宋时汴京十分繁荣发达，但终不如唐时鼎盛。对北方辽、金的军事行动一再受挫，屈辱求和。到南宋之时更是偏安一隅，境况日下。公元 1005 年宋与辽签订每年给辽银十万两、绢二十万匹的协议；仁宗时又与西夏议和，以每年给西夏丝绢十万匹及大量金银、茶叶作为代价，换取停战；公元 1141 年，高宗对金称臣，把东起淮水、西到大散关以北的大片土地划归金统治，另外每年给金绢二十万匹、银二十五万两。这些都对宋时的国力、社会经济、思想文化、艺术等产生一定影响，在服饰方面也不例外。

北宋初年，衣冠服制沿袭隋唐之制，宋太祖建隆三年（公元 962 年）聂崇义为学官，上《三礼图》，因此，宋朝服饰出现了由帝王钦定的《三礼图》为蓝本，用以"恢尧舜之典，总夏商之礼"。"典"即"典常"，是记述古代帝王法文的书，如《尚书》中的《尧典》、《舜典》。"礼"即典章制度及道德规范。在孔子以前已有夏礼、殷礼、周礼。《三礼图》是宋代初年服饰上恢复古代旧制的直接原因。

在这种形式下，又形成了后来的程颢、程颐的"二程学说"，然后由朱熹发展为"程朱理学"，成为这个时期占统治地位的哲学思想。"程朱理学"强调封建伦理纲常，在生活态度和方式上提出了"存天理而灭人欲"。这是一种儒、道、佛互相渗透的思想体系，宣扬"三纲五常，仁义为本"，例如在建筑上出现了白墙黑瓦的艺术风格，槛枋梁栋不设颜色，只用木质本色，绘画上多水墨淡彩，陶瓷上突出单色釉。在服饰上，一反唐代的浓艳鲜丽之色，而形成淡雅恬静之风，朝廷亦三令五申"务从简朴，不得奢僭（jiàn，超越本分，古时指地位在下的冒用在上的名义或器物等）"。又将宫廷中妇女用的多饰衣物、首饰等当众焚烧，此举主要是为警示世人和贵族阶层。从总体来看，这一时期的服饰风格趋于拘谨、质朴，追求一种"理性之美"。

第二节 宋代男子的袍衫与佩饰

宋代初年以聂崇义的《三礼图》为蓝本，服饰上出现了复古之制；而且也作了十分具体的规定，官员的服饰沿袭了晚唐五代之遗风，无太大变化。官员的朝服、公服以圆领袍衫为主，并且佩有方心曲领、鱼袋、革带等，这些佩饰是宋代官服的一种重要官品标志，后来受"程朱理学"的影响，又出现了服饰的"理性之美"。

1. 袍衫

宋代男子的公服是圆领袍衫，袍衫又分宽袍大袖和紧身窄袖两种，并且通过袍衫的纹样、质料、色彩来区分官员的身份等级。《宋史·舆服志》记载："袍衫，唐因隋制，天子常服赤黄、浅黄袍衫，折上巾，九环带，六合靴。宋因之，有赭黄、淡黄袍衫，玉装红束带，皂文靴，大宴则服之。又有赭黄、淡黄袍、红衫袍，常朝则服之。"从上文可知："圆领袍衫，隋朝就已经出现，唐朝沿袭隋的服饰制度，天子的通常之服是赤黄袍衫、浅黄袍衫，戴幞头，腰系九环带，脚登六合靴。至宋代圆领袍衫又沿袭唐代，有被称为赭黄袍的土黄色圆领袍衫以及淡黄圆领袍衫，嵌红地玉带，穿乌皮花纹靴，这些都是皇帝举行盛大宴会时穿用。另外有赭黄袍、淡黄袍，还有被称为红衫袍的大红色圆领袍衫，这几种袍衫都是与臣下议论政务时穿的。"这里的"九环带"是古代帝王贵臣的腰带，有九个金环。《隋书·礼仪志七》："侯王贵官多服九环带，惟天子加十三环，以为差异。"其意是王公贵族多用九环带，只有天子用十三环来加以区别。五代马缟《中华古今注》卷上："唐革隋政天子用九环带，百官士庶皆用。"也就是说："唐代沿革隋朝的官服制度，天子与百官士庶全部用九环带。"另外，宋代的一般男装与唐代相同，有襦、袄、襕衫（襕袍）（图5-1）、背子等。

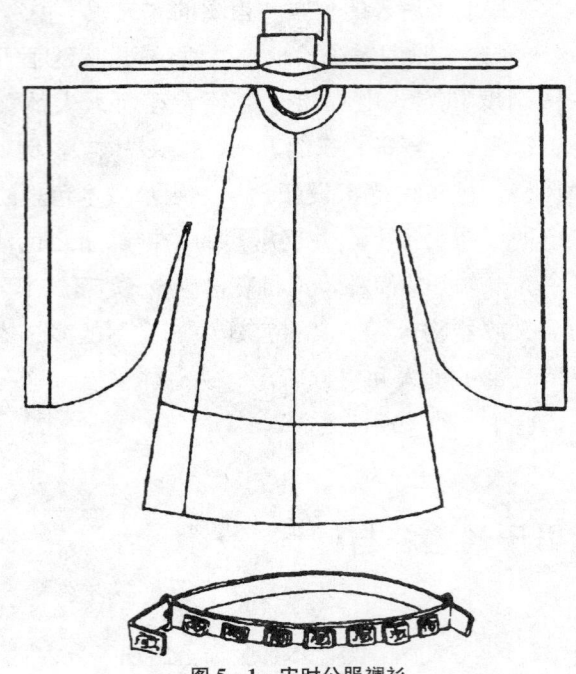

图5-1 宋时公服襕衫

襕衫属于袍类，所以又被称为襕袍。襕衫唐时已有，至宋代穿着更加普遍。它是在袍衫的下摆处加一幅横襕，故称襕衫。《宋史·舆服志》说："襕衫以白细布为之，圆领大袖，下摆施加横襕为裳，腰间有襞积。进士、国子生、州县生服之。"这里对襕衫的解释是："制作襕衫的材料是白细布，襕衫是圆领口、宽袖子，下摆前后加缀一横幅，具有下裳之意。腰间打着褶裥。是进士、国子生、州县生穿着的服饰。"

2. 革带制度

在宋代，袍衫外系的革带，也是区分官阶的重要标志。这种腰带通常由带头、带銙（kuǎ）、带鞓（tīng）、带尾四个部分组成。鞓就是皮带，也是腰带的基础。宋代时，腰带的制作十分考究，鞓的外表，往往用彩色绸绢包裹，故有"红鞓"、"青鞓"、"黑鞓"之别。鞓的形制，一般分成两节，前后各一。前面的一节在末端装有带尾，带身则钻有小孔。后面的一节饰有"带銙"。使用时在两端扣合。我们从史书上常见到"玉带"、"金带"等名称，其实这种腰带都是革带，只是在革带上附有不同材料做成的牌饰，所以有不同的名称。这种牌饰就叫做"銙"。"銙"用金作，则称"金带"，用玉则称"玉带"。此外还有"银带"、"犀带"及"角带"等名称，这些名称都是根据"銙"的质料来命名的。

3. 佩鱼制度

腰带除了用"銙"装饰以外，穿紫绯官服的高级朝臣还要在腰间挂有鱼袋，这就是佩鱼制度，它也是区分官阶的标志。

> 自隋代开皇十五年，京官五品以上就有佩鱼符的做法。唐代承袭了这一制度，制成一种三寸长短的鱼形饰物，饰物的材料有金、银、铜等，上刻文字，分成两片，一片留在朝中，一片留在官员本人手中，作为出入殿门或城门的门证。

其实这种鱼符是由秦代的虎符演变而来，由于鱼目有昼夜不闭的特点，因此有"常备不懈"的寓意。

唐代规定，凡五品以上官员盛放鱼符，都发给鱼袋，使用时系佩于腰间。鱼袋上的装饰有所不同，如饰以金者，称"金鱼袋"，饰以银者称"银鱼袋"。

宋代大体上沿用了唐制。只是不用鱼符，仅用鱼袋。在宋代，能够穿紫服绯，并且佩鱼，是一种很高的荣誉。在填写个人职衔时，都必须加以申明。例如，编纂《三礼图》的聂崇义，他的职衔是"通议大夫国子司业兼太常博士柱国赐紫金鱼袋臣聂崇义"。从聂崇义的职衔可以看出，他不但穿紫色官服，而且佩挂饰金鱼袋。

4. 方心曲领

宋代官员的朝服式样除了沿袭汉唐之制，又在颈间戴上方心曲领。这种方心曲领上圆下方，形似璎珞锁片，源于唐代，盛于宋代，延续到明代。在明代王圻的《三才图绘》中可以见到图示，后面为长长的丝绦。方心曲领象征着"天圆地方"，同时，它的适用功能在于压贴衣服，使衣领平服（图5-2）。

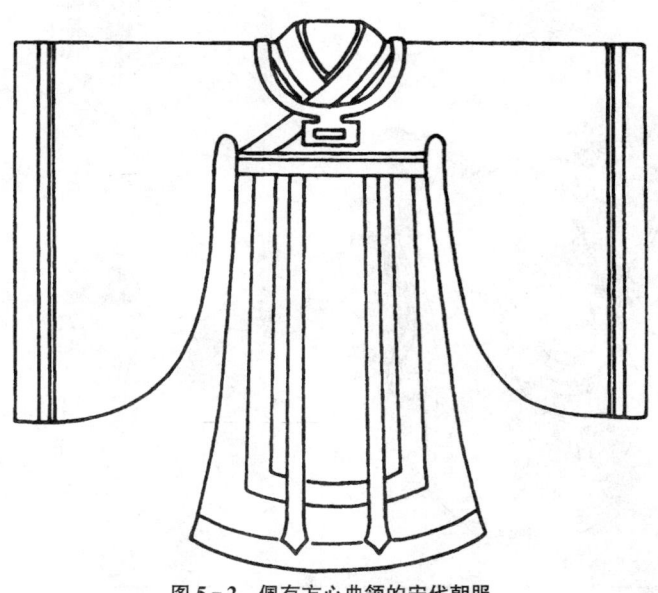

图5-2 佩有方心曲领的宋代朝服

第三节　宋代幞头与幅巾

1. 幞头

幞头在唐代以后的五代十国时期就有所变异。在晚唐以后"硬裹"之制的基础上，主要由漆纱代替原来的巾帕，俗称"漆纱幞头"，这时，幞头实际已形成一顶帽子，原来的四脚也随之变化，去掉了附在额上的两脚，仅留下脑后的两脚进行改制，以铁丝、竹篾等硬质材料为骨架制成左右两个"硬脚"，外蒙漆纱，这种"硬脚"的出现是宋代以来幞头发展的基础。且宋代的幞头变化，主要反映在硬脚上。宋以及元时，出现了各种造型之脚的幞头，典型的有直角幞头、曲角幞头、交脚幞头、高脚幞头等。

宋时幞头与唐时幞头相比有一些不同特点，唐时幞头用黑色纱罗制成，而宋时却不限于黑色，尤其是在喜庆宴会等隆重场合，也可采用鲜艳色彩装饰，即在幞头上簪以金银、罗绢之类，其花、枝多采用红、黄、银红等色的丝线制成。南宋时期的临安风俗：男女成亲，于结婚前三日，女家须向男家送去"罗花幞头"，以答谢男方聘送之礼。

在宋代众多幞头中，以直角幞头为多见，其后面两脚向左右伸展，形如直尺长过肩头，据说是为防止臣僚们在朝议时窃窃私语（图5-3）。

图5-3　男子幞头：左为文官幞头，右为将士幞头（王叔晖绘《杨门女将》）

2. 幅巾

由于幞头已从头巾变成了帽子，并成为文武百官的规定服饰，黎民百姓则很少用之，但此时的士庶阶层、文人雅士却以古制的幅巾（图5-4、图5-5）为雅。

图5-4 裹幅巾的男子（墨浪绘《满江红》中的岳飞）

图5-5 戴"东坡巾"的文人（选自黄能馥、陈娟娟编著《中国服装史》）

此画面为故宫博物院藏南宋刘松年作《会昌九老图》局部，相聚时间是唐会昌五年，九人分别是白居易（74岁，是9人当中最年轻者）、李元爽（136岁，9人中最年长者）、僧如满、胡杲、吉顼、刘爽、郑璩（qú）、张浑（hùn）、卢真。画中人物系唐人，但服饰却为宋时野老闲居的服式。

幅巾可随意裹成各种样式，常以人物或景物来命名。历史记载苏东坡所戴幅巾，以乌纱制为双层，前后左右各折一角，其状如桶。时人觉其新奇，群起而效之，并赋予其美名，称"东坡巾"。另外又有"程子巾"、"逍遥巾"、"高士巾"、"山谷巾"等，名目繁多，不胜枚举。至南宋时，裹巾风俗日盛，朝廷高级将官亦以裹巾为尚，而冠帽之制却被时人冷落。

第四节　宋代女服

一、服饰

1. 背子

是宋代女子最具特色的服饰（图5-6～图5-8）。周锡保先生在《中国古代服饰史》中称："背子或作褙子（褙同背），又名绰子。"以直领对襟为主，两腋下开衩，袖有宽窄两式，其长度最短至膝上，最长至足踝。宋代男女都穿背子，其式样及使用都有区别：男子所着背子，从历史记载可证，不可作为正式服装

图5-6　宋代居家妇女着背子形象（选自沈从文编著《中国古代服饰研究》）

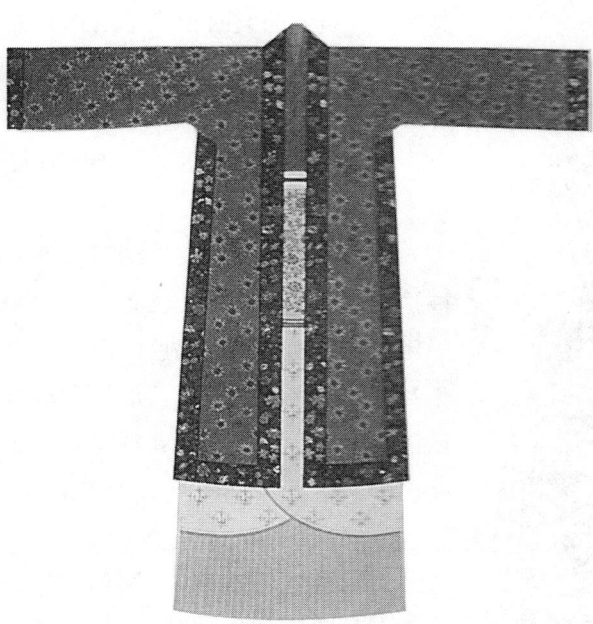

图 5-7 背子及其配套服饰展示图

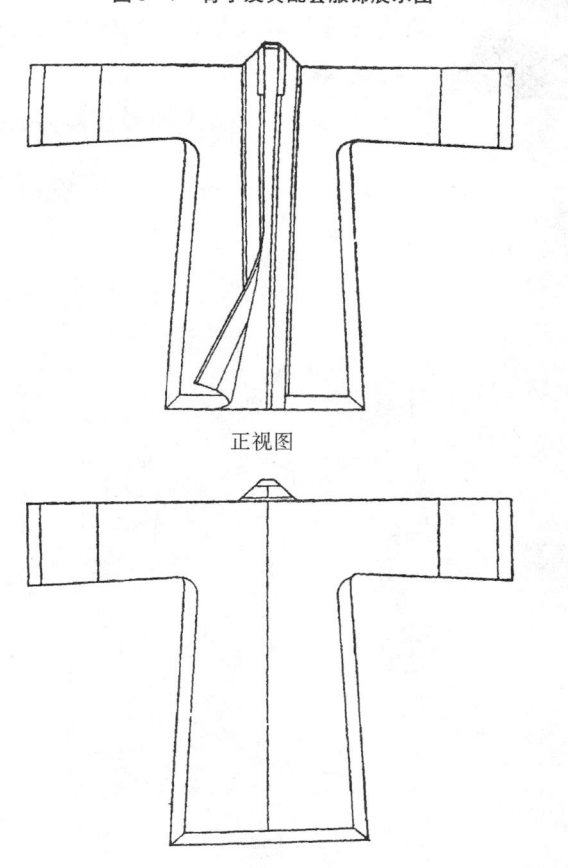

正视图

背视图

图 5-8 福州南宋黄昇墓出土背子展示图（选自黄能馥、陈娟娟编著《中国服装史》）

穿用；官员着公裳时把背子当作衬服，士大夫平时可着背子见客，但必须戴帽。总之，男子不可把背子当为正式礼服，仅为衬服或简便礼服，在宋代皇帝、官吏、文人、商贾、仪卫等男子可着背子。

2. 襦

短襦的式样最迟在战国时期就已经产生，宋代之襦是女子的便服之一，贵者以锦罗刺绣，平民女子不得用白褐色锦绣和淡褐色匹帛制作服饰。单薄之襦近于衫，厚实之襦近于袄，襦早期多系于裙腰内，此时已由内转外，犹如今日朝鲜族妇女之短襦，不系于裙腰之中（图5-9、图5-10）。

3. 袄

为日常穿用衣式，没有定制，有宽袖和短袖之分，有对襟和大襟之别，长短也各不相同。大多内加有棉絮或衬有衣里，腰袖比较宽松且比襦长。

4. 衫

宋代女子喜着大袖衫，衫多数是单层面料，主要

图5-9 宋代襦裙装

图5-10 宋代襦裙装的结构示意图

在夏季穿着，袖口宽敞，长短不一，面料多用纱或罗。宋诗有"薄罗衫子薄罗裙"，就是指轻薄悠软的罗绮衫子和罗绮裙子。"藕丝衫未成"中的"藕丝"是制作衫的材料为藕丝色，像秋日蓝天之浅色。藕丝：青白色，有时也借代为衣裙。这里说的是藕丝衫子还正在制作中。"轻衫罩体香罗碧"中的"碧"是青绿色的玉石，这句话的意思就是："青绿飘香的罗绮衫子罩在身上。"这些诗句都不同程度地绘出了宋代女衫的质地与色彩别具理性的淡雅之美（图5-11～图5-13）。

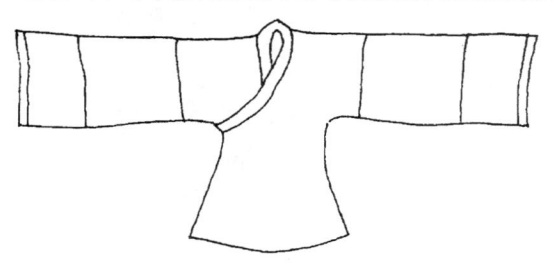

图5-11 江苏金坛南宋周瑀墓出土矩纹纱交领单衫（选自黄能馥、陈娟娟编著《中国服装史》）

图5-12 江苏金坛南宋周瑀墓出土的合领对襟衫（为背子形制，选自黄能馥、陈娟娟编著《中国服装史》）

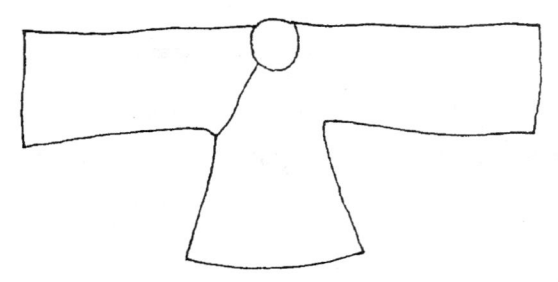

图5-13 江苏金坛南宋周瑀墓出土的两种圆领右衽单衫（选自黄能馥、陈娟娟编著《中国服装史》）

5. 半臂

衣短，有袖，但如同现在的半截袖。原为武士穿用，因袖短而得名，唐代时，在女子当中盛行，至宋男子穿于内，女子穿在外（图5-14）。

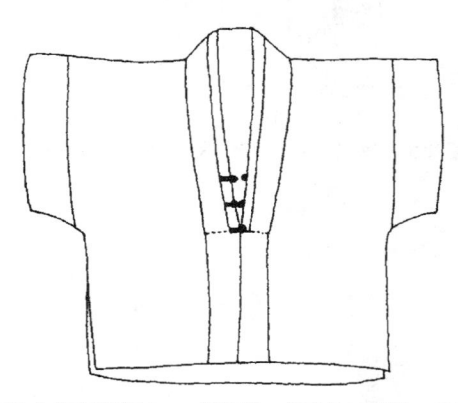

图5-14 山西出土南宋半臂衫——彩绘纱、短广袖、对襟、半开领，北京故宫博物院藏（选自黄能馥、陈娟娟编著《中国服装史》）

6. 背心

无袖，似裲裆，此时的半臂加长袖，即为背子，去袖就是背心，但皆为对襟式。《事林广记》把半臂与背心视作同类，从当代出土的宋代背心来看，也多为长方形，对襟，开衩。

7. 抹胸与裹肚

当时女子的内衣，抹胸略短，与当今女子的乳罩相近，裹肚稍长，如儿童的小兜兜。这两款内衣据历史记载仅有前片，无完整后片，色彩多艳丽（图5-15）。

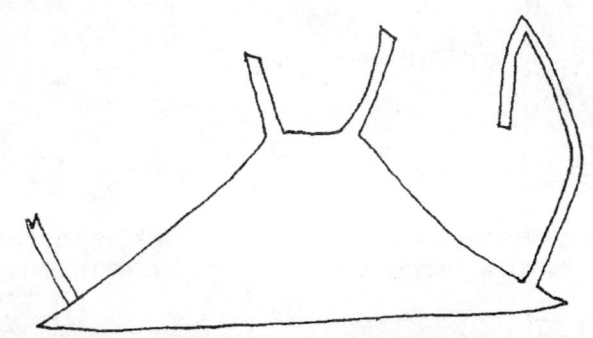

图5-15　江苏金坛南宋周瑀墓出土的抹胸（选自黄能馥、陈娟娟编著《中国服装史》）

8. 裙

在宋代，裙是妇女日常服用的下裳，当时的裙，保持了晚唐五代之遗风，在此基础上又形成了具有宋代特点的式样，即"千褶"、"百叠"等裙式。裙腰从唐时的腋下变成宋时的至腰间，此种裙腰回至腰间的裙式已很普遍（图5-16、图5-17）。

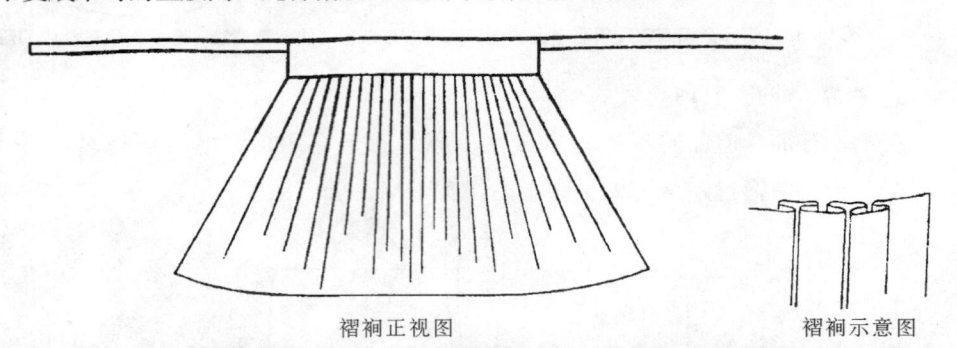

褶裥正视图　　　　褶裥示意图

图5-16　福州南宋黄昇墓出土褐色罗印花褶裥裙形制图（选自黄能馥、陈娟娟编著《中国服装史》）

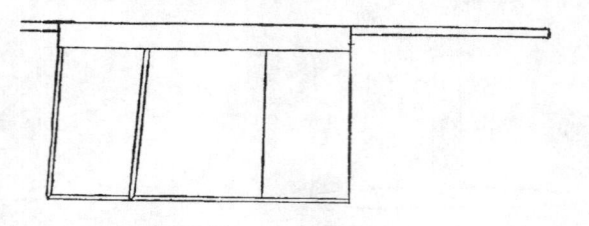

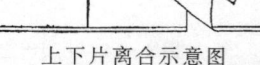

正视图　　　　上下片离合示意图

图5-17　福州南宋黄昇墓出土黄褐色牡丹花罗镶花边裙形制图（选自黄能馥、陈娟娟编著《中国服装史》）

9. 裤

汉族传统古裤本无裆，因此外穿裙，裙长多达足面，但劳动妇女也有单独穿用合裆裤而不用穿裙，此裤被称为裈。如宋代风俗画家王居正《纺车图》中的老妇和少妇皆穿裈。（图 5-18、图 5-19）

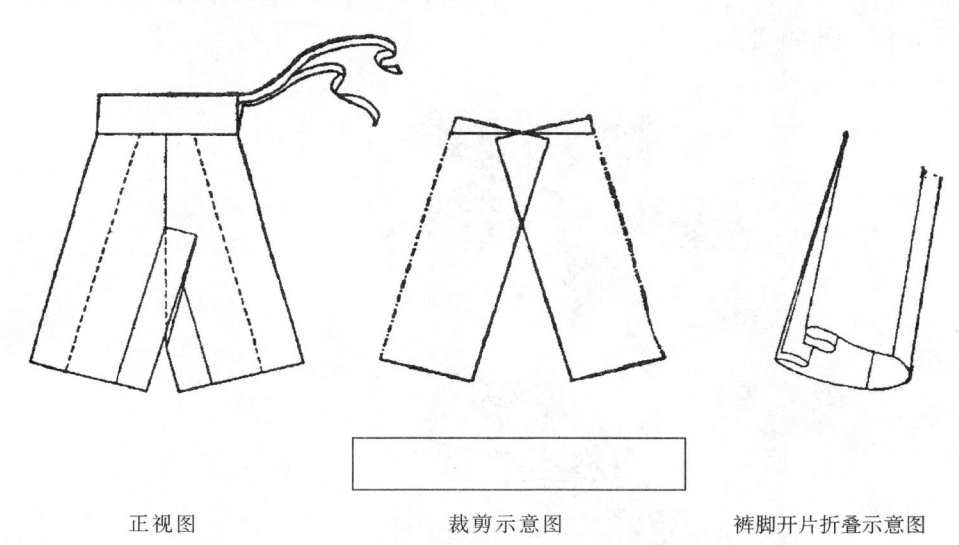

正视图　　　裁剪示意图　　　裤脚开片折叠示意图

图 5-18　福州南宋黄昇墓出土黄褐色花罗两外侧开中缝合裆裤形制图
（选自黄能馥、陈娟娟编著《中国服装史》）

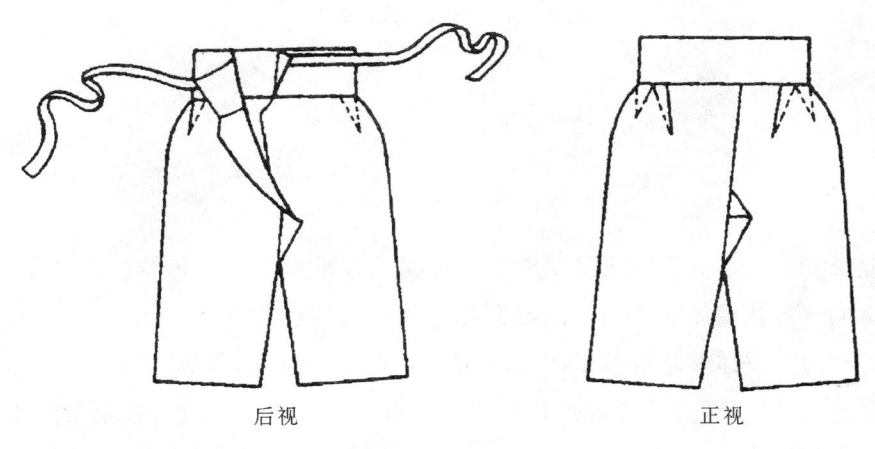

后视　　　正视

图 5-19　宋代女裤结构示意图（正、背）（据福州黄昇墓出土文物绘，选自沈从文编著《中国古代服饰研究》）

二、头饰

1. 盖头巾

宋代女子的盖头巾有两种形式。一种是方五尺、皂（黑）色，出门遮面用，避邪。另一种是用红色纱罗蒙面，是成婚之日新娘必着首服，这种习惯一直延续到近代。

2. 花冠

花冠最初在唐时出现，宋代女子沿袭了这一习俗。冠上除了簪用鲜花外，还有用绢制成的各种假花，即把一年四季的花桃、杏、荷、菊、梅等合插一冠上，被时人称为"一年景"。在两宋时期，簪花不仅为妇女喜爱，男子也常在冠上插戴花朵（图5-20）。

图5-20 戴花冠的宋代女子

结语

北宋初年，在官员的冠服制度上，宋朝十分重视恢复旧传统，尤其是聂崇义编纂的《三礼图》对当时的服饰制度起了很重要的作用。编纂《三礼图》的宗旨，是为了"祥求原始"，即详细考证古代的服饰制度，以"恢尧舜之典，总夏商之礼"。尽管事实上与古代礼仪制度尚有较大的差距，但经过皇帝的钦定，就成为恢复的蓝本了。

在宋仁宗景祐、康定年间（公元1034—1040年），对冠冕的尺寸、质料、颜色和衮服的纹章重新规定，同时调整百官的朝服制度。以后在宋徽宗大观、政和年间（公元1110—1111年），对所制官服皆先画出样稿后交司礼局（掌管礼仪的机构）监制，并且根据古代礼制编成《祭服制度》。由于对恢复古代服饰制度的重视，男子的冠袍以隋唐时期的圆领袍衫形制为主，结合古代制度，又形成宋代的独有特点。同时，与官服配套的腰带制度、佩鱼制度、方心曲领等与官员的冠品等级密切相连。

隋唐时期的"幞头",发展到宋代,已经成为男子的主要首服,"幞头"的形制和前代有明显的不同。由于"幞头"变成了帽子,并成为文武百官的规定服饰,所以宋代的文人雅士,又恢复了古代的幅巾制度,此时的幅巾可以裹成各种形式,并且以风景、植物、人物等来命名。

在南北宋时期,"程朱理学"在哲学体系中占有统治地位。"程朱理学"是北宋时期的程颢、程颐兄弟创立,到南宋时由朱熹完成,他们提出了"三纲五常,仁义为本"、"存天理而灭人欲"等哲学思想。由此,"程朱理学"对服饰产生影响,具体表现为质朴、典雅甚至拘谨的服饰风格,服饰美学观,时时受到"程朱理学"的制约。

在这种理学思想的支配下,人们的审美观念相比唐朝发生了很大的变化,例如在建筑上,出现了以白墙黑瓦为主体的艺术形式,槛枋梁栋不设颜色,只用木质的自然美感。在绘画上,常采用清秀简洁的水墨画和淡彩画形式。在服饰上,反映得更为明显,整个社会崇尚俭朴,反对华丽,尤其是妇女服饰"惟务洁净,不可异众",即只能崇尚简洁、雅致,不能出现奇装异服。

南北宋时期的女子服饰,特别是南宋时期,在审美上深刻地受到了"程朱理学"的影响。女子的背子、襦、袄、衫、裙等,在风格上崇尚简练、质朴、洁净、自然,不刻意追求新颖,避免与众不同;在色彩上,一反唐代的浓艳、鲜丽,体现出淡雅、恬静、简约至极的"理性之美"。

思考题:

1. 名词解释:祭服、朝服、背子、盖头巾、花冠
2. 简答:
(1) 简述宋代幞头的特点。
(2) 简述宋代幅巾的特点。
(3) 简述宋代背子的特点。

作业布置:

1. 收集资料论述宋代"程朱理学"对宋代服饰的影响。
2. 收集资料论述宋代服饰风格为什么趣向于朴实而与唐代不同。
3. 根据所学的宋代服饰形制,进行传统与现代结合的系列服装设计。

基础理论——

辽金元的服饰

课题名称： 辽金元的服饰

课题内容： 1. 辽代契丹族服饰
2. 金代女真族服饰
3. 元代蒙古族服饰

上课时数： 4课时

教学目的： 向学生介绍辽代契丹族的服饰以及契丹族服饰文化与汉族服饰文化之关系；金代女真族服饰的文化特征；元代蒙古族服饰与其本民族文化之关联。

教学要求： 1. 使学生了解辽代契丹族袍服的特点；
2. 使学生了解辽代契丹族髡发之特点；
3. 使学生了解金代女真族印金提花左衽袍等服饰特点；
4. 使学生了解元代蒙古族的婆焦发、质孙衣、顾姑冠等服饰特征及妆饰特征。

第六章

辽金元的服饰

第一节 概述

五代十国以后，中国历史上除了宋朝政权以外，还先后出现了以少数民族为主体建立的政权，其中包括辽国政权。辽从太祖（耶律阿保机）元年（公元907年）到天祚帝（耶律延禧）保大五年（公元1125年），先后共经历218年。

从耶律阿保机将契丹各部合并时算起，即公元916~1125年，共210年，历经9个皇帝，是中国北部的一个封建王朝，公元916年建国初，定国号为大契丹，两年后建都皇都（内蒙古昭乌达盟巴林左旗南波罗城），公元947年改国号为大辽，公元983年又称大契丹，至公元1066年又重新改称大辽，改皇都为上京，公元1125年金灭辽。

辽的民族属契丹民族，在建立大契丹国前，世居辽河流域（现内蒙古克什克腾旗南部），以游牧狩猎为主。这是一个从氏族社会走向封建社会的民族。

在服饰上，据《契丹国志》记载，契丹人的早期服饰为"戴猪服豕"，用兽皮裹身，直到建立大契丹国前夕，才学会种植桑麻，纺织布帛，穿起布制的衣服。起初衣冠服制尚无具体定制，辽太宗即位后，于公元936年得后晋燕云十六州，晋将当地文物、铠仗归之于辽，罗绮之篚（fěi，古代盛东西的竹器）麇载而至。后又于公元938年颁布服制，在后晋服制的基础上创立了自己的衣冠服制。辽太宗对汉族人民和契丹族人民的统治采取不同的政策，南方以汉制度治理汉人，穿汉服，北方以契丹制度治理契丹人，穿契丹服。

从以上可以看出自五代契丹入晋以后，其服饰既有本民族的服饰特征，同时又具有汉族人的服饰特征。

金朝是女真族政权，从公元1115至1234年共119年的历史，历经9个皇帝，是五代十国以后与宋朝政权基本对立的少数民族政权之一。

女真族是生活在我国东北地区历史悠久的少数民族，主要分布在黑龙江、松花江流域和长白山一带，至隋唐时期，仍过着以渔猎为主的生活，古称"肃慎族"或"靺鞨族"。公元 10 世纪时，女真族还在辽的统治下，后隶属于辽国 200 余年，至公元 1115 年，完颜部首领阿骨打在按出虎水附近的会宁（今黑龙江省阿城县）建立起奴隶制政权"金"，后来逐渐摆脱随水草迁徙的穴居野外生活，发展生产力，练兵牧马，公元 1125 年，金俘获辽天祚帝，灭辽。同年冬天，金太宗吴乞买（即完颜晟）派兵南下，直捣宋朝，要挟大量黄金、白银、牛马、绸缎，并索割太原、中山、河间等镇。面对腐朽的宋王朝，金兵有机可乘，不过半年时间又渡过黄河，攻入北宋首都汴京，掠走北宋徽、钦二帝及后妃、百工，抢劫无数珍珠宝器，时值公元 1127 年。之后宋高宗继位，南宋开始。宋金对峙数年后，公元 1234 年金被蒙古族所灭。从古籍记载来看，金女真族服饰与辽契丹族服饰有相似之处，如左衽、窄袖、开衩、着靴等，但也有很大的本民族的成分。

元朝从公元 1206 至 1368 年，共 162 年，历经 15 个皇帝。

公元 1206 年，铁木真统一蒙古各部，被尊为成吉思汗；公元 1271 年忽必烈称帝，定国号为元；公元 1368 年明军攻入大都，元亡。

大约在 7 世纪的时候，蒙古人就在今黑龙江省额尔古纳河岸的幽深密林里生活着；公元 9 世纪，已经游牧于漠北草原，和原来生活在那里的突厥、回纥等部落错居而住；10 世纪后，便散居成许多互不统属的部落；11 世纪时结成以塔塔儿部为首的部落联盟。经过近百年掠夺战争，最后由成吉思汗完成蒙古的统一，在成吉思汗吞并几个少数民族政权以后，又与南宋进行了长达 40 年的战争。公元 1260 年，成吉思汗之孙忽必烈在开平（后改称上都，在今内蒙古自治区多伦北石别苏太）登上汗位，后于 1271 年迁都燕京（改称大都，今北京市），建国号为"元"，1279 年，元朝统一了中国。蒙古民族也是游牧民族，当时经济文化的发展程度落后于汉族，人的衣着服饰也非常简单、朴素，入居中原后，在生活习俗方面受到汉文化的很大影响，服饰也日趋华丽。从当时记载来看，蒙古族人当时大有仿效汉族贵族服饰的，有随意使用龙凤图案的，制度比较混乱。汉族人民的服饰，随着政权的屡番更替及禁令的宽紧张弛，也产生了许多的变化。

第二节 辽代契丹族服饰

辽代男女服饰以长袍为主，辽人入晋以后，臣僚服饰便有"国服"及"汉服"之分。"国服"就是契丹本民族的服饰，"汉服"即五代后晋时期的服饰。根据《辽史·仪卫志》记载，辽太祖在北方称帝时，朝服只穿甲胄，其后在行瑟瑟之礼、大射柳等重要场合也穿戎装，衣冠服制尚不完整。"瑟瑟之礼"是辽代人的一种祈雨的活动。契丹发祥地是辽河的上游，由于气候干旱，所以雨水在人们日常生活中便成为备受关注的要素。从遥辇苏可汗（约中唐时期）时起，便形成了旨在祈雨的"瑟瑟之礼"。辽朝建立以后，此俗沿袭不改。"大射柳"是辽金时期的一种竞技比赛活动。在场上插柳，驰马射之，中者胜。此俗源于古鲜卑族秋祭时驰马绕柳三周的仪式。在入晋以后举行契丹传统活动时辽人还是一律穿着契丹本民族服饰。

辽太宗耶律德光（公元902—947年）入晋以后，受汉族文化的影响创衣冠之制："北班国制（辽制），南班汉制，各从其便焉。"所以当时的服制可分为两种，北官仍用契丹服饰，南官则沿袭了晚唐五代的遗制，并且各从其便。

大同元年（公元947年），辽太宗耶律德光攻下后晋首都开封，二月，建国号大辽。辽代本民族传统男女服饰以长袍为主，契丹入晋以后创建的"国服"包括祭服、朝服、公服、常服、田猎服等。"汉服"也有祭服、朝服、公服、常服等。在祭服方面，有大祭服、小祭服之异，冠用衮冕，冕上垂白珠十二旒。身着玄衣、纁裳，绣十二章纹，其中八章在衣，四章在裳，龙山以下，每章一行，共十二行。内衬白纱中单，大带、佩绶一应俱全。舄则加金饰。

一、契丹族男子服饰

1. 圆领长袍

辽代契丹族男子服饰以长袍为主，其主要特征为，一般都是左衽、圆领、窄袖。袍上有疙瘩式纽襻，袍带于胸前系结，然后下垂至膝。长袍的颜色比较灰暗，有灰绿、灰蓝、赭黄、黑绿等几种，纹样也比较朴素。贵族阶层的长袍，大多比较精致，通体平锈花纹，袍长多至膝下，袍外包围着"捍腰"，"捍腰"就是在腰间系一皮围，既能减少袍子的磨损又便于佩挂弓箭等物，袍子的外面还要束带，下裳为裤，脚穿皮靴（图6-1）。

2. 契丹族髡发

男子剃发，称髡（kūn，《说文》：髡，剃发也。即将头顶处头发剃去）发，髡发的形式，依不同的年龄而各异。女子在年少时也讲究髡发，出嫁之前尚蓄留头发，以便出嫁之后梳成各种发髻，主要发髻名目为：高髻、双髻、螺髻，同时也有少数是披发的，额间以巾带扎裹。成年男子的髡发，一般是将头顶部分的头发全部剃光，只在两鬓处或前额部分留少量余发作为装饰，有的在额前蓄留一排短发，有的在耳边披散着鬓发，也有将左右两绺头发修剪整理成各种形状，然后自然下垂，直达肩部（图6-2）。

3. 契丹族巾帽制

契丹族的巾帽制很严格，按规定只有皇帝、臣僚等具有一定级别者可以戴冠，

图 6-1　穿长袍的契丹族男子

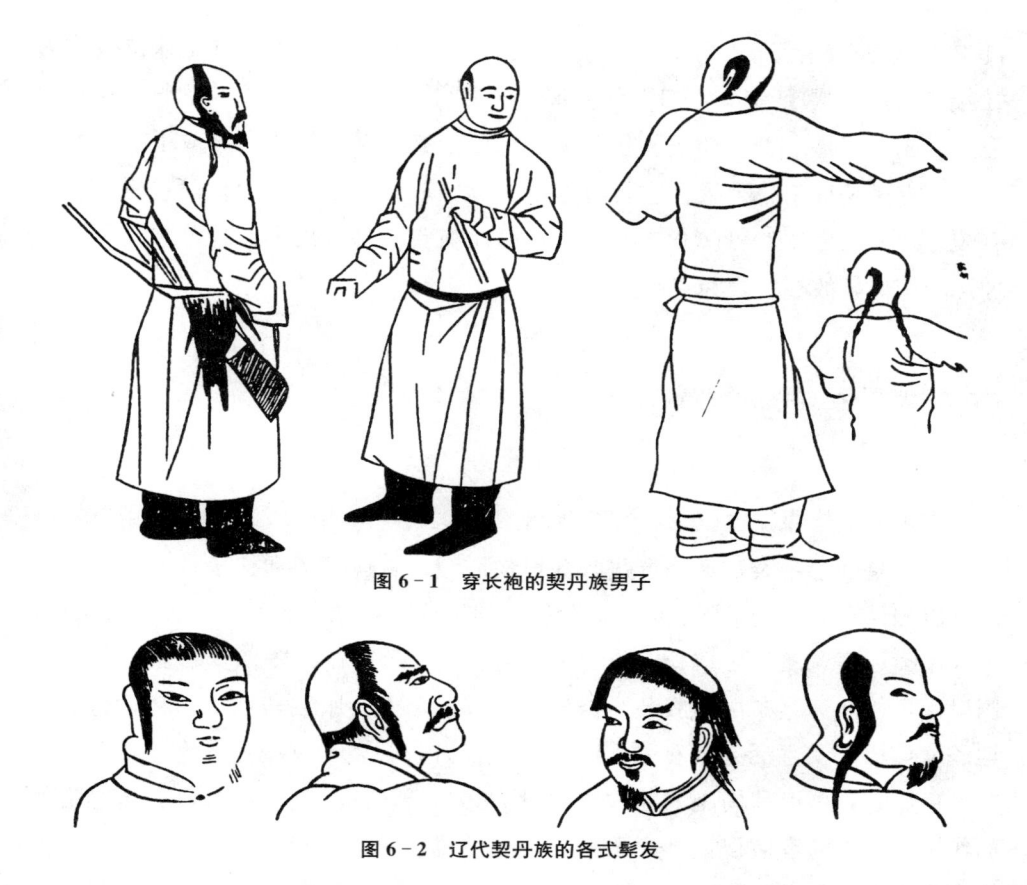

图 6-2　辽代契丹族的各式髡发

其他人不得私戴,甚至连头巾也不能系扎。身份低卑的官吏及士庶百姓,即便在寒冷的冬天也不能戴头巾,有钱人想戴巾子,必须向政府缴纳大量的财富。

二、契丹女子服饰

1. 契丹女子的团衫与裙

辽代女子上身穿黑、紫、绀色等的直领对襟衫子,式样为左衽,被称为团衫,一般非常宽大,衫子的前面长度拂地,后面的长度曳地尺余,双垂红黄带。一般女子裙摆宽大,裙长及踝,裙子的色彩大多为黑色或紫色,并且在裙子上刺绣金枝花纹,脚为天足,以穿靴为主(图6-3)。

2. 契丹女子的佛妆

按照辽代的习俗,女子喜欢在脸上涂有金黄色的粉状物,这就是所谓的佛妆。如宋时彭如砺诗云:"有女夭夭称细娘,真珠络髻面涂黄。""夭夭"是指超出一般的美

图 6-3　着团衫的契丹族女子

-135-

第六章

（也有轻松舒适之意），"细娘"指代的是美女或少女的意思，可见这位被称为"细娘"的天使般的美女不但发髻上带着珍珠络子，而且脸上涂着佛妆。这种习俗的形成主要是由于长期居住在北方寒冷的地带，因此妇女们养成了护面的习惯，其方法是采用一种果仁中含有丰富油脂的葫芦科植物作为护面材料，它具有较好的护肤作用，可防止皮肤干裂，因涂在脸上呈现出金黄色，与金色的佛像比较相似，故被称之为"佛妆"。

第三节 金代女真族服饰

由于女真族原先也生活在北方地区，因此气候寒冷，服装主要采用兽皮制作，特别是到了冬天，不分贵贱都穿兽皮服装，就连裤子和袜子也都用毛皮制成，以挡风寒的侵袭。服装以皮质分别等级：富人用貂鼠、青鼠、狐貉或羔皮，穷人用獐、鹿、麋、牛、马、猪、羊、猫、犬、鱼、蛇的皮。女真族消灭了辽国以后，逐渐穿起布帛的服装。据史书记载，金人的服装喜欢用白色，这和当地的地理环境及生活方式有关，因为金人以游牧为生，有些地方终年积雪，身穿白色服装，可以和周围的冰雪银树融为一色，从而起到保护自己、迷惑猎物的作用。金人的春装以鹘捕鹅、杂花卉为纹饰，秋装以熊、鹿、山林等动、植物为纹饰，也是出于同样的目的。

女真人也模仿辽国分南、北管制，注重服饰礼仪制度。后来进入黄河流域，又吸收了宋代冠服制度。

1. 金代女真族男子服饰与发饰

从现存文献资料来看，金代女真族的传统服饰与辽代契丹族传统服饰大致相同。男子的服饰窄小、左衽，不论贵贱皆穿尖头靴。根据《大金国志》记载："金俗好白，辫发垂肩，与契丹异。垂金环，留颅后发系以色丝，富人用金珠饰。妇人辫发盘髻，亦无冠。"其实，女真族是辫发种族，不分男女都梳辫发，男子辫发垂肩，并且不同于契丹民族，女子辫发盘髻，两者稍有不同。男子在结编以前，还要将额部的头发全部剃光，名为削发。金兵侵入宋以后，武力强迫宋朝臣民依照金人习俗削发垂辫，不遵者处死。1156以后，为缓和民族矛盾，禁令有所松弛，宋朝遗民得以恢复蓄发的自由（图6-4）。

2. 金代女真族女子服饰

金代妇女喜好裹头巾，所穿的服饰大体沿袭辽代旧制，衣服款式采用直领右衽。大袄子是金代妇女常穿的服装，其形式类似男子的道袍，下体则穿锦裙，

图 6-4 金代女真族男子服饰

为使裙幅撑开，特用裹着绣帛的铁丝圈作为衬，外面用单裙笼罩，上衣喜穿黑紫、皂色、绀色直领左衽的团衫，前长拂地，后长拖地一尺多，腰束红绿色带。许嫁女子穿背子（称为绰子），对襟彩领，前长拂地，后长拖地五寸，用红、褐等色片金锦制作，头上多辫发盘髻。侵入宋地后，有裹逍遥巾的，即以黑纱笼髻，上缀五钿，主要以年老者采用该装束，冬戴羔皮帽。皇后冠服与宋代相似，有九龙四凤冠、袆衣、腰带、蔽膝、大小绶、玉佩、青罗舄等。贵族命妇披云肩（图 6-5）。

图 6-5 金代女子的团衫（选自周锡保《中国服饰史》）

第六章

第四节　元代蒙古族服饰

蒙古族人在未进入关内时，披发而椎髻，冬帽而夏笠。所着皮袄、皮帽、皮靴都用貂鼠等为之，或用羊皮衣，其式右衽而方领，除皮毛外大都用毡罽皮革，即旃（zhān，同毡）裘的衣装。

上自王主成吉思汗，下至国人，均把头发剃成婆焦。婆焦（或称跋焦），它的式样像汉族小儿在头顶留梳的三搭头，即将头顶四周一弯剃去，留当前发而剪短散垂，将两旁头发盘作两髻，垂而悬于左右肩；或合成一辫，拖垂在衣背。此外男子也多戴耳环。

蒙古族人入关后，除了保留本民族的原有的衣冠形制以外，也采用了汉族的朝服与祭服制度，即冕服、朝服、宫服等。但因元朝政体仍保留了较多的蒙古族旧制，官员官制与官员的人数不能得到系统的确定，所以官员的衣冠形制也始终没能得到系统的确定，只是大体上采用汉族的服饰制度。

官吏士庶日常闲居，一般多窄袖长袍，地位低下的侍从仆役，则在长袍外面，再加罩一件短袖衫子。妇女也有这种习惯。由于受地理、气候等因素的影响，蒙古族妇女冬季服饰的材料，大多以兽皮为主。

1. 蒙古族男子的服饰

蒙古族的传统衣冠，以头戴帽笠为主，主要有质孙衣、辫线袄、比甲等。

（1）质孙衣：蒙古族也称质孙衣为"只孙"、"济逊"，汉语译为一色衣。质孙衣的形制是上衣连接下裳，衣式紧窄且下裳亦较短，在腰部做许多襞积（打褶）而自然下垂，并在其衣的肩背间贯以大珠为饰。质孙衣本为戎服，即便于乘骑，这在元代的陶俑及画中可以见到。朝廷每有朝会、庆典等皆举行燕飨，赴宴者必须穿着皇帝所赐的"质孙宴服"；冬夏之服有别。凡勋戚大臣近侍，赐之则服。下至乐工、卫士，均有质孙衣之赐予。质孙衣虽有精与粗、上与下的分别，但总体要求颜色协调统一（图6-6）。

（2）辫线袄：蒙古族袍服的形制，除质孙衣以及辽、金通用的款式外，还有一种样式，为圆领，紧袖，下摆宽大，折有密裥。另在腰部打上细密横褶后，再缝以辫线而成的宽阔围腰，有的还钉有纽扣，俗称"辫线袄子"，或称"腰线袄子"（图6-7）。

（3）比肩：俗称襻子、答忽。这是一种皮衣，较之马褂长些，类似半袖衫。

（4）比甲：是一种前没有衣襟，也没有领、袖，后面之长是前面的几倍，用两襻联结，为便于骑马的服饰，当时人都效仿而服用。

图 6-6 元代蒙古族质孙衣（选自周锡保《中国服饰史》）

图 6-7 元代蒙古族辫线袄（选自叶立诚《中西服饰史》）

（5）首服：元代男子的首服样式有幞头及巾。公服多戴幞头，巾则为平民百姓所喜好。蒙古族男子戴的一种用藤篾做成的"瓦楞帽"有方圆两式，顶上饰有珠宝，也有戴大笠帽的。戴者一般为冬帽夏笠。

2. 蒙古族女子服饰

元代妇女，尤其是皇妃，仍服本民族服式。

（1）蒙古族女子的袍服：元代妇女有袍，其形宽大而长，大袖在袖口处窄小。贵妇之袍长至拖地，行走时需女奴提之，类似汉族士人们所穿的道服，多以大红织金、吉贝锦、蒙茸、锁里为尚。

蒙古族妇人之袍可作礼服用，汉人称此种袍为团衫，南方汉人则称之为大衣。

（2）顾姑冠：元代女子首服以"顾姑冠"为其特色，元代后妃及命妇礼服，通常不沿袭宋代的凤冠制，而戴顾姑冠。其形制一般用铁丝、桦木条或枝编或框架，冠体窄而耸高，通常高度在半米以上，在框架外表则裱以红色的皮、纸、绒、绢等物，另饰以金箔珠花，冠顶还插有若干细枝条，饰以翠花、绒球、彩帛、珠串及翎枝等物，冠上的珠串随行走一摇一晃，顶部的翎枝迎风飞动，威仪堂皇，独具特色。这种冠饰可能与蒙古传统的生活习俗有关，骑马行走在荒芜的野外，冠体越高，就越容易被辨认。元代的顾姑冠随元代的消亡而消亡（图6-8）。

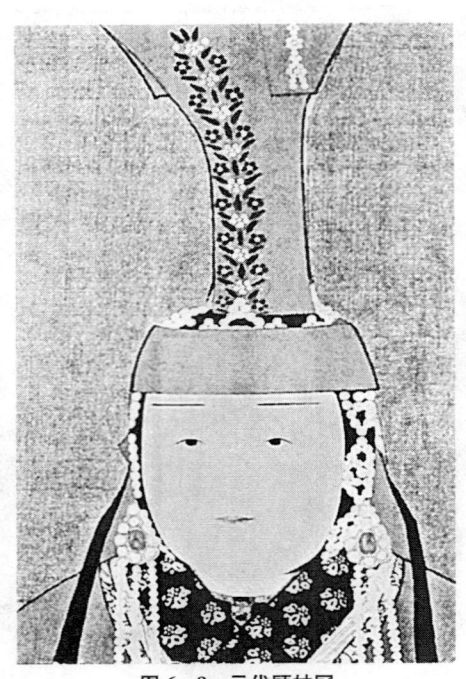

图6-8 元代顾姑冠

蒙古族妇女化妆喜欢以黄粉涂颜，这也曾几度影响汉人的化妆，使汉人也效其颜黄。

蒙古族女子着靴，其贵族女子以红靴为尚。

结语

在五代十国以后，出现了几个与两宋并列的少数民族政权，最具代表性的是契丹族建立的辽朝，女真族建立的金朝以及蒙古族建立的元朝。

辽建立以前，位于北方的辽河流域，它是一个从氏族社会直接跨越到封建社会的民族。辽太祖在北方称帝时，衣冠服制均未具备。一直到契丹族入晋以后，才在汉族冠服制度的基础上创立了辽国的服饰制度，北官穿用契丹本民族的服饰，南官则继承晚唐五代的冠服制度。

契丹本民族的男女传统服饰以长袍为主，上下同制。从图像资料及出土的实物均可反映出长袍的式样。服饰特征一般是左衽、圆领、窄袖。袍上有疙瘩式纽襻，袍带于胸前系结，然后下垂至膝。颜色一般比较灰暗，有灰绿、灰蓝、墨绿等。衣纹也比较朴素。契丹族男子服饰在长袍的里面还衬有一件衫袄，露领子于外，颜色较外衣为浅，下穿套裤，裤腿塞进靴子内，上系带子于腰际。契丹民族还有男子髡发、女子佛妆等习俗。

金自太祖建国起，前后历时119年，金代的服饰，起初继承晚唐五代之制，后得宋朝半壁江山，因此，又根据宋朝的服饰制度对以前的服制略加改动。根据《金史·熙示本纪》记载，天眷二年，百官朝会开始穿朝服，天眷三年制定冠服制度，上自皇帝冕服、朝服、皇后冠服，下及臣僚朝服、常服等，一一定明。在大定年间时，又制定了公服制度与庶民服饰制度。这时，金代的服饰制度已经基本完备。

金代女真族的传统服饰为男子穿窄小袍衫、左衽，不论贵贱都穿尖头靴。女子的代表服饰是团衫、锦裙等。金代男女民族服饰的特点与辽代相近，在材料上，金人多用皮毛，以白色为时尚。

元代建国初年，冠服制度沿袭旧俗。根据《元史·舆服志》记载，元世祖忽必烈定鼎中原时，在继承汉唐服饰制度的同时，又吸取金代和宋代的服饰制度，但尚没有完整的服饰制度。至元英宗硕德八剌时，始定服制，上自天子冕服，下至百官祭服、朝服以及士庶服饰皆有一定制度。

元代蒙古族男子的传统服饰有质孙衣、辫线袄、比甲等；女子的服饰有袍服、顾姑冠等，化妆时亦喜在面部涂黄。

思考题：

1. 名词解释：契丹圆领长袍、契丹髡发、契丹巾帽制、契丹女子团衫、契丹女子佛妆、质孙衣、辫线袄、比肩、比甲、顾姑冠
2. 简答：
(1) 简述契丹族本民族的服饰特征。
(2) 简述金代男女服饰特征。
(3) 简述元代女子顾姑冠特征。

作业布置：

1. 收集资料论述契丹族服饰文化的传播与融合。
2. 收集资料论述金代服饰文化的传播与融合。
3. 收集资料论述元代蒙古族服饰文化的传播与融合。
4. 根据辽、金、元服饰文化，运用素材构思法，进行现代服装设计。

基础理论——

明代服饰

课题名称： 明代服饰

课题内容： 1. 明代男子官服
2. 明代平民男子服饰
3. 明代女子冠服与便服

上课时数： 6课时

教学目的： 向学生介绍明代官服的特征和区分等级的形式；文武官员补服图案的内容和等级；明代女子服饰的风格特征；明代女子下裳的特点以及明代吉祥图案。引导学生了解中国古代官服上补子最早在哪个朝代出现雏形，在哪个朝代趋于系统，又延续到哪个朝代；同时需要学生理解元末明初资本主义萌芽产生后对明代服饰文化的影响。

教学要求： 1. 了解掌握明代官服的款式特征；
2. 了解明代文武官员的补子图案；
3. 了解明代女子服饰的款式特征；
4. 了解吉祥图案的形式和特征。

第七章

明代服饰

第一节　概述

　　元朝末年，国力衰竭，朝廷加紧盘剥，导致了农民大起义，元朝被推翻。公元1368年，朱元璋称帝，明军攻入大都，元亡。直至公元1644年李自成建立大顺政权，入北京，明朝亡，共276年历史。

　　明太祖朱元璋为了保持明王朝的江山稳定，决定恢复生产，下令农民开垦的荒田归自己所有，并免收三年的徭役和赋税，大举屯田，兴修水利；大力推广种植桑、棉、麻等，使明朝初期农业生产迅速发展。明代农业生产的提高，为手工业的发展创造了前提条件，手工业的发达，导致明代中期在冶铁、制陶瓷、纺织等工业水平远远超过了前代，为明代服装的发展奠定了基础。

　　明成祖时，派郑和下"西洋"，打开了海上贸易通道，明朝和"西洋"各国在经济贸易和友谊上得到了空前的促进，使我国的沿海城市得到迅速的发展。

　　明朝中后期，在商品经济比较繁荣的江浙地区，资本主义萌芽产生，涌现出三十多座拥有生产能力的城市。在苏州，丝织业发达，出现了手工工场，通过雇佣劳动力建立起"机户出资、机工出力"的生产关系——一种新型的资本主义生产关系。自此，中国的封建制度走向落日余晖。

　　明代建立以后，对整顿和恢复汉族人的习俗十分重视，上采周汉，下取唐宋，对服装制度作了新的规定，元代的服饰制定已基本废除。

第二节　明代男子官服

　　明代建立以后极力恢复汉族人的服饰文化，大刀阔斧地进行了服饰改革，废弃了元朝的服饰制度，恢复汉族人的礼仪，调整冠服制度，把唐宋幞头、圆领袍衫、玉带、皂靴等加以承袭，确定了明代官服的基本风格。明代朝服以袍衫为尚，头戴梁冠、佩绶、笏板等。

明代各阶层便服主要为袍、裙、短衣等。举人等士者多穿斜领大襟宽袖衫，宽边直身。衙门皂隶、杂役等着漆布冠，青布长衣，腰间束红布织带，下裳折有密裥。富民可以穿着绫罗绸缎，但不敢用官服色彩。明代服饰规定严格，民间服饰不许用玄色、黄色、紫色，并且不得用蟒龙、飞鱼、斗牛图案。万历以后，禁令稍缓，一时间鲜艳华丽的服饰遍及里巷与大街。

1. 祭服

皇帝亲祀郊庙、社稷，文武官分献（分献，指古代祭祀，向配飨者行献爵献帛礼。而配飨者是合祭先灵者的意思）陪祭穿祭服。洪武二十六年定一至九品，皂领缘青罗衣，皂领缘白纱中单，皂领缘赤罗裳，赤罗蔽膝，三品以上去方心曲领，四品以下去佩绶。嘉靖八年更定，大体与朝服相同，唯一不同的是锦衣卫堂上官服为大红蟒衣，飞鱼（龙头鱼尾有翼）服，戴乌纱帽。祭太庙、社稷时，穿大红便服（图7-1）。

2. 朝服

朝服之制，文武官员凡遇大祀（帝王最隆重的祭祀，指祭天地、宗庙等）、庆成（指古代帝王祭祀、封禅之礼告毕）、冬至（我国古代对冬至很重视，冬至被当作一个较大的节日，曾有"冬至大如年"的说法，而且有庆贺冬至的习俗）等重要礼节，不论职位高低，都戴梁冠，穿赤罗衣裳。以冠上梁数及所戴佩绶分别等级。一品，冠七梁，革带用玉，绶用云凤四色花锦；二品，冠六梁，革带用犀，绶同一品；三品，冠五梁，革带用金，绶用云鹤花锦；四品，冠四梁，余同三品；五品，冠三梁，革带用银，绶用盘雕（diāo，同"雕、鵰"，老雕，又叫"鹫"，一种很凶猛的鸟，羽毛褐色，上嘴钩曲，能捕食山羊、野兔等）花锦；六品、七品，冠皆二梁，革带用银，绶用练鹊三色花锦；八品、九品，冠用一梁，革带用乌角，绶用鸂鶒二色花锦。所执笏板，也有定制，一至五品，质用象牙，六至九品，质用槐木（表7-1）。

图7-1 戴乌纱折上巾、穿绣龙袍服的皇帝
（《明太祖坐像》藏台北故宫博物院）

第七章

表7-1　明代朝服品级形制表

品级	梁冠	革带	佩绶	笏板
一品	七梁	玉带	云凤四色织成花锦	象牙
二品	六梁	犀带	云凤四色织成花锦	象牙
三品	五梁	金带	云鹤花锦	象牙
四品	四梁	金带	云鹤花锦	象牙
五品	三梁	银带	盘雕花锦	象牙
六、七品	二梁	银带	练鹊三色花锦	槐木
八、九品	一梁	乌角带	鸂鶒二色花锦	槐木

3. 公服

职官公服为袍。袍的衽又恢复为右衽，袖宽三尺；袍服上的纹样和颜色也因级别而异；袍服上的团花纹样品高径则大，官微径则小。袍服与展脚幞头配成一套，多用于重大朝会（图7-2）。

4. 常服

洪武二十四年，规定职官常服用补子，文官绣禽，武官绣兽以示等级，似源于武则天以袍纹定品级。明代补子以动物作为标志，袍色花纹也各有规定。盘领右衽、袖宽三尺的袍上缀补子，再与乌纱帽、皂革靴相配套，成为典型明代官员服式。补子与袍服及花纹见表7-2及图7-3～图7-5。

图7-2　公服

表7-2 明代文武官员品级图案形制表

品 级	补 子 文官	补 子 武官	服 色	花 纹
一品	仙鹤	狮子	绯色	大朵花，径五寸
二品	锦鸡	狮子	绯色	小朵花，径三寸
三品	孔雀	虎豹	绯色	散花无枝叶，径二寸
四品	云雁	虎豹	绯色	小朵花，径一寸五
五品	白鹇	熊罴	青色	小朵花，径一寸五
六品	鹭鸶	彪	青色	小朵花，径一寸
七品	鸂鶒	彪	青色	小朵花，径一寸
八品	黄鹂	犀牛	绿色	无纹
九品	鹌鹑	海马	绿色	无纹
杂职	练雀（鹊）			无纹
法官	獬豸			

以上规定并非绝对，有时略为改易，但基本上符合这种定级方法。关于明代的官吏服饰还有两种，一种是"斗牛"服，一种是"飞鱼"服。这两种服饰都出现在明武宗正德年间。斗牛和飞鱼是服饰上的两种纹样，这两种纹样是根据传说中的动物想象出来的。斗牛的造型，其身似龙，鳞爪具全，唯头部两脚向下弯曲，与龙稍异。飞鱼的造型则根据《山海经》中文鳐鱼的形象描绘而成，其状为蟒首、鱼身，有鬃和角，除足爪外，左右各插一翅。

图7-3 穿补服、戴乌纱帽的官吏（谢环《杏园雅集图》局部，选自华梅著《中国服装史》）

图7-4 文官补子图案（选自华梅著《中国服装史》）

图7-5 武官补子图案（选自华梅著《中国服装史》）

> 斗牛服为圆领大袖，衣长过膝，明代官职常服，在前胸、后背各缀一块绣有斗牛图案的补子。明武宗正德年间被定为一品官服。
>
> 飞鱼服为明代又一官职常服。以红色纱罗为主，采用的是衣裳分裁再合二为一的深衣样式，大襟交领，下裳分幅，两侧打褶。一般在胸背、两肩以及膝盖等处绣有飞鱼纹样。

第三节　明代平民男子服饰

明代一般男子服饰主要有：直身、罩甲、网巾、四方平定巾、瓜皮帽等，多承袭前代，仅在色泽、长短等方面有所变化。

1. 直身

直身与道袍相似，或称直裰（duō），是古代士子、官绅穿的长袍便服，也指僧道穿的袍子，右衽、大袖，宋时也有此种袍子，衣身宽大且长，"明初太祖制民庶章服用青布直身"，故穿着普遍（图7-6）。

2. 罩甲

罩甲形似现在的坎肩，但下摆长至膝下，臀下开衩。罩甲的襟又有两式，一为对襟，一为不对襟，后者多为士大夫所服（图7-7）。

图7-6 明代直身　　　　　　　图7-7 明代罩甲正、背着衣图

3. 网巾

网巾是一种系束发髻的网罩，多以黑色细绳、马尾、棕丝编织而成，造型类似渔网，它的意义除了有束发之用外，还是明代男子成年的标志。这种网巾一般是衬在冠帽之内，也可以直接露在外面。因网巾收裹头发，故称"一统河山"或"一统山河"，这种定名确实既反映网巾的实用意义，又符合政治观念（图7-8）。

网巾的传播和普及据说与明太祖有关。《七修类稿》记："太祖一日出行，至'神乐观'，有道士在灯下结网巾，问曰：'此物何也？'对曰：'网巾用以裹头，则万发俱齐。'明日有旨，召道士命为道官，取巾十三顶颁于天下，使人无贵贱皆裹之也。"根据清代戴名世的《画网巾先生》：相传明亡之后，有遗民携仆从二人，因穿明代衣冠而被捕入狱，乃被剥去网巾衣冠。该主人仍对仆从说："衣冠者，历代各有定制。至于网巾则我太祖高皇帝创为之也，今吾曹（犹如我辈或我们）国破即死，岂可忘祖乎，汝曹（指你们）取笔墨来，为我画网巾额上。"意思是"衣帽，历代有各自的规定，至于戴网巾则是我朝太祖高皇帝首创实行的。现在我遭遇国家灭亡就要死了，难道可以忘记祖宗的制度吗？你们取笔墨来，替我在额上画上网巾。"于是三人相互对画，每天如此。

图 7-8 头戴网巾的明代劳作者

4. 四方平定巾

四角方巾，以黑色纱罗制成，主要为儒士、职官所戴，高而四角方正，取四方平定之意（图7-9）。

图7-9 四方平定巾（图中左起第二人为四方平定巾，其余为二仪巾等其他巾式）

5. 瓜皮帽

瓜皮帽又称"六合一统"或"六合统一"，用六片帛拼合而成，多用于市民百姓，相传也是明太祖所创（图7-10）。

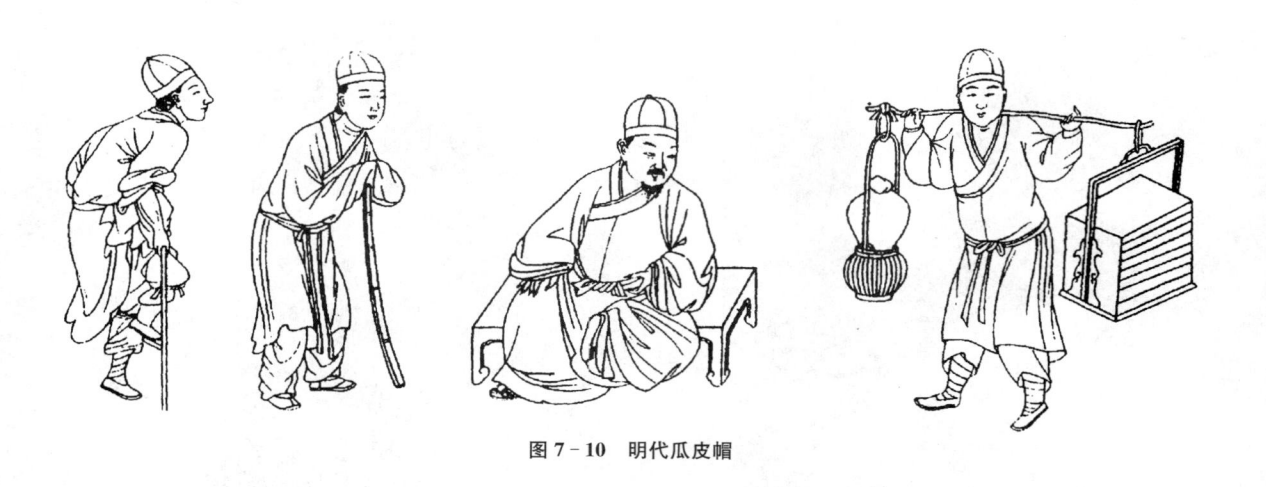

图7-10 明代瓜皮帽

第四节 明代女子冠服与便服

自周代制定服饰制度以来，贵族女子就有冕服、鞠衣等用于隆重礼仪的服饰，因历代变化不大且过于繁琐，因此不作具体说明。明代女子的冠服也有严格的规定，皇后、皇妃、命妇，皆有冠服。明代规定严格，又有明式特点，而且距今年代较近，资料比较丰富、准确，故将其作为女子服饰的一部分。燕居命妇与平民女子的服饰主要有衫、袄、帔子、背子、比甲、裙子等。普通女子服饰多以紫色粗布所制的衣式为主，不许金绣，袍衫的颜色用紫色、绿色、桃红等间色，不许用大红、雅青及正黄色。但是，正是浅淡色彩的使用，使普通女性具有一种轻盈、飘逸之美。洪武十四年后，唯贫民之家穿细纱、绢、布，而商贾之家却只许穿绢、布，这正是中国历史上重农而轻商的思想意识的体现。

一、明代女子的凤冠与霞帔

1. 凤冠

凤冠是明代妇女服制中最为庄重的礼冠。它是以金属丝网为胎，上缀点翠凤凰，并挂有珠宝流苏的礼冠。关于凤冠的来历，最早可以上溯到秦汉时代，当时凤冠已经成为太皇太后、皇太后、皇后的规定服饰。明代凤冠，一般有两种形式：一种是后妃所戴，冠上除缀有凤凰外，还有龙等，如皇后凤冠，缀九龙四凤；一种是普通命妇所戴的彩冠，上面不缀龙凤，仅仅缀有花钗，但习惯上仍然被称为凤冠（图7-11～图7-13）。

2. 霞帔

霞帔雏形的最初出现约在南北朝时期，形状像两条彩带，使用时绕过头颈披挂在胸前，下垂一颗金玉坠子，这种帔子极似中国西北裕固族女子佩戴的"头面"。从区域时代以及往来的关系来看，应与北方民族女性服饰习俗有关。

图7-11 明太宗孝文皇后像（选自《历代帝后像》）

图7-12 明孝恪皇后像（选自《历代帝后像》）

图 7-13 定陵出土的三龙双凤冠

隋唐以后，这种帔子运用于日常服和舞服中，至宋将它作为礼节之用，成为后妃礼服形象中不可缺少的部分，由于其绣纹美如彩霞，故得名为霞帔。霞帔的形象可以从传世的《历代帝后像》中找到。其样式类似南北朝和唐时的帔子和披帛。但霞帔质料较为厚实、挺括，上端略宽，下端稍窄并绣有云凤纹样，在霞帔下端的尖角处缀有一枚圆形牌饰，称为帔坠（图 7-14）。

明代承袭了宋代霞帔之制，也将霞帔用于命妇礼服，并且在用色和图案纹饰上重新作了明细规定，一般在大红色的大袖衫上披挂霞帔，且要用深青色绣花。命妇品级的差别主要表现在纹饰上：一品、二品命妇霞帔用蹙金绣云霞翟纹（即长尾山雉）；三品、四品命妇金绣云霞孔雀纹；五品命妇绣云霞鸳鸯纹；六品、七品命妇绣云霞练鹊纹；八品、九品命妇绣缠枝花纹。

命妇服上的规定严格而又明细，与明代男子官服同出一辙，其一领一袖、一缨一穗，似乎都体现着汉

图 7-14 霞帔示意图

第七章

民族对天地的理解和对政权的认识，它生动表现在这些款式、色彩、纹饰乃至质地都不能随意选择的服饰行为方面，它集中了多年来中原汉民族的传统意识，这种特定的传统意识又通过服饰的形式意义深远地反映出来。关于霞帔的花纹按品级区分情况也可见表7-3。

表7-3 霞帔品级花纹表

品　级	霞帔图案	背子
一、二品	蹙金绣云霞翟纹	蹙金绣云霞花纹
三、四品	金绣云霞孔雀纹	金绣云霞孔雀纹
五品	绣云霞鸳鸯纹	绣云霞鸳鸯纹
六、七品	绣云霞练鹊纹	绣云霞练鹊纹
八、九品	绣缠枝花纹	摘枝团花

二、明代女子的便服及其他

1. 背子

背子到明代，用途更加广泛。它的基本形式大体和宋代相同，一般分为两式：其一是合领、对襟、大袖，为贵族妇女的礼服所用；其二是直领、对襟、小袖，为普通女子的便服（图7-15～图7-17）。

图7-15 穿窄袖背子的妇女（唐寅《簪花仕女图》，选自华梅著《中国服装史》）

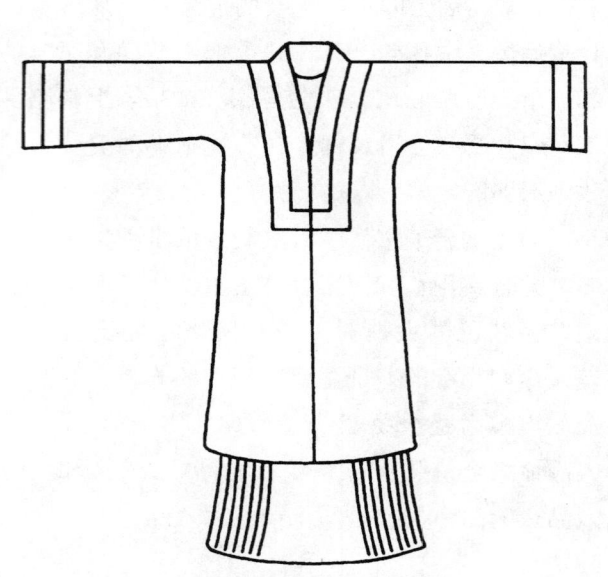

图7-16 明代背子示意图（选自华梅著《中国服装史》）

图 7-17 穿背子、衫、裙，披帔子的女子（唐寅《孟蜀宫伎图》，选自华梅著《中国服装史》）

2. 比甲

比甲是沿元代的无领对襟，形状似今天的马甲。开始为宫中皇后的专用服式，后又传至民间，扩大了服用范围，时至中期更加盛行，甚受青年妇女所喜爱。这种比甲从形式上看与隋唐时的半臂有着相承关系，后来清代的马甲，亦是此期比甲演化而成。明代比甲长度近踝，衣上织金组绣，罩于衫袄外，造型以修长为美，恰恰体现出明代艺术文静优雅的格调（图 7-18、图 7-19）。

图 7-18 穿比甲的妇子（《燕寝怡情图》局部，选自华梅著《中国服装史》）

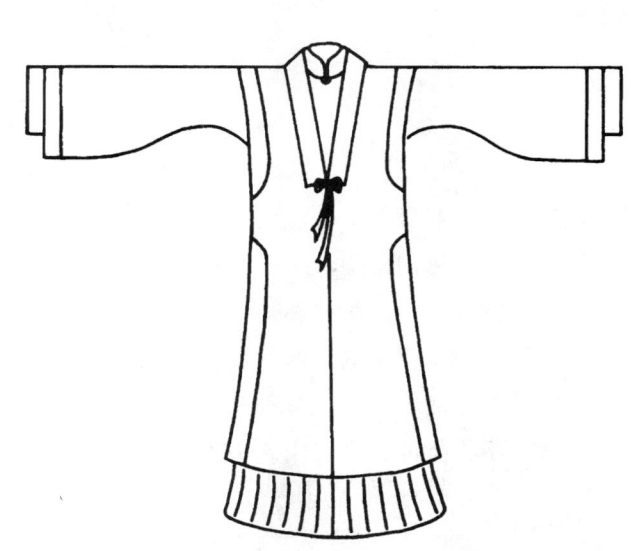

图 7-19 比甲、宽袖衫、裙示意图（选自华梅著《中国服装史》）

第七章

3. 下裳

妇女下裳为裙,而着裤者很少见,裙子的颜色,初尚浅淡,虽有纹饰但并不明显。

(1)凤尾裙:将绸缎剪成宽窄不同的条幅,上绣花鸟纹,两边嵌以金线,下垂缨穗,然后拼合而成,形似凤尾。

(2)月华裙:裙在一襕裥当中五色皆备,也有每褶各一色的,色彩淡雅,轻风拂来,呈皎月般的光华。

(3)合欢裙:又称襕裙,自后腰围向前腹。

(4)百褶裙:前面裙门平展,无褶裥而有彩绣,左右两旁打褶,有的正好一百褶。

(5)传统的襦裙服亦穿着广泛(图7-20、图7-21)。

图7-20 穿襦裙、围裳、披帛的女子(唐寅《秋风纨扇图》局部,选自华梅著《中国服装史》)

4. 水田衣

指的是明清时代比较盛行的典型妇女服饰,主要以各色零碎织锦料拼合缝制而成。因为整件袍子织料色彩互相交错,形如水田故得名。这是一种出自民间妇女手中的艺术佳品,早在唐代就有人用这种方法拼制衣服。起初比较注意拼制的匀称,将各种锦缎织料裁成长方形,然后进行有规律的拼接缝合,后来不再拘泥,可以用大小和形状不同的面料来缝制,手法越来越活跃(图7-22)。

5. 头饰

明代女子的头饰则有所谓的"包头",即"扎巾"以及流行戴头箍的风尚。头箍最初一般以棕丝为之,编结成网状,使用时罩住头发。年轻妇女喜戴头箍,

图 7-21　穿襦裙、披帛的女子（仇英《汉宫春晓图》局部，选自华梅著《中国服装史》）

图 7-22　水田衣示意图（选自华梅著《中国服装史》）

尚窄，老年妇女亦戴头箍，则尚宽，上面均有所装饰，富者镶金嵌玉，贫者则绣以彩线。

6. 鞋履

明代妇女沿袭前代旧俗,大多缠足。其鞋称弓鞋,以香樟木为高底;如木在外面的叫外高底,有杏叶、莲子、荷花等名称;木底在里边的一般称里高底,又称道士冠。老年妇女多穿平底鞋,名谓底而香。

结语

明代开国皇帝朱元璋推翻了以蒙古族为代表的元朝统治者,建立了汉民族政权,因此非常重视恢复汉民族的传统文化,其冠服制度"上采周汉,下取唐宋",极力消除异族服饰文化的主导地位,在唐宋服饰旧制的基础上,又建立了极具特色的明代服饰制度。由于明代将古代传统服装从多方面给予了巩固与完善,因此汉民族传统服饰得到了继承和保留并传承下来直到现在。

明代男子的官服可分为祭服、朝服、公服、常服等,官员的服饰在级别确定上严格而又系统,以至出现图案的集中表现,即文官绣禽、武官绣兽的补子;明代女子的冠服制度较前更加完备,其中凤冠、霞帔是最具代表性的贵族礼服。

明代女子服式之长短、肥瘦流行周期短,即变化越来越快。如果说补子是最具有时代特色的官服的话,那么,比甲、长裙以修长为美,则是明代女装的典型。

在元末明初,我国的江南地区已经出现了资本主义萌芽。出现了发达的手工业,同时江南地区各镇居民大多"以机为业",开始摆脱主宰两千余年的封建经济,出现了产业的苗头,对服饰业的发展起到了重要的作用,在服饰上,出现了北方服饰效仿南方的现象,打破了中国历史上四方服饰仿京都的固定模式。此时,吉祥词语和吉祥图案开始在各类男女服饰上出现,从明代男女冠服制度当中补子图案的系统性,以及在普通巾冠名称上出现的诸如"一统河山"、"四方平定"、"六合一统"等吉祥图案和吉祥词语的盛行,从侧面反映了明代已进入封建社会后期,其封建意识趋向于专制,趋向于崇尚繁丽华美,趋向于诸多粉饰太平和吉祥祝福之风。

人们常将几种不同的图案配在一起,或寄予"寓意",或取其"谐音",以此寄托美好的希望和抒发自己的感情:如将松、竹、梅这三种耐寒植物画在一起,比喻经得起考验的友谊,取名为"岁寒三友";把芙蓉、桂花、万年青三种花放在一起,比喻永远荣华幸福,取名为"富贵万年"(谐音),这些富有浓厚民族色彩的传统艺术,在明代的织物纹样上得到充分的体现;如把蝙蝠和画放在一起,叫"福从天来";把太阳和凤凰放在一起叫"丹凤朝阳";把喜鹊和梅花放在一起,叫"喜上眉梢";把金鱼和海棠放在一起,叫"金玉满堂";把萱草和石榴放在一起,叫"宜男多子";把莲花和鲤鱼放在一起,叫"连年有余";把花瓶和长戟放在一起,叫"平升三级"等。此外还有"八仙"、"八宝"、"八吉祥"等名目。所谓八仙,即道教中的八大仙人。八仙手中拿的物件有扇(汉钟离用)、剑(吕洞宾用)、葫芦和拐杖(铁拐李用)、拍板(曹国舅用)、花篮(蓝采和用)、道情筒与拂尘(张果老用)、笛(韩湘子用)、荷花(何仙姑用);所谓八宝,即八种物品,如宝物、方胜、磬、犀角、金钱、菱镜、书本、艾叶等;八吉祥也由八种器物组成,取吉祥之意,如舍利壶、法轮、宝伞、莲花、金鱼、海螺、天盖、盘长等。尽管这些图案的形状各不相同,结构也比较复杂,但可在一幅画面上被组织得相当和谐,常在主体纹样中穿插一些云纹、枝叶或飘带,给人一种轻松活泼之感,同时,此时的刺绣也十分精美,并在传统的手法上创造了平金、平绣、戳纱、铺绒等特种工艺技巧,具有细腻、繁琐之感,充分体现出了明代服饰文化之特色(图 7-23~图 7-32)。

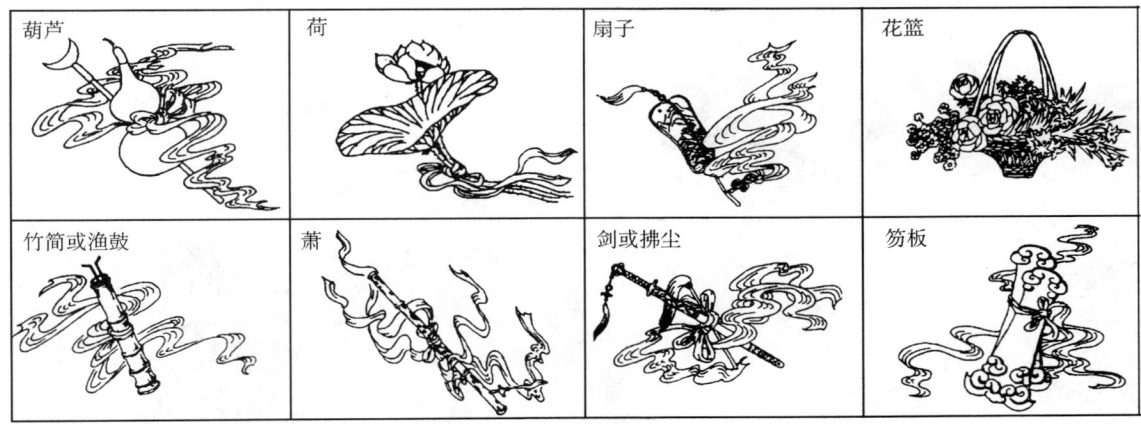

图 7-23 暗八仙图纹

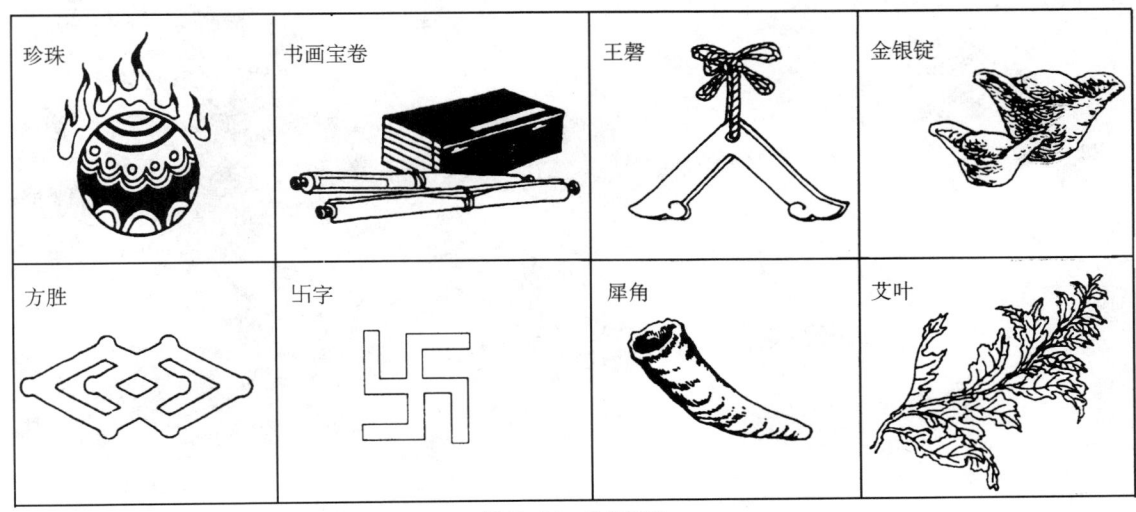

图 7-24 八宝图纹

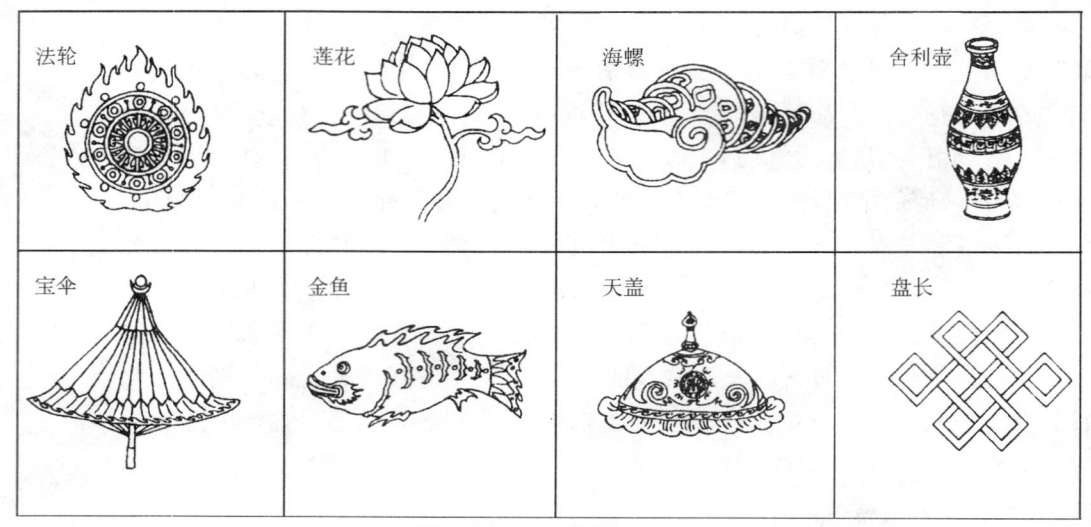

法轮	莲花	海螺	舍利壶
宝伞	金鱼	天盖	盘长

图 7-25　八吉祥图纹

图 7-26　明万字四合如意纹双距地暗花缎
（长 21.2cm，宽 17.5cm）

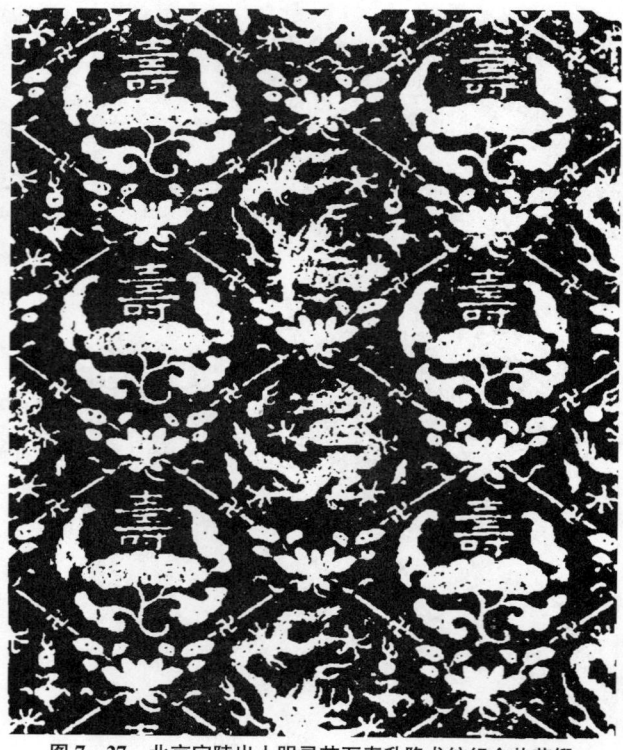

图 7-27　北京定陵出土明灵芝万寿升降龙纹织金妆花缎

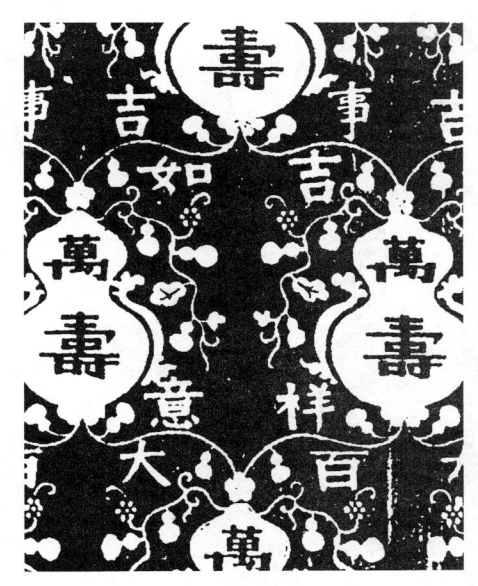

图 7-28　北京定陵出土明"万寿百事如意大吉"葫芦纹织金缎

图 7-29　北京定陵出土明柘黄地织金彩妆缠枝莲花托八吉祥纹纱

图 7-30　北京定陵出土明寿桃纹双面锦

图 7-31　北京定陵出土明喜字并蒂莲织金妆花缎

图 7-32 北京定陵出土明松竹梅万字吉祥纹妆花缎（花纹单纹长 9.8cm，宽 8.5cm）

思考题：

1. 名词解释：补子、百褶裙、合欢裙、月华裙、凤尾裙、比甲、瓜皮帽、四方平定巾、网巾、罩甲、直身
2. 简答：
(1) 简述凤冠与霞帔的样式及特点。
(2) 简述明代男子首服的种类及特点。
(3) 简述明代女子裙服的特点。

作业布置：

1. 收集资料论述明代吉祥服饰图案及其盛行的原因。
2. 以明代服饰文化为素材进行现代系列服装设计。

基础理论——

清代服饰

课题名称： 清代服饰

课题内容： 1. 清代男子官服与常服
2. 清代满汉女子服饰

课题时间： 6课时

教学目的： 向学生讲解满族服饰的特点；清代官服的形式；清代女子满服与汉服的特征；引导学生了解满汉民族文化的融合对中华服饰发展的影响。

教学要求： 1. 使学生了解清代袍服、马褂、马甲有哪几种形式；
2. 使学生了解清代官服的等级及其标志有哪些；
3. 使学生能够默画出清代相关服饰的款式。

课前准备： 阅读清代历史文献与相关服饰史资料。

第八章

清代服饰

第一节 概述

　　清朝从公元1616至1911年，共295年的历史，历经12个皇帝。公元1616年，努尔哈赤以赫图阿拉（辽宁新宾老城附近）为都城建立地方性的政权，国号为"金"，在历史上被称为"后金"；公元1621年，后金迁都辽阳；公元1625年，后金迁往沈阳（盛京）；公元1636年，皇太极改国号为"清"；公元1644年，清顺治皇帝爱新觉罗福临率军入关，定都北京城，之后攻占西安，击败李自成起义军，后又攻占南京，灭亡南明，从此清朝确立了它的统治地位。

　　清朝是以异族入主中原，满族原是尚武的游牧民族，在戎马生涯中形成自己的生活方式，冠服形制与汉人的服装大异其趣。清王朝建立后，统治者为了泯灭汉人的民族意识，强制推行满人的服饰，禁止汉人穿汉装的法令非常严厉，坚持佩戴前朝方巾的儒生，往往遭到杀戮，这在各地引起轩然大波。例如公元1645年6月，清廷颁布剃发令，令各地人民10日内一律遵照满族习俗剃发，以示归顺，否则"杀勿赦"。在许多州县的命令还宣称："留头不留发，留发不留头。"并命令多罗贝勒博洛在攻取江浙时，强制推行剃头令。清廷的这一命令严重地伤害了崇尚儒学伦理的汉族人民的尊严，遭到各地特别是江南广大地区人民的强烈反对，致使许多地方都爆发了大规模的反剃发斗争。清军为镇压江南汉族人民反剃发的武装斗争，于公元1645年8月18日，以200余门能发射20斤铁弹的巨炮猛轰江阴城，江阴义军奋勇抵抗，8月22日，义军全部战死，当日，清军首领博洛下令屠城3日，城中民众尽遭杀戮，仅躲在观音寺中的老幼53人幸免于难。此战前后历时81天，抗清民众死亡多达17万余人，清军亦损兵数万。

　　后来，清王朝为缓和民族矛盾，稳定政局，接纳了明遗臣金之俊提出的有关服饰方面"十从十不从"的建议，其具体内容是："男从女不从，生从死不

-164-

从，阳从阴不从，官从隶不从，老从少不从，儒从而释道不从，倡从而优伶不从，仕宦从而婚姻不从，国号从而官号不从，役税从而语言文字不从。"例如，在举行结婚或办理丧事时女子都可以穿明代时期的服饰；未成年的儿童以及民间举行汉族的神庙拜会时，也可以穿用明朝的服饰；优伶戏装可以采用明朝原制，释道的服饰也可以继续延用明式。所以在清朝初期的大部分山区乡村，广大百姓的服饰仍以明代服饰为主。但是在上百年的满汉交融中，满汉在服饰审美观上以及着装形式上越来越趋于融合，无论是男女老幼，无论是款式还是纹样装饰都表现得特别明显。

清代最有代表性的是官服制度。马蹄袖、马褂是清代官员服制的一大特色，但官服上的"补子"直接取自明代，文官绣禽类，武官绣兽类，分别按品级的高低，绣以各类飞禽走兽，以突出官员在职能和气质上的要求。与明代不同的是，清代补子是绣在袍衫外面的大褂上，称为"补褂"或"补服"，大褂的前胸是对襟的，补子也分为两块。禽兽的花样与明代也略有差异，由于补子是在成衣后缝上的，对于边角的加工更为精细，常常配以精致的花边，突出了装饰效果。明代的乌纱帽到清代换成花翎，用孔雀毛上的"眼"即"目晕"花样的多少，分出单眼、双眼和三眼的级别。

官员的朝服和常服，均是里三层外三层，行袍、行裳、马褂、坎肩、补服，重重叠叠，还要佩戴各种朝珠、朝带、玉佩、彩绦、花金圆版、荷包香囊等，朝珠又有翡翠、玛瑙、珊瑚、玉石、檀木的等级限定，连丝绦都有明黄、宝蓝、石青之分，用什么款式、质料和颜色都要受到礼制的规范，违反规定的以犯罪论处。雍正皇帝赐死年羹尧的理由之一，就因年羹尧擅用鹅黄小刀荷包，穿四衩衣服，纵容家人穿补服。可以看出清代将服饰的等级之别，缕分细析到极致。

女装虽然相对宽松，但精雕细刻无微不至，镶边有所谓"三镶三滚"、"五镶五滚"、"七镶七滚"，多至"十八镶"，在镶滚之外还在下摆、大襟、裙边和袖口上缀满各色珠翠和绣花，褶裥之间再用丝线交叉串联，连看不到的袜底、鞋底也绣上密密的花纹。这样重重叠叠，无所不在的装饰效果，虽然有一定的美学价值，但如此繁琐细密的包装，是衣冠之治高度细密化的产物，这也使清代的服饰装饰到了难以复加的地步。

从历史方面看，清王朝对明朝服制的变更，虽然对延续千年历史的汉族衣冠形成冲击，但并未动摇其衣冠之治。因为在汉族的衣冠之治中，衣冠服饰不仅仅是生活的消费品，也是尊卑贵贱、等级序列的标志，虽是物质的但更是社会身份、阶级地位的象征，所以衣冠之治实际上是衣冠之别，有关种种着装、佩饰、戴帽、穿靴的繁琐规定，莫不是深入到生活的每一细部，维持森严的阶

第八章

级统治。所以清王朝服饰变更的是外观形制，目的是为了压抑和淡化汉人的民族意识，加强清政府的统治。正是如此，清王朝继承、强化了华夏衣冠之治的传统，并掺进民族压迫意识，形成清代的服饰制度，这也意味着当清王朝统治走向衰微，民族矛盾上升到一定地步，必然要在服饰方面再起风波。

第二节 清代男子官服与常服

清代官服废弃了历代汉族人以衮冕衣裳为祭服，以宽袍大袖服装为朝服的传统习俗或制度。清朝男子的官服是满族装束旗装的形式，不过汉族服饰传统中的一些特点仍被保留下来，仍以十二章为衮服、朝服的纹饰，仍以绣有禽兽之纹的补子作为文武官员的标志，仍以金凤、金翟等纹样作为后妃命妇冠帽的装饰。从中国历代服装的沿革史看，清代服饰制度最为庞杂、繁缛，其条文规章也多于以前任何一个时期。

一、男子头饰

在中国历史上，男子的头饰主要有帽子与头上的冠。冠是代表身份地位，而帽子一般是实用的内容。

1. 暖帽

满族入关后，有地位的男子在冬季里戴的帽子称为暖帽。其款式多为圆形顶，周围有一圈檐边，材料多为皮或呢，也有用缎制或布制的，这主要依地域和气候的不同而定，其颜色多为黑色。在暖帽的中间还装有一圈红色的流苏浮在帽面上称为"帽纬"，材料以丝制或以缎制，帽子的最高处装有顶珠，其材料多以宝石制成，颜色有红、蓝、白、金等。清代官帽不以帽子款式区分身份和贵贱等级，而是以帽子上的顶珠区别官级或身份。按照清朝的礼仪，一品官为红宝石，二品为红珊瑚，三品为蓝宝石，四品为青金石，五品为水晶，六品用砗磲，七品为素金，八品阴纹镂花金，九品阳纹镂花金，无顶珠者无官位品级，称之为"未入流"。再有就是进士、状元顶金三枝九叶，举人、贡生、监生顶金雀，生员顶银雀，一等侍卫的顶式如文三品，二等如四品，三等如五品，蓝翎侍卫如六品。以上官顶各个时期略有不同。

2. 凉帽

凉帽的样式为无檐，形如圆锥，俗称喇叭式。清的初期流行扁而大，后期流行高而小，取材于藤竹、篾席或麦秸，外裹绫罗，多为白色，也有湖色、黄色的，上缀红缨顶珠（图8-1）。

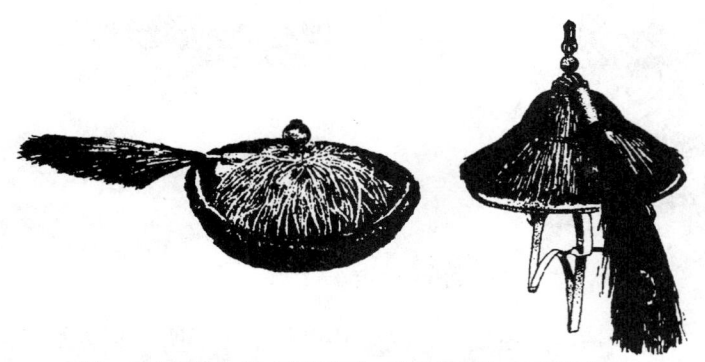

图 8-1 暖帽与凉帽（传世实物，选自华梅著《中国服装史》）

清朝男子官员要戴朝廷统一制定的官帽，这种官帽要在顶珠之下装有一支两寸长的翎管，质为白玉或翡翠，用以安插翎枝。清的翎枝分为蓝翎和花翎两种，蓝翎是鹖羽所做，花翎是孔雀羽所做，花翎中又分一眼、二眼、三眼等，三眼为最，四眼为特，花翎最初为宫廷中的侍卫和有爵位的公、侯所戴。在清代，只要官帽上有"顶戴花翎"就证明自己已经取得了完整的功名，"顶戴花翎"是一种地位与荣誉的象征。

二、袍服、马褂和马甲

1. 袍服

满族人继承了女真族的着衣习俗，喜欢穿袍服，而不同于其他以骑射为生活方式的民族穿裤装的特点，较为特殊。但是满族入关后，汲取蒙、汉等其他民族服饰的优点，创造了具有本民族特色的男子袍褂。这种袍褂多开衩，皇族开四衩，一般官员开两衩，平民不开衩。其中开衩大袍又叫"箭衣"，袖口有突出于外的"箭袖"。

> 箭袖因形似马蹄，被俗称"马蹄袖"，其形源于北方恶劣天气中避寒用，又不影响狩猎时射箭，不太冷时还可卷上，便于行动。入关后由于不再骑射，所以平日翻上，行礼时打下，以警示不忘祖先箭袖以形代本，所以清时的箭袖在失去实用价值后还保留在满服上。

清代官服中龙袍只限于皇帝，一般官员以蟒袍为贵，蟒袍又称"花衣"，是官吏和命妇的专用服装，"花衣"可根据蟒数及蟒之爪数区分等级，具体见表 8-1 及图 8-2。

表 8-1　清代官品花衣蟒纹表

一品至三品	绣五爪九蟒
四品至六品	绣四爪八蟒
七品至九品	绣四爪五蟒

2. 补服

补服是清代官服中重要的一种服装，其外形如袍服，只是比袍服略短，对襟，

图 8-2 朝服示意图

袖端平直，不是马蹄袖，穿用场合很多，其形制来源于明代官员服装，只是与明代官服图案略有差异（图8-3）。表8-2所示为清代官服补子图案简表，图8-4～图8-6则是根据《大清会典图》而描绘的清代文武官员不同品级的补服图案。

表 8-2　清代文武官员补子绣纹图案表

品级	文官补子图案	武官补子图案
一品	仙鹤	麒麟
二品	锦鸡	狮
三品	孔雀	豹
四品	云雁	虎
五品	白鹇	熊
六品	鹭鸶	彪
七品	鸂鶒	犀牛
八品	鹌鹑	犀牛
九品	练雀	海马

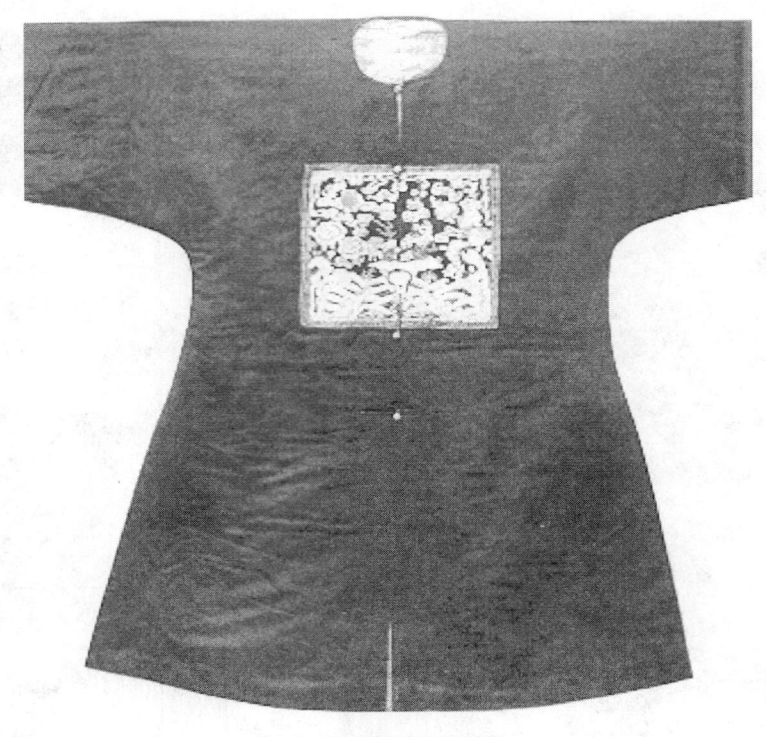

图 8-3　清代官员补子服

-168-

一品仙鹤纹补子 　　　　　　　　二品锦鸡纹补子

三品孔雀纹补子 　　　　　　　　四品云雁纹补子

五品白鹇纹补子 　　　　　　　　六品鹭鸶纹补子

图 8-4

第八章

七品鸂鶒纹补子　　　　　　　　　　八品鹌鹑纹补子

九品练雀纹补子

图 8-4　清代文官补子品级示意图

图 8-5　清代亲王团龙纹补子

一品麒麟纹补子 　　　　　　　　二品狮纹补子

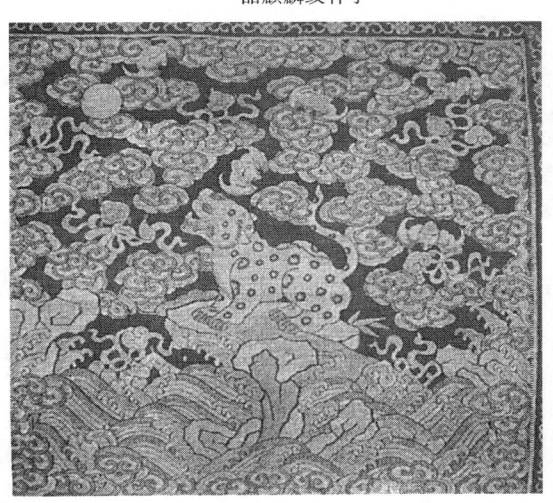

三品豹纹补子 　　　　　　　　四品虎纹补子

五品熊纹补子 　　　　　　　　六品彪纹补子

图 8-6

七、八品犀牛纹补子　　　　　　　　　　　　九品海马纹补子

图 8-6　清代武官补子品级示意图

3. 马褂

　　清代在长袍或衫外面，喜欢加穿一件短褂，即马褂。马褂比外衣短，长度只到腰部位，分长袖、短袖、宽袖、窄袖。开襟形式有大襟、琵琶襟和对襟。袖口平齐，非马蹄式袖头。马褂按季节又可分为单、夹两式，其质料除绸缎、棉等织物外，还有皮毛等。大襟马褂，指衣襟开在右边，其四周有异色的边缘，多为日常着装。琵琶襟马褂，指右襟短缺，与缺襟袍相类似，也叫缺襟马褂，多用作行装。毛皮制的马褂，将毛露在外表，称为翻毛皮马褂，也叫"端罩"，多为达官富人所用，在乾隆年间特别流行。马褂创于明时，为对襟式，骑马时穿。清初，仅八旗士兵穿，康熙时只有富贵之家穿用，雍正后，社会普遍穿着，官服中的马褂又称行褂（图 8-7）。

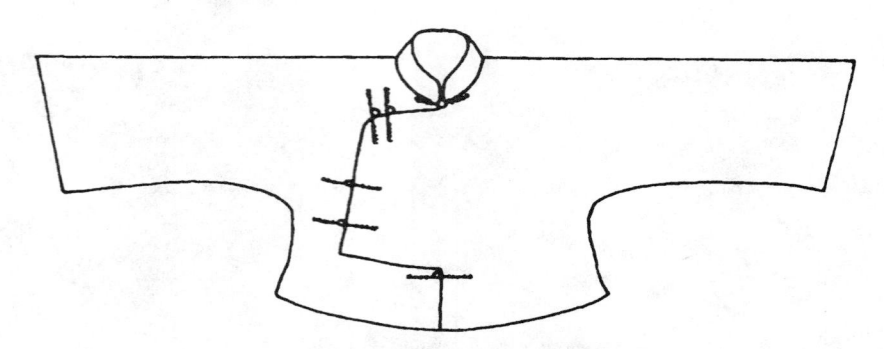

图 8-7　马褂示意图（选自华梅著《中国服装史》）

4. 马甲

　　马甲也叫背心、坎肩（一种无袖上衣）。也分为对襟、大襟、缺襟和一字襟等造型。其前襟横作一字形的称为一字襟或叫军机坎，满语又称"巴图鲁

-172-

坎肩",意为"勇士服"或"好汉服"。清代官员非常重视穿此种马甲,这种马甲最早用皮制成,以后用锦缎制成。早期穿于外袍内,后来直接着于外,由于有十三个扣子,故俗称"十三太保"。有单层的也有带夹里的,多为王亲贝子及公主穿用,后来在各种官员中流行,至清后期便人人皆穿,且短小,长度仅及腰下(图8-8)。

(1)对襟马甲 　　　　　　　　　　(2)对襟马甲

(3)琵琶襟马甲 　　　　　　　　　(4)一字襟马甲

(5)大襟马甲

图8-8　各类马甲

三、其他佩饰

1. 领衣

清代官服上衣一般是没有领子的，因此穿时需在袍内衬加一硬领，这种硬形领即是领衣，因其形似牛舌头，因此百姓称之为"牛舌头"。夏天以纱料为主，冬天用毛皮或绒为原料，春秋两季多用湖蓝色的缎子制作，称为湖色缎。清代男子上衣大多为无衣领式设计，而在衣内另加领衣是满族服饰的主要特征之一（图8-9）。

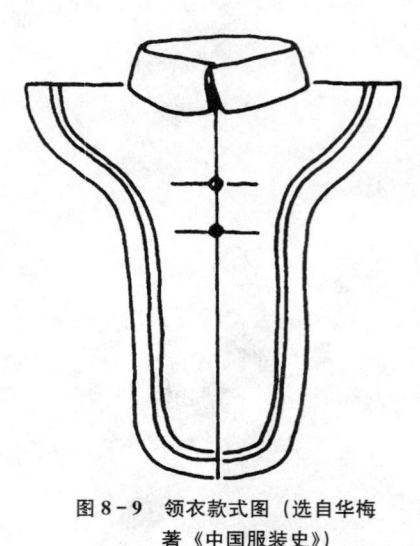

2. 披领

披领是一种加于颈肩部，交于颈前，形状似菱角状的硬型披肩，上面大多绣以图案，多用于官员朝服，冬天用紫貂或石青色面料，边缘镶海龙绣饰，夏季用石青色面料，加片金缘边。

3. 裤子

清代普通男子多穿裤。中原一带男子穿宽腰长裤，系腿带；西北地区因天气寒冷而外加套裤；江浙地区则有宽大的长裤和柔软的于膝下收口的灯笼裤。

图8-9 领衣款式图（选自华梅著《中国服装史》）

4. 朝珠

这是高级官员区分等级的一种标志，其制作材料有琥珀、象牙、奇楠木等，每串共计一百零八颗，旁边有小珠三串，佩挂时一侧戴一小串，另一侧戴两小串。男子两小串在左，命妇两小串在右（图8-10）。

5. 腰带

清朝腰带是一种丝帛腰带，一般用丝织品制成，上嵌有各种宝石，有带钩和环，环的左右各两个，用以系帨、佩刀、解扣结、挂荷包等，腰带上常有带钩作为装饰，上面多镶有玉、翠、金、银、铜质等饰物。

6. 鞋

公服着靴，便服着鞋，有云头、双梁、扁头等式样。另有一种快靴，底厚筒短，便于出门时跋山涉水（图8-11）。

图 8-10 佩挂朝珠的清代官员　　图 8-11 穿双梁鞋的男子及儿童

第三节　清代满汉女子服饰

一、满族女子服饰

清代末期的女装如一抹夕阳，既延续了华夏五千年服饰美丽之光，又映射出中国古代女装极为讲究图案装饰之美，也反映出各民族之间服饰交流与传承，品其特征可以看出服装线条优美流畅，装饰繁缛细致。清代女装无论是在款式、质地、刺绣、缝制工艺方面，还是在图案、色彩、装饰方面都反映并表现出中国传统服饰工艺的最高水平。

1. 朝冠

满族贵族女子都有冠式，不同的冠采用不同的材料制作，冠又是代表不同的身份与地位。清代朝冠的规定复杂，品种多样，以下只能列举几顶代表性的女子朝冠。

（1）冬朝冠：皇后、皇太后、太皇太后冬朝冠，以薰貂为之。此冠的整体造型为宝塔式，貂皮为地，冠体上缀朱纬，冠顶子是以3只金累丝凤叠压，顶尖镶嵌大东珠1颗，每层之间东珠各1颗，凤身均饰东珠各3颗，尾饰珍珠。朱纬周围缀金累丝凤7只，其上饰猫眼石1颗，尾饰珍珠数颗。冠后金累丝翟（雉鸟）1只，雉尾饰垂挂珠穗五行二就（横二排竖五列，即五列当中每一列横看时都分成左右二就），中间贯金累丝"心"形嵌青金石结，珠穗饰有金累丝与珊瑚制成的坠角（图8-12）。

（2）皇贵妃夏朝冠：通高31cm，圆冠式，以青绒为之，冠上缀朱纬，冠顶子共分三层，为三层金凤叠压，每层之间贯东珠1颗，每只金凤身上装饰东珠3颗，凤尾饰珍珠。朱纬上立金凤7只，凤体上饰东珠9颗，凤尾亦饰有珍珠。冠的后面缀金翟1只，金翟的背部装饰猫眼石1颗，金翟的尾上装饰着珍珠。冠后有护领一片、明黄色丝绦两条，两条丝绦中间分别贯珊瑚结一枚，金翟处以"三行二就"的形式垂挂珍珠垂饰，珍珠垂饰的中间贯有金累丝嵌青金石结一枚，明黄色的丝绦条带和珍珠垂饰的末端缀有珊瑚坠角（图8-13）。

图8-12 皇后、皇太后冬朝冠　　图8-13 皇子福晋的夏朝冠

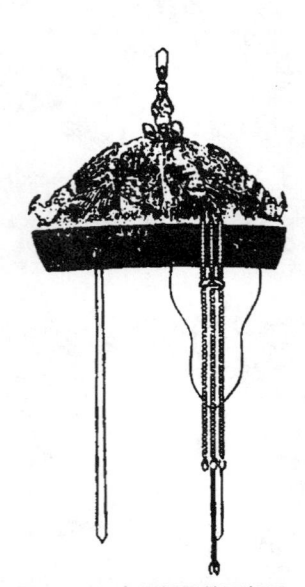

（3）吉服冠：皇太后、皇后吉服冠，薰貂为之，上缀朱纬，顶用东珠（图8-14）。

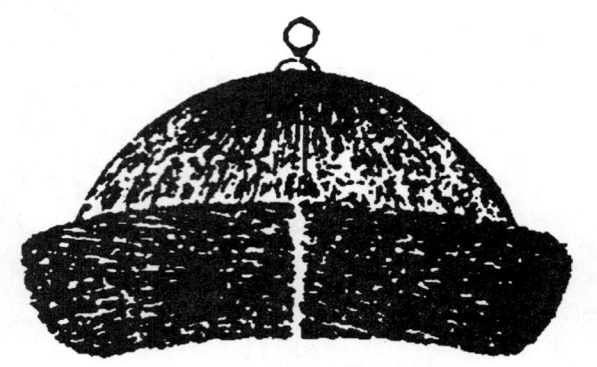

图8-14 皇后、皇太后的吉服冠

2. 霞帔

清代霞帔来源于明代的霞帔，此时已经演变为阔如背心，霞帔下施彩色流苏，是诰命夫人（唐、宋、明、清各朝对高官的母亲或妻子加封，称诰命夫人，从高官的品级）专用的服饰。中间缀以补子，补子所绣图案纹样，一般都根据其丈夫或儿子的品级而定，唯独武官的母、妻不用兽纹而用鸟纹。类似的凤冠霞帔在平民女子结婚时也可穿戴一次（图8-15）。

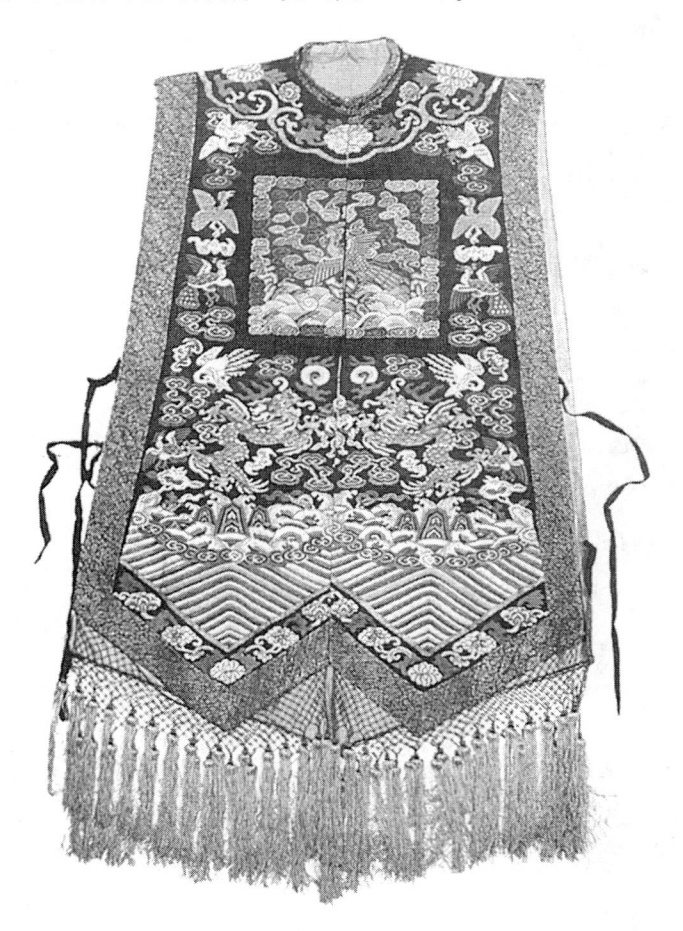

图8-15 晚清霞帔示意图（选自黄能馥、陈娟娟编著《中华服饰艺术源流》）

3. 旗袍

清代的传统旗袍款式为直筒式，腰部无曲线，长至脚背，圆领口，下摆袖口较肥大，两边开衩，领、袖、襟、下摆处镶绣边缘。

清代传统旗袍上下一体，线条流畅，将女性线条隐藏于宽衣大袖之内，这也继承了宋明时代的理学"存天理灭人欲"的哲学理念。

旗袍的审美趣味中心在旗袍腰线以上，着装者的腰线被抬高了，下肢显得修长，重心也随之上移。基于民族文化的差异，旗人重视头而轻视脚，假头套髻虽然夸张高崇，天足却被掩盖在衣摆之下。

旗袍最初则无领，只戴领巾，直到清朝末期才有了立领旗袍。

在装饰佩件方面，旗袍本来是相当简朴的，入关后才慢慢向繁缛的风格发展。到了清代晚期，旗袍上镶、滚、嵌、绣、荡、贴、盘、钉样样俱全，而且许多正式礼服袍均有接袖，有的使整个袖子被分割成数段，每一段图案风格、色彩、面料都截然不同，这是以往汉族女装所没有的。

清朝统治后期，随着时间的推移，满汉民族的服装在不知不觉中相互融合，汉族妇女袄褂变得越来越长，而类似于袍。在服装装饰风格手法上，两族女装的界限不再是那么明确，晚期更是互借互用，旗袍采用汉族的吉祥纹饰以及刺绣工艺。旗女与汉女的着装已由初期的对立，走向融汇交合。

旗袍的装饰发展有两个阶段：第一阶段是早期旗袍瘦身紧窄，袖口也小，装饰简单，其原因是旗人重骑射，袍服要与生活方式相适应；第二阶段的旗袍变为宽肥，装饰繁缛到了极点，这主要是由于天下太平，旗人生活安定、趋于奢华，加上旗女、汉女服饰之间的交流融合渐多的缘故。

晚清时期的旗袍面料厚重，多用提花，对装饰细节过分追求，清代织物纹样多以写实手法为主，龙、蟒、蛇、麟、百兽、凤、雀、鸡、鹤、百鸟、梅、兰、竹、菊、百花以及八宝、八仙、福、禄、寿、喜、财等是常用装饰的题材，色彩鲜艳复杂，对比度高，图案纤细精巧，大量使用花边作装饰，这些花边最初是具有实用性的，为了增加衣服的牢度，使衣服经久耐穿，所以花边多在易损部位，如领口、袖口、衣襟及下摆之处，后来渐渐成为一种装饰品并作为一种特定的审美形式被保留下来，久而久之蔚然成风（图8-16）。

4. 满女二把头

清代女子发式比较有特点，清代中期，满族女子梳二把头。据《旧京琐记》载："旗下妇装，梳发为平髻曰一字头，又曰两把头，大装则珠翠为饰，名曰钿子。"这种髻式是在头顶后左右各梳出一平髻，由于其形状像一如意横在顶后，所以也叫"如意头"；因为内有撑架，所以又称架子头；看上去像汉字"一"，称"一字头"。其称呼不同则形状稍异，但大体相同。髻之左右长度一尺许。至光绪、慈禧时期头饰还制作成更高的髻式，较前高大，取名"大拉翅"。该发式用板面固定，将余发于板面绕在一起形成T形，再将大花加放在板面上，板面由黑缎制成，老妇较窄，少妇较宽大，多为满族贵族女子婚后使用，作礼服时两边挂双穗，多用金、银首饰与绢花组成。清末时期旗女贵妇竞相效仿。后来的"大拉翅"即滥于此式。有人形容其着一块小黑板者即指此式，板上前戴大红花，侧面垂流苏（图8-17）。

-178-

图 8-16 清代传统女式旗袍

图 8-17 满女二把头

5. 清代女鞋

(1) 满女旗鞋：满族女子不缠足，多为天足，着木底鞋，底高一两寸或四五寸，高跟在鞋底中心，鞋底形似花盆的称为"花盆底"，形似马蹄的称为"马蹄底"。一说为掩其天足，一说是为了增加身高或防雨天，实际上体现出一族之风（图 8-18）。

(2) 汉女弓鞋：弓鞋，即缠足女子之鞋。一般情况下，当时女子都是亲自动手为自己制作弓鞋。清末民初时，开始有匠人用木头制作弓鞋的高底，用担

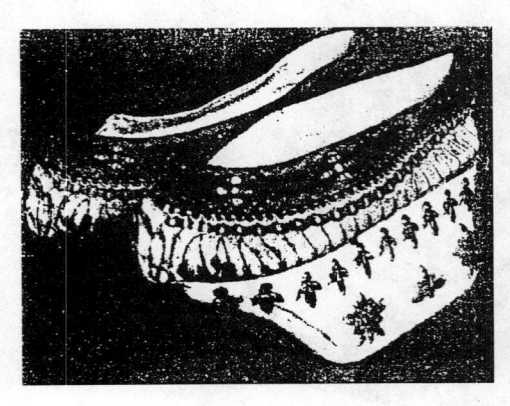

图 8-18 清代旗女花盆底与马蹄底

子挑到街市上卖，女子们在街市上买回高底后，把自己绣的最喜爱的绸鞋面绱在买回的木底上。当时的刺绣是女红（gōng，指女子从事的纺织、刺绣等工作）中最重要的技术，能显示出女子高超的手工和聪明的才艺智慧。有时在鞋面上缀饰珠玉，鞋面夹层中贮有麝脐等香料，一双上好的弓鞋有时价值二三十两白银。弓鞋的颜色以大红为时尚，质料以缎面为时尚，除了白色为丧服之色外，其余各种颜色尽可运用，花纹色彩讲究鲜艳明丽，吉祥之意显明（图8-19、图8-20）。

图8-19 清代汉族缠足女子穿的弓鞋

图8-20 各种弓鞋实物

二、汉族女子服饰

清代汉族妇女的服饰由于有"男从女不从，官从隶不从"之说，所以多沿袭明末的服饰制度。早期仍是上着袄衫，下着裙，只是衣袖较以往窄小。乾隆后期，江南的苏州成为服饰的中心，式样一翻新，四方则先后取法效之，向外波及。这是由于南方纺织业发达，促进了服饰的发展，另外南方的资本主义萌芽促进了经济的发展，使服装流行的中心由京城转向了经济发达的江南沿海地区。清朝末年，满、汉服装特别是图案装饰在不知不觉中相互融合，汉族妇女袄裙变得越来越长，类似于袍，而汉族女装在图案的装饰上也越来越多地借鉴满族女装的形式与内容，在装饰风格手法上，两族女装的界限并不那么绝对明确，图案上互借互用，例如旗袍、马甲采用汉族的吉祥纹饰以及刺绣工艺等。旗女与汉族女子的服装以由初期的对立，到晚清时而走向民族间的融合。

1. 袄

多为圆领、右衽大襟、对襟、琵琶襟等，以扣襻系结，多讲究刺绣镶滚。镶滚绣彩是清代女子衣服装饰的一大特点，一般是在领、袖、前襟、下摆、衩缘口、裤管等边缘地方施绣镶滚花边，很多在最靠边的一道留阔边，镶一道宽边，紧跟两道窄边，以绣、绘、补花、镂花、缝带、镶珠玉等手法为饰，早期为三镶五滚，后来越发繁阔，发展为十八镶滚，以致连衣服本料都显见不多了（图8-21）。

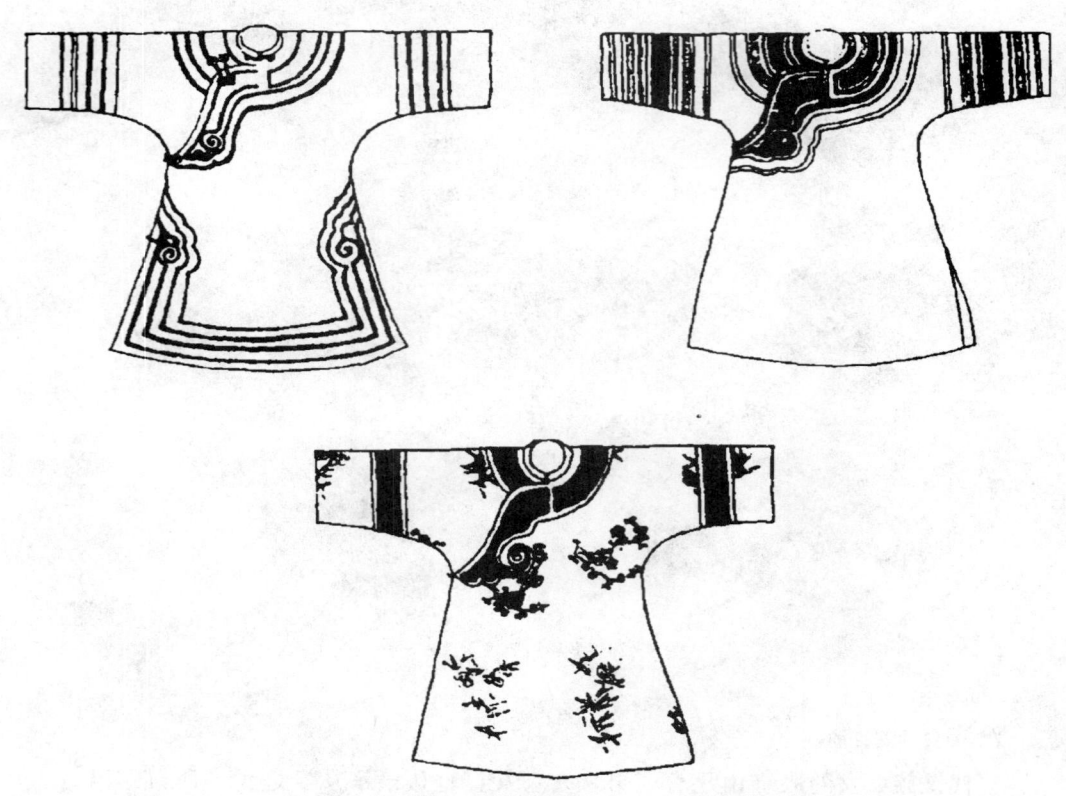

图8-21 清代汉族女袄示意图，袄上多讲究镶滚绣彩

2. 云肩

形似如意，披在肩上。妇女、命妇中十分流行，贫民在婚喜之事时也多有用之。云肩起于明代，式寓四合如意，是汉族服饰的一大特点，具有很强的装饰性，是女子的主要服饰佩件，后满人也多用之。清时云肩是满汉风格结合的又一实例（图8-22）。

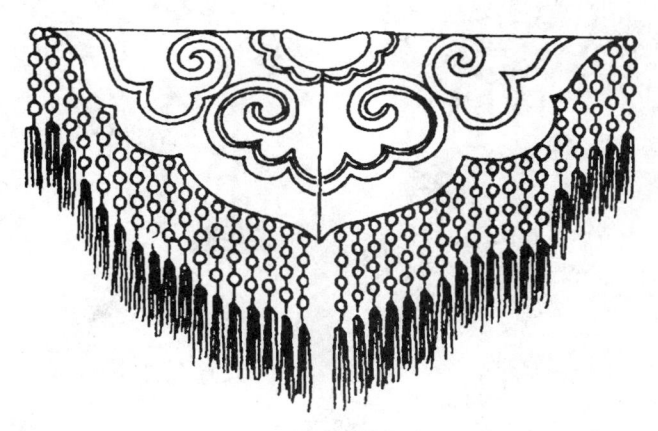

图8-22 云肩示意图

3. 清代汉族女裙

清代汉族女裙式样繁多，主要有百褶裙、月华裙、凤尾裙等，主要沿袭明制。清代汉族女子，在春节、嫁娶等喜庆节日里，都以红裙为吉祥，新春要烧香，也按例要着红裙。丧夫寡居者不得穿红裙，一般只穿黑裙，若上有公婆，而丈夫去世又有多年，也可穿湖色或雪青色的裙子（图8-23、图8-24）。

4. 汉族女子的裤装

清代汉族女子的裤子，主要以高腰式为主，合裆，裤长至足，裤子造型不

图8-23 清代汉女马面裙及上袄

图 8-24 高髻、花钗，身穿对襟外衣或水田衣、长裙的上层妇女（选自《燕寝怡情图》）

像男子裤子那样肥阔，穿时也是将裤腰抿拢，然后用一条长带系结，余幅垂下为饰。老年妇女或婢仆，多在裤口用一条长带缠裹，现在叫缠腿布，扎住裤子的脚口，以便于行动，这种扎腿裤在明时北方汉族女子中已使用，甚至当今北方老年妇女亦有少数仍沿袭此种打扮（图 8-25）。

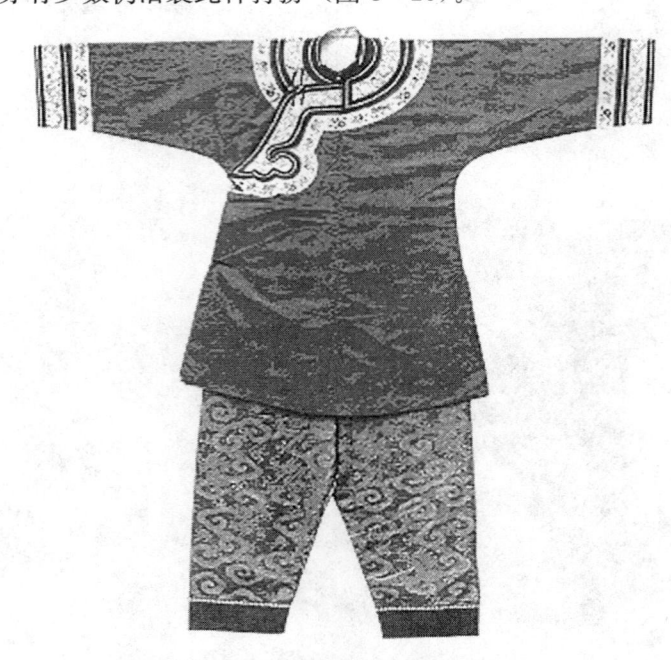

图 8-25 清代汉族女袄夹裤示意图

结语

服装作为一种文化的表征，解读着不同时代的审美语言。中国服装发展到了清代已经形成了服饰风格上的突破期，历代的宽衣大带式的服饰样子不见了，取而代之是衣袖相对偏窄，且有满身花饰的清朝服饰，出现了华美异彩的衣装形式。这种改冠易服的变革服饰，在当时看是异族用外力促使而产生的变革形式，在今天看来都包容在同属中华民族的大思维之中，其精神实质与整个中华民族服饰文化是一脉相承的。

清代官服以顶戴花翎与文武官员的补子等显示官员的不同身份和地位。男子的服饰以长袍马褂最为主，另有暖帽、凉帽、补服、马甲、领衣、披领、朝珠等；妇女服饰在清代可谓满、汉服饰并存，满族女子以长袍为主，另有冬朝冠、夏朝冠、吉服冠、霞帔、旗袍、二把头、旗鞋等；汉族女子则仍以上衣下裙为时尚，另有袄、云肩、裤、弓鞋等。清代中期始，满汉互有仿效，至后期，满族效仿汉族的风气颇盛，甚至史书有"大半旗装改汉装，宫袍截作短衣裳"之记载，而汉族仿效满族服饰的风气，也于此时在达官贵妇中流行。妇女服饰的样式及品种至清代也愈来愈多样，如背心、一裹圆、裙子、大衣、云肩、围巾、手笼、抹胸、腰带、眼镜等，层出不穷。

清代满族女子头上有高高的旗髻，脚下有几寸高的花盆底或马蹄底鞋，加上垂至脚面的旗袍，使旗人比历代妇女都显得修长。服装外形的修长感是对东方人较为矮小的身材之弥补，在感官上产生视错觉，在比例上达到完美、和谐，平顺的服饰外形与中国人脸部较柔和的轮廓线条相称。

清代服饰虽然是以满族服饰为主，但其中却渗透了大量的汉族文化。中国服饰历来重视修饰点缀的美感，始终着眼于平面章法的铺陈和图案的装饰在服饰中的应用，清代的服饰在衣襟、袖、领、衣边、肩、褶的变化也极为讲究。清代是中国古代织绣发展的最后一个阶段，也是古代丝织水平最高、品种最丰富的一个时期。清代织造工艺不仅保留和发展了传统的品种和艺术，而且有很多的创新，形成了这一时期特有的风格，其中最有特色的是锦缎，把缎织物的光洁、平滑、高贵的特性发挥到极致。等级显赫、华贵富丽的宫廷刺绣主要用于帝后、王公、贵族的服饰上，是统治者尊龙凤、辨等级、企图皇权永固的思想体现，故而清代宫廷服饰也最能体现中国织绣的精湛技艺和艺术成就。

清代服饰传承了中国传统服饰伦理中轻人本重文饰的观念。中国素称衣冠王国，无论是宽衣博带的礼服，还是平常燕居的便服，从繁缛豪华的纹样色彩到精美绝伦的服装面料与工艺，都始终围绕着装饰衣服这一宗旨。正如孔子所言："君子不可以不饰，不饰无貌，无貌不敬，不敬无礼，无礼不立。"中国传统服饰旨在表现礼仪观念，因而必须"正其衣冠，尊其瞻视"。

中国传统服饰是内省型，主张自尊，讲求中和，克制个性情感，因此身体是不可显露的。异常宽肥的衣装将汉族女性的身体曲线掩藏在宽衣大袖之中，反映了宋明理学"存天理，灭人欲"的伦理观念，儒道互补的传统教养。文化心理结构上的含蓄中庸令中国传统服饰重平面装饰而不重视人体造型，在这一点上，满女旗袍和汉女袄裙是一样的。中国传统服饰是用观念去穿的，是用一块"精神的布"把身体掩藏起来，不论造型、色彩、纹饰，都有其象征的意义，可代表中国古代之伦理、政治、哲学、风俗等文化精神。

在中国服饰史上，清代是一个较为特殊的历史时期，它以满族的服饰装束为主，具有典型的北方游牧民族特色。这是清王朝统治者用暴力和禁令强制人们改冠易服的结果，致使中国古代服饰在最后一个封建朝代发生了重大变异。

清代服饰尽管在外观形式上摒弃了许多传统的基本形制，但同时亦承继了汉民族的服饰礼制，其精神实质与整个中华民族服饰文化是一脉相承的。

清代的服饰制度，在服式形制和风格上既体现了本民族的习俗特征，又保留了数千年遗存下来的等级制内容，并且其条文的庞杂、章规的繁缛超过了历代。人们的穿着更为严格规范，至后期服装更加追求繁琐精致的装饰性效果。

清朝晚期，一个盛大的封建王朝已向衰微走去，而清代末期的服饰却如一抹夕阳，既延续了华夏五千年的礼服典章之制，又映射出中国古代服饰极为讲究的工艺之美，在质地、刺绣和缝制方面体现出中国传统服饰的艺术美与工艺美的高度结合。

思考题：

1. 名词解释：马褂、马甲、披领、朝珠、霞帔、满女旗鞋、云肩
2. 简答：
(1) 简述清代女子朝冠。
(2) 简述二把头。
(3) 简述旗袍。
(4) 简述汉族女子服饰。

作业布置：

1. 收集资料论述满族女子的旗袍、旗鞋及二把头。
2. 以清代满族服饰文化为素材，进行系列服装设计。

建议：

观看影像《易中天谈中国文化》之《中国古代的时装》。

第二篇
20世纪以来的中国服饰

孙中山先生领导的辛亥革命，推翻了封建社会的君主统治，是中国服装近代史的开端。1911年的辛亥革命以及1919年的"五四"运动两件重大事件，使新的政治力量兴起，也使得中国的新文化逐渐形成。在摒弃封建文化的同时，封建的服饰文化也必然受到抵制，新的服饰文化不仅仅是民主共和的产物，更是历史发展的必然结果。从辛亥革命到21世纪的今天，服装发生了翻天覆地的变化，进行了许多次的改革，流行周期也逐渐加快。从中国服装发展史的角度来说，我们把1911～1949年民国时期这一阶段称为中国服装史的近代期，把1949年至21世纪的今天称为中国服装史的现代期。

由于中国留学生的增多，以及西方文化的日渐冲击，服饰上出现了西服东渐的局面。男子除传统的长袍、马褂外，同时也出现了西装革履的穿着形式。而当时女子的主要服装形式是被称之为"文明新装"的袄裙和初显人体曲线的改良旗袍，这种形式的穿着方式，一直持续到解放初期。

1949年中华人民共和国成立。新中国成立初期的中国服饰主要是男女老幼以黑白灰为主色调的服饰以及具有苏联风格的服饰等。

1966～1976年的文化大革命时期，服饰上政治色彩浓厚的军便装横扫天下。1978年以后中国进入改革开放时代，在现代西方文化的冲击下，喇叭裤首先进入中国，随后中国服饰真正进入多元化的、日新月异的发展时期。进入21世纪，中国服饰基本上与发达的西方国家同步而行。在21世纪初期，中国加入WTO、APEC会议召开等重大事件的发生，使中国传统服饰闪电般地掀起了高潮，并被美称为"唐装"。尽管唐装大潮稍纵即衰，但在强调本民族文化的今天，中国传统服饰与西方服饰的交流与融合将是中国服饰发展的大趋势，富有文化底蕴的华服必将在国际服饰中占有一席之位。

基础理论——

20 世纪前半叶的中国服饰

课题名称： 20 世纪前半叶的中国服饰

课题内容： 1. 新体制下的服饰
2. 辛亥革命之后的男子服饰
3. 辛亥革命之后的女装

上课时数： 4 课时

教学目的： 向学生介绍新体制下的服饰及辛亥革命后的"剪辫改装"；辛亥革命后各阶层男子的服饰；辛亥革命以后的女装。引导学生了解第一次西方文化的冲击，对中国服饰的影响。

教学要求： 1. 使学生掌握中山装的特点及起源；
2. 使学生掌握旗袍的特点及起源；
3. 使学生掌握连衣裙的特点及款式。

课前准备： 阅读 20 世纪前半叶的中国历史与中国服饰方面的资料文献。

第九章

20世纪前半叶的中国服饰

第一节 概述

　　孙中山先生领导的辛亥革命,推翻了封建统治,结束了君主专制制度,给社会带来巨大变化,也使服装在内的变革更加迅速而明显。孙中山率先引进高领军装和西式裤子。临时政府的法令废除了男子近三百年的辫发习俗,发型改为一度被视为异端的西式发型,并逐步取消了女性的缠足陋习。封建王朝精致的宫廷官服首先遭到了废弃,孙中山领导的南京临时政府官员,无论官职大小,一律穿同样的制服,从此,在中国历史上展演了几千年的传统冠冕服饰连同它的等级森严的服饰制度和礼仪规范失去了法律的保护,取而代之的是一种新的中西方相互融合的新颖服装。辛亥革命成为中国古代服装与近现代服装的分水岭(图9-1)。

　　"五四"新文化运动吹响了横扫旧文化、旧思想的进军号,民主与科学的两面

图9-1 孙中山与宋庆龄的服装融合中西

大旗扬起了新的风帆。新思想解除了封建的桎梏,带来了新文化的种子。新兴的资产阶级革命派、工人阶级与进步知识分子使这颗种子生根、发芽,为中国新文化的诞生与成长打下了基础,新的着衣观也随之产生。20世纪20年代末,民国政府重新颁布了《服制条例》,更加催化了服装的变革,形成了近现代服饰文化的转折点。

第二节　新体制下的服饰

在中国近代服饰发展初期，特别是辛亥革命前后，人们的着装观念有许多新的转变。鸦片战争以后，在我国的通商口岸，外商云集，洋行如潮涌，其中有许多经销西方服装的贸易往来，促成了"西服东渐"的现象。西方的服装及其文化在我国的传递，不仅对中国服装业是一个很大的冲击，也对中国近代服装变革起到了推动的作用（图9-2）。

图9-2　福州船政局派往欧洲学习海军的学生在英国皇家学院前

辛亥革命前后，一批赴欧美、日本等国的留学生在国外学到了新思想、新知识，也学习了西方的文化与生活，他们毅然地剪去发辫、脱去长袍，换上了西装，如在日本的留学生们穿上了西式的立领学生制服。一批又一批的学生带回了新思想、新文明以及新的服装款式，在国内掀起了一次服装变革的浪潮，这些西服与制服得到了广泛的传播，国内的洋务工作者和青年进步人士率先穿着这些服装。

民国时期政府的行为举措，也推动了服装制式的变革。民国元年（1911年）7月参议院公布了服饰中的礼服制度，其中，男子礼服分为两种，即大礼服与常礼服，大礼服即西式的礼服，晚礼服类似西式的燕尾服，而常礼服则分西式服装与传统的袍褂。民国元年10月公布了陆军服制，民国二年1月公布了推事、检察官、律师等服制，民国二年3月公布了地方行政官公服、外交官服、领事官服，民国四年公布了监狱官、矿业警察服制以及航空业的服制、警察服制，民国七年公布了海军服制等。

辛亥革命以后，男子西式服装大致分为三种类型：一是军警服，包括美国式样、英国式样、俄国式样、日本式样；二是洋务工作者、通商口岸的商人、外国使馆文职官员、华侨、留学生所穿的欧洲传统西服；三是日本式的制服与学生装。

西式服装以它全新的审美情趣赢得了人们的青睐，西式服装造型简洁、款式大方、穿着方便，更受人们的喜爱。西式服装造型由传统样式的宽松变得衣身瘦窄、由传统的长袍转化为短式套装，而且西式服装款式品种多样而丰富，这些因素的聚集，使国人的衣着行为与方式得到了前所未有的转变。

第三节　辛亥革命之后的男子服饰

20世纪初，男子仍穿着清朝末年的长袍马褂，头上扎辫子。1900年后不久，男子传统服装开始受到西方服装样式的冲击，出现了传统服装与洋务派西式服装并行的情况，但传统的服装基本样式仍占主流地位，直到辛亥革命的爆发才有了根本的改变（图9-3）。

图9-3　中、西并行的男子服装

在五四运动推动下，各地成立一批宣传马克思主义的进步团体。1919年7月，李大钊等先后成立少年中国学会和北京大学马克思学说研究会。图为少年中国学会部分会员合影。右3为李大钊

一、20世纪初男子"剪辫改装"

辛亥革命虽然对人们的着装观念产生了巨大的影响，但是要想改变人们长

期形成的着装方式和习惯是需要时间的。1929年当时的民国政府就规定男子的礼服分两种,一种是中山装,一种是沿用清代的便服。关于发式的变革早在戊戌变法时就有人提出过,例如以康有为为代表的改良派就通过光绪皇帝进行过资产阶级的改良运动,提倡学习西方,学习科学文化,改革政治、改革教育,发展农、工、商业等,其中就明确提出"剃发改装",但遭到了以慈禧太后为首的顽固派的阻挠,结果戊戌变法失败,剪辫改装也没有完成。清末,外交大臣伍廷芳再次提出剪辫改装也没有成功。辛亥革命以后,内务部明令男子剪辫,并于民国二年致函仍在紫禁城内生活的末代皇帝溥仪"请紫禁城协助劝说旗人剪掉辫子,并希望紫禁城里也剪掉它"。

据说"内务府"用了不少理由去搪塞或阻挠当时内务部的这项改革,甚至男子的辫子可作为识别进宫门的标志,也成了不剪辫子的理由。后来,溥仪首先剪去了辫子,"太妃们痛哭了几场,师傅们有好多天面色阴沉"(溥仪著《我的前半生》)。鲁迅在《阿Q正传》中也描写假洋鬼子剪了辫子后,他母亲便大哭了十几场,他老婆跳了三回井,可见当时对"剪辫改装"的抵触情绪是非常大的。

直至大多数人对"剪辫改装"逐渐适应以后,才不仅仅把"剪辫改装"看成是一种革命或是改朝换代,而是把它看成是一种潮流,是新时代的需要。因此,辛亥革命不久,男子剪辫改装就成为新的时尚观念,中国男子服装进入了一个全新时期。

二、各阶层男子服饰

1. 传统男子服饰

20世纪初期,中老年及部分青年男子仍穿长袍、马褂,头戴瓜皮帽,内穿汗衫与中式裤子,脚穿圆口布鞋,冬天穿棉布靴,有些公务人员在传统礼仪上也穿这样的装束。传统中式裤特点是裤管宽松,裤脚以缎带系扎;20年代中期扎带裤装已不流行,30年代后裤管渐小,恢复扎带,缝在裤管之上(图9-4)。

2. 进步青年或从事洋务者的装束

30年代以后,身穿西服、脚踏革履、头戴礼帽成为时尚。一种中式与西式服装都能搭配的礼帽成为流行,特点是圆顶,下施宽阔帽檐,微微翻起,冬季帽子用黑色毛呢,夏季帽子用白色丝、葛麻制成,这是当时男子较庄重的服饰打扮(图9-5)。

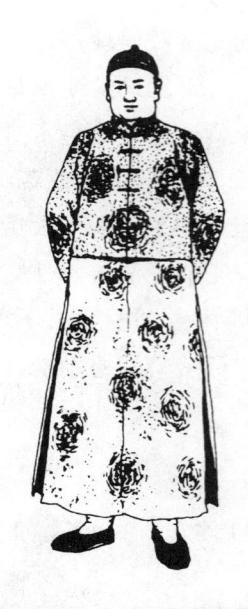

图9-4 穿长袍马褂、戴小帽的男子　　图9-5 穿西装、戴礼帽的男子　　图9-6 穿学生装的男子
（选自华梅著《中国服装史》）　　（选自华梅著《中国服装史》）　　（选自华梅著《中国服装史》）

3. 学生装

从日本引进的制服样式，属于西方服装结构，其式样主要为直立领，胸前有一个口袋。该样式通常与鸭舌帽或白色帆布宽边帽搭配。除了青年学生穿用之外，也为当时的中青年思想进步人士穿着（图9-6）。

4. 中山装

中山装是孙中山先生综合了西式服装和中式服装的各自特点为革命党人设计的新款服装，又由于孙中山先生率先穿着，故称中山装。民国十八年制定宪法时，将中山装定为礼服，其原式样为前身六粒扣，后身贯通背缝，上衣兜为胖裥袋。后来到了30年代，中山装的造型赋予了革命及立国的含义，寓意如下：依据国之四维（礼、义、廉、耻）而定前襟有四个口袋，袋盖为倒笔架形，寓为以文治国；依据国民党政府的五权分立（行政、立法、司法、考试、监察）前襟改为五粒扣；依据国民党的立国的三民主义（民主、民权、民生）袖口定为三粒扣，封闭的衣领显示了"三省吾身"严谨治国的理念。中山装是传统与时代的完美结合，从此成为中国男子的典型服装，并始创了西服东渐的新时代（图9-7）。

5. 时尚男装

新式男装是中西结合的男装样式。长袍、西长裤、礼帽、皮鞋，这是民国中后期较为时兴的一种装束，也是中西结合最成功的一套服饰，既不失民族风韵，又为中国男性增添了一种英俊潇洒之气，文雅中显露精干，是三四十年代最具特点的男装（图9-8）。

图 9-7　穿中山装、戴遮阳帽的男子
（选自华梅著《中国服装史》）

图 9-8　穿长袍、西装裤、皮鞋，戴礼帽，系围巾的男子（选自华梅著《中国服装史》）

三、军警服装

在服装变迁史中，男子服装的发展受军装的影响是较大的，西方的燕尾服来自 18 世纪英国骑兵服装，还有中国的裲裆、比甲、马褂都能看出有军服的影响。

1. 革命军服饰

早在洋务运动和"戊戌变法"时期，清政府已开始学习西方军事操练。一部分新编军队聘用洋教官，采用洋枪，穿着西洋军装，采用"中学为体，西学为用"的军事方针。1901 年清政府为了挽救最后灭亡的命运，又提出了"新政"方针。1903 年，清政府设立练兵处，开始改革军制。1905 年拟定了在全国编制新式陆军，又设巡警部，编练警察等，包括陆军、海军等都穿着西方式样的军装，新式陆军中具有先进思想的青年，不少人后来成了反清革命的突击军。一部分原来清朝北洋新军的一些军官，也投机革命成为革命党人，因此，武昌起义后至民国初，一些原来的清朝新军军官，成了革命的将领，他们大多穿新军的军服（图 9-9）。1912 年孙中山先生任南京政府临时大总统时穿的立领服装，实际上就是当时的一种军服样式。

图 9-9　革命军军服

-195-

第九章

2. 北洋军服饰

北洋军服饰是指北洋军阀时期，直、皖、奉三系穿用的英式军装，肩披绶带，根据五族共和之意而用五色，民国四年时改为红、黄两色；胸前佩章，文官为嘉禾，寓五谷丰登，武官为斑纹猛虎，以寓势不可当；头戴有叠羽军帽，材料用纯白色鹭鸶毛，一般为少将以上武官戴用。军服颜色，将官以上为蓝色，校官以下为绿色。而国民党军服又有所区别，分为常服、礼服两种，常服为作战之用，制服领，不系腰带；礼服则为翻领，美式口袋，内有领带，外扎皮带，大壳帽，宪兵则戴白盔；警察着黑衣黑帽，加白帽箍，白裹腿，这种装束是由辛亥革命的标志遗留下来的，以示执法严肃。总体看，这一时期军警服装经常有所变化，主要是由于中西交往的加强以及政权的频繁更替所致（图9-10）。

图9-10 穿军服的将官

1915年12月，蔡锷等在云南组成护国军，兴师讨袁。1916年3月，袁世凯被迫取消帝制。图为部分将领合影。左2为李烈钧，左3为蔡锷

第四节 辛亥革命之后的女装

辛亥革命以后，不仅男子"剃发易服"，当时的国情与思潮对女装的冲击也很大。20世纪初至50年代女装出现了许多新的特点，最有特点的是女子礼服，即蓝黑袄裙和新式旗袍。

一、袄裙

20世纪初期，女子服装主要是上衣下裙，后来才流行新式旗袍。20世纪20～

30年代，旗袍还只限于大小城镇，在广大农村多数女子还是穿上衣下裤或是上衣下裙，在城镇主流着装仍以衣裙为主，衣裙成为当时广大妇女喜爱的日常服。

受20世纪初期的辛亥革命的影响，女装样式有了很大的变化，出现了最有特点的窄而修长的蓝色上衣的"袄"和黑色的"裙"，与清代女装相比新式袄裙很少绣花，多数女子不戴簪钗，少戴手镯、耳环、戒指等饰物，这种装扮被当时称之为"文明新装"（图9-11）。

> 《海上风俗大观》记："至于衣服，则来自舶来，一箱甫启，经人道知，遂争相购制，未及三日，俨然衣之出矣……衣则短不遮臀，袖大盈及，腰细如竿，且无领，致头长如鹤。裤亦短不及膝，裤管之大，如下田农夫，胫上御长管丝袜，肤色隐隐。……今则衣服之制又为之一变，裤管较前更巨，长已没足，衣短及腰。"

图9-11 民国时期女子学堂装束（为当时的上袄下裙式）

从保存至今的实物和照片资料来看，一般是上衣窄小，领口很低，长不过肘，似喇叭形，衣服下摆呈弧形，有时也在边缘部位施绣花边，后期裙子缩短至膝下，取消褶裥而任其自然下垂，也有在边缘绣花或加以珠饰的（图9-12）。

二、旗袍

旗袍本意为旗女之袍，实际上未入八旗的普通人家女子也穿这种长而直的袍子，故可理解为满族女子的长袍。清末时这种女袍仍为体宽大、腰平直，衣长至足，多加镶滚。20世纪20年代初，普及到满汉两族女子，袖口窄小，边缘渐窄。20年代中叶起，一种新式旗袍诞生在上海，上海是当时公认的时尚中心，

—197—

第九章

其声势远远领先于全国其他地方并左右着时尚的流行变化（图9-13）。最初的旗袍，是以无袖的长马甲形式出现的，短袄外面的长马甲代替了长裙，经过汉族女子的模仿，并在原来基础上推陈出新，不断改进。

图9-12 穿新式袄裙的电影明星

图9-13 烫发、穿改良旗袍的电影明星

20世纪20年代末，由于进一步受到外来文化的影响，旗袍又得到了进一步的改进，主要体现为明显缩短长度，收紧腰身，衣领紧扣，曲线鲜明，加以斜襟的韵律，从而衬托出端庄、典雅、沉静、含蓄的东方女性的芳姿，至此形成了富有中国特色的改良旗袍（图9-14）。

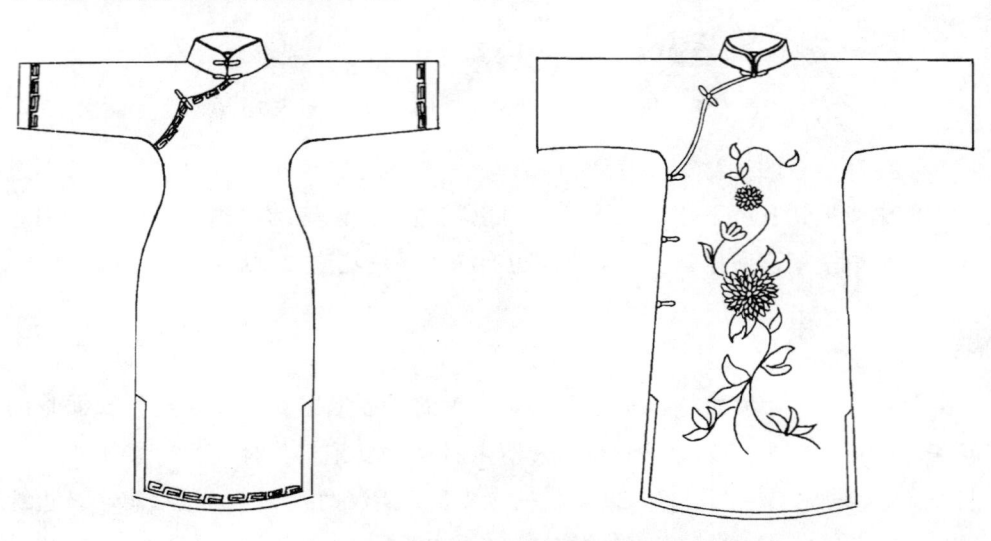

图9-14 20世纪20年代旗袍的款式变化（孟姗姗摹绘）

到了20世纪30年代，旗袍已经盛行，当时的样式变化主要集中在领、袖及长度等方面：先是流行高领，领子越高越时髦，即使在盛夏，薄如蝉翼的旗袍也必配上高耸及耳的硬领，渐而流行低领，领子越低越"摩登"，当低到实在无法再低的时候，干脆就穿起没有领子的旗袍；袖子的变化也是如此，时而流行长的，长过手腕，时而流行短的，短至露肘；至于旗袍的长度，更有许多变化，在一个时期内，曾经流行长的，走起路来无不衣边扫地，以后又改成短式，在膝盖以上（图9-15）。

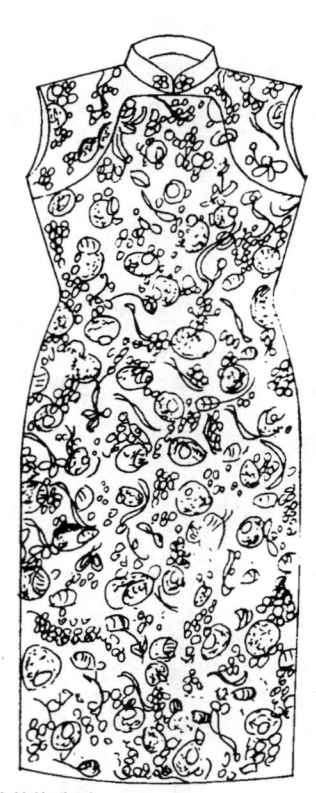

图9-15　20世纪30年代旗袍的整体造型

20世纪40年代旗袍的发展，是在30年代基础上又进行了大胆的改良。在款式上更趋现代化，旗袍从长至脚面又恢复到20年代以短为美的款式，线条更加简练、流畅，使女性的曲线美更加突出，开襟、裁剪、缝制等方面也有了很大的改进，整体款式变化也很多。例如从外轮廓看有直线形、自然线形、苗条线形等；领子也有不少变化，如大圆领、中圆领、小圆领、方领、元宝领、凤仙领等；开襟的方法也很多，如小圆襟、大圆襟、中圆襟、方直襟、方襟、人字襟、斜襟、三角襟、双大圆襟、双圆襟、琵琶襟、连环襟、对襟、缺襟、一字襟，半开襟等；袖子有长袖、中袖、短袖、宽袖口、紧袖口等。

第九章

40年代后期美国大力寻找市场，当时的中国政府为之提供方便，美国商品充斥于中国市场，除去其他工业产品之外，大量的布匹、服装、鞋帽、雨衣、袜子等倾销中国，这都给旗袍的改良提供了基础，尤其是进口面料，如乔其纱、印花绸、丝绒、呢绒等使旗袍的面目一新。

穿美式服装一时成为时尚，在大城市美式皮装、美式夹克、美式连衣裙风行一时，对当时服装很有影响，随之也带来了美国的生活方式和美国的服装款式。

这一时期国内的时装业也很发达，时新服装款式不断出现，有的中式服装店吸收西式的裁剪方法，使旗袍的改良更现代化，而且款式变化更趋多样。如夏天的单旗袍一般都是长到膝盖，短袖或无袖或七分袖，斜襟或人字襟，整体款式采用苗条线型；春秋穿的旗袍，衣长至足，长袖或短袖。

改良旗袍，既有现代的特点，又不失民族特色，因此旗袍在40年代很受人们的喜爱，也是旗袍大普及的时代，成为新时代具有民族特色的时装。旗袍在搭配上也有了很大变化，如：仿清代旗装的穿法（如佩穿马甲等）、与西式服装合璧的穿法（如外加一件女西服上装等）、加毛领的旗袍、加披肩的旗袍等。穿旗袍时，还可以用其他佩件来改变旗袍的风格，加围巾、帽子、披风、手笼等（图9-16，图9-17）。

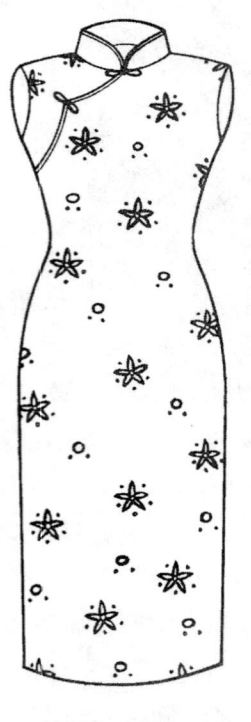

夏天穿的旗袍 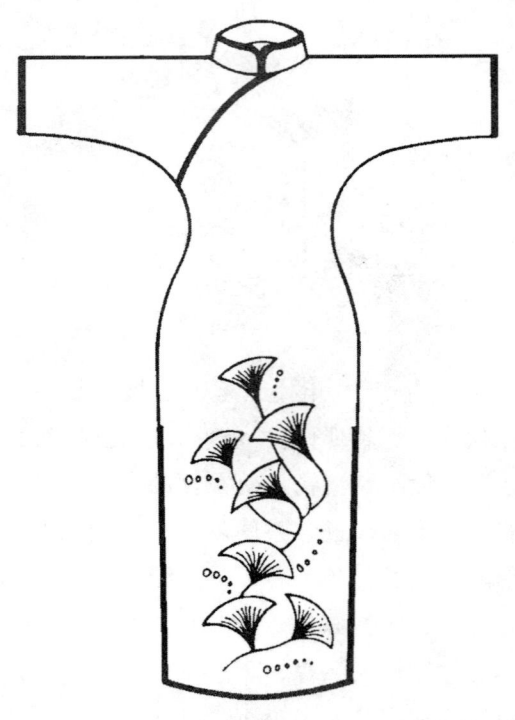　　　　　　　　　　春、秋穿的旗袍

旗袍开襟的发展　　　　　　旗袍领的变化

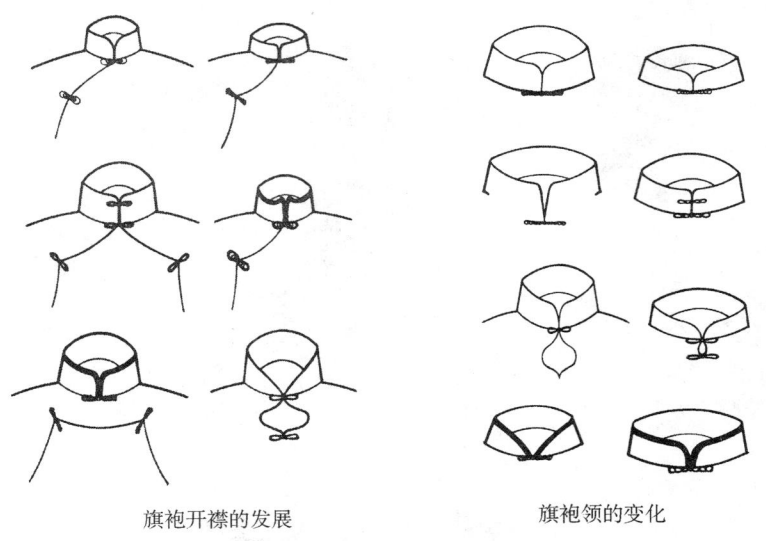

图 9-16　20世纪40年代的旗袍（白洁摹绘）

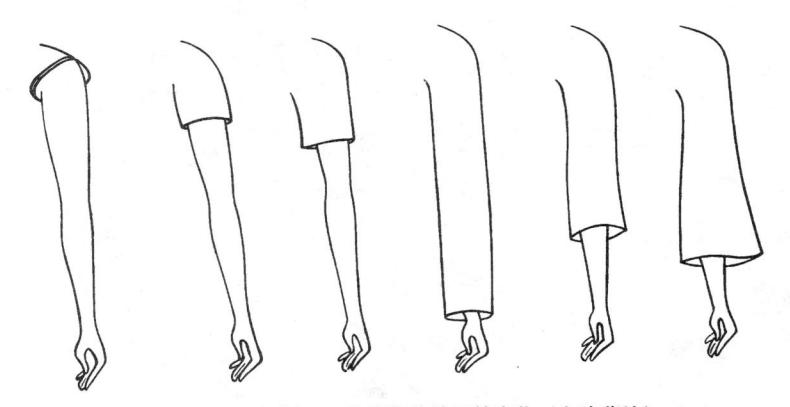

图 9-17　20世纪40年代旗袍袖子的变化（白洁摹绘）

三、斗篷

斗篷在汉族和少数民族地区都有流行，斗篷的原形是蓑衣，是由棕麻编成，以防雨雪。到明清时代才用丝织物制作，一时成为风尚，这已经脱离了蓑衣的防雨功能。清代中期以后，斗篷的式样和用料都很讲究，在装饰上也很精巧，在鲜艳的绸缎上绣以各种花纹，到了冬天还可以镶上皮毛。这种无袖无扣的服装，穿时披在肩上，用布带系于颈前，方便、保暖、挡风。穿斗篷时不能行礼，外出访友，到了朋友家脱去斗篷才能行礼；在室内也不能穿着，实际上斗篷主要用于室外。辛亥革命以后，由于受西方服装的影响，在款式上有所变化，如斗篷原来是无领或立领，后来演变成翻领，冬天还可以用皮毛领。在面料上也趋向多样，如毛呢、哔叽等都是制作斗篷的上好材料，在装饰上去掉了繁琐的花纹（图9-18）。

图9-18 民国时期女式斗篷

四、连衣裙

辛亥革命前后，帝国主义势力在中国的一些城市中建立租界、开洋行，洋货不断充斥中国市场，随之国外的一些服装款式和裁剪手段也传入中国，如富有西洋风味的连衣裙，就是传入中国的新款式。当时穿连衣裙的人多限于城市中的少数妇女。连衣裙款式多样，有中西结合的款式，但更多的是西洋款，如晚礼服、披肩式、背带式、喇叭式等。连衣裙虽然是从西方传入的，但我国古代也有类似的服装，只不过是穿着方法不同。

> 西方的连衣裙创始之初，它的款式也很简单，腰身是直筒形，领子呈半圆形，和我国古代的袍有些相像。西方的连衣裙所以能很快地被中国妇女所接受，这主要是中国的女子习惯于穿裙装，对裙子有着深厚的感情。如前述早在春秋战国时期就流行的把上衣下裳连在一起的衣服——深衣。晋代以后，虽然深衣渐渐不流行了，但是深衣变化后的款式对后世影响很大。现代的长袍、旗袍、长衫、连衣裙等都有着深衣的影子。由此可见，西方的连衣裙能很快地被中国妇女所接受，是有历史渊源的。

20年代以后，连衣裙不断地发展，穿连衣裙的人也越来越多。上衣下裙分开裁剪，需要布料 2.6m 左右，而连衣裙只要 2.3m 就够了，裁剪方法比上衣下裙也简单多了。连衣裙的款式变化多样，如公主线形、自然线形、喇叭线形、X 线形等，这些形形色色的款式比起旗袍来，活泼、洋气、方便、自由，因此很受女性尤其是少女的欢迎（图 9-19）。

图 9-19　连衣裙的款式变化

结语

清王朝后期，自同治四年（1865 年）开始，至光绪时期，先后几次选派学生出国学习（图 9-20）。留学生到了国外，剪掉了辫发，开始着西装（图 9-21）。以后，清政府开办学堂，操练新军，采用了西式的操衣和军服。学生和军队的服饰都发生了改变。光绪二年（1876 年）又选派武官前往德国学习水军，加之在中国领土上有来自各国特别是欧洲的侵略军和商人，因此逐步出现了西服东渐趋势，但迫于皇帝阻拦，一直未大规模实行改装，留洋学生回国后，也只得蓄假辫以避舆论，直到辛亥革命才彻底改革服饰形制。辛亥革命以后，去掉长衣大袖而穿上了轻服适体的西式服饰，这是中国服饰史上的一次空前而大胆的革命。这也是 20 世纪西方文化首次对中国文化的冲击。

图 9-20　1872 年首次赴美留学的 30 名幼童在上海轮船招商局门前

图 9-21　1904 年华兴会部分成员在日本的合影（前排左一为黄兴）

在这一时期，男子的长袍、礼帽与西装裤、皮鞋是一套中西合璧的服饰搭配；而满族女子的长袍经过改革后成为体现女性曲线美的改良旗袍。这些因素对几千年来中国服饰传统的革新起到了极其深刻的作用，这是我们认识近代服饰发展规律的一个关键之处。辛亥革命以后，原有的服饰形制虽然退出了历史舞台，但旧的观念仍然有很大市场，孙中山先生倡导民众扫除弊蠹（dù，木中虫——《说文》），移风易俗，并身体力行，为中国服装的发展作出了积极的贡献，以他的名字命名的中山装，对后世的影响已远远超出服饰本身。这一时期的男子服饰呈现出新老交替、中西并存的局面（图9-22），为男装的进一步变革铺平了道路。"五四"运动后，受西方工业文明的冲击，中国服饰业开始了艰难的发展历程。在新思想、新观念的影响下，逐步改变了中国女性千百年来固有的服饰形象，广大妇女也从缠足等陋习的束缚中解放出来，并大胆尝试用服饰来充分展示女性的自然人体美。因此改良旗袍的普遍穿着成为必然趋势，成为20世纪二三十年代出现在大城市的繁荣景象，把近代女装的发展推向高潮。这个时期的女装变革具有划时代的意义，同时在如何对待传统服饰文化上给人留下了有益的启示（图9-23）。

图 9-22　当时的进步青年男女

图 9-23　宋庆龄

　　清末至新中国诞生之前的一段时间内服饰正处在新旧交替、西方文化东渐的形势之中，其最进步之处，在于以服饰划分等级的规定，已随着帝制的没落而彻底消亡了。而女子的上袄下裙已经完全变成了西方化的造型、结构，去掉了清代末年繁缛的首饰及工艺，成为具有典型时代特征的文明新装（图9-24）。

图 9-24　20世纪前半叶的女式常装

思考题：

1. 名词解释：学生装、时尚男装、文明新装、改良旗袍
2. 简答：
   (1) 简述中山装的特点。
   (2) 简述斗篷的特点。
   (3) 简述军警服的特点。
   (4) 简述连衣裙的特点。

作业布置：

1. 收集资料论述西方服饰对中国近代服饰的影响。
2. 以近代服饰文化为素材，进行系列旗袍设计。

基础理论——

1949～1978年的中国服饰

> **课题名称**：1949～1978年的中国服饰
> **课题内容**：1949～1978年的中国服饰
> **上课时数**：4课时
> **教学目的**：向学生讲解新中国成立后到文化大革命结束这一阶段的中国服饰，引导学生了解1949～1978年中国的各类服饰及演进。
> **教学要求**：使学生了解并掌握布拉吉、苏式工作服、苏式大衣、列宁服、乌克兰套头式衬衣、毛式服装、军便装、两用衫等的特征及款式。
> **课前准备**：阅读近代历史以及近代服饰发展方面的书籍。

第十章

1949～1978年的中国服饰

第一节 概述

经过一百多年漫长的英勇斗争，中国人民终于推翻了帝国主义、封建主义和官僚资本主义的统治，新民主主义革命取得了胜利，中国人民从此站起来了，成为国家的主人。中国历史进入了一个新纪元。1949年中华人民共和国的成立，标志着中国服饰发展进入了一个全新的历史时期。旧时代剥削阶级的服饰及穿着打扮方式与新社会显得格格不入，必会产生新的服饰形象。

代表新中国新时代的着装形象有三种风格：工人阶级的劳动布工作服上衣、工装衣裤（裤为背带式，胸前有一口袋）、有前檐的圆顶工作帽；农民阶级的胶底布鞋和白羊肚毛巾裹头、戴毡帽头儿或草帽、中式短袄和肥裤、方口黑布面布底鞋；从苏联引进的方格衬衫和连衣裙（音译为布拉吉）等。工人、农民的服饰形象，代表了这一时代的进步形象，因而也成为最常见的典型服饰形象（图10-1～图10-3）。

1966年6月，文化大革命爆发。此时，西服和旗袍被定为"四旧"。老三色蓝、黑、灰，老三装中山装、青年装、军便装盛极一时，服饰图案也尽是"老三篇""样板戏""工厂""机械"等内容。工人、农民的形象仍然是革命的形象，最革命的服饰形象则被普遍认为是中国人民解放军的形象，人们把草绿色的军服、军帽当成革命的标志。一时间军服在全国盛行。军帽、宽皮带、毛主席像章、红色语录本、军挎包是最标准的服饰配套。军服的热潮延续了二十余年，直至20世纪80年代末90年代初，军用套装和军用棉大衣还在各阶层人士当中流行。

图 10-1 首都工人、民兵穿着的工装裤（选自《解放军画报》1976 年第 6 期）

图 10-2 山西农民服饰：身着对襟袄、头裹白毛巾（王岩根据《解放军画报》1975 年第 11 期第 12 页摹绘）

图 10-3 受山西农民影响的其他地区农民服饰——内蒙古学大寨先进县兴和县店子公社农民（王岩根据《民族画报》1978 年第 4~5 期第 47 页摹绘）

第十章

第二节　1949～1978年的中国服饰

一、布拉吉

布拉吉（苏联语"连衣裙"之意）是苏联妇女的最常见衣装，于20世纪50年代传入中国，成为当时中国的中、青年妇女夏季的日常服饰，此装尤盛于文教界的女性当中。布拉吉外观美丽，而且又来源于第一个社会主义国家，在中国人的心目中，它很有进步色彩，因此，备受当时女子的青睐。这种布拉吉的款式是直接采用苏联的原款制作或在原款的基础上改进设计，但原版进口的较少。布拉吉的用料有国产的，有从苏联进口的，还有从捷克等其他东欧国家进口的；其廓型主要有束腰型、直身型和马甲型等；其袖子造型分为短袖、泡泡袖和无袖等；而领子的造型又分为装领、无领（包括圆形、方形、椭圆形、V字形、U字形）等；其与上衣连属的下裙的造型又可分为细褶裙、喇叭裙等。所采用的材料品种又分为各种印花或素色的丝绸、全棉面料或棉涤面料。斯大林逝世以后，苏联由赫鲁晓夫专权，此时中、苏两国关系恶化，布拉吉一词不再运用，此款服装才正式用汉语称作"连衣裙"，可见当时女性对这种服装的喜爱程度（图10-4、图10-5）。

图10-4　穿布拉吉的苏联女性（王岩摹绘）　　图10-5　穿布拉吉的中国女性（王岩摹绘）

二、苏式工作服

苏式工作服源于苏联，是苏联工人上班时穿用的服饰，用一种类似牛仔布的被称为劳动布的面料制作，以蓝色居多。该服饰的主要特点是单排扣、翻驳领、前襟有两个大袋、下摆有克夫，外观造型短小精悍，工人师傅们非常喜欢，并且有一种时尚感和优越感。此款服装也备受全国人民的喜爱而成为大众的时尚热点，由于知识分子是工人阶级的一部分，所以这种工作服在文职人员中也非常受欢迎。其他人得一件赠送的工作服，也会备加喜爱，时时穿着而不愿脱下（图10-6～图10-8）。

图10-6 苏联工人的工作服（王岩摹绘）

图10-7 穿苏式工作服的中国工人（王岩摹绘）

图10-8 20世纪80年代仍然穿苏式工作服的塔里木盆地石油女工（选自《人民画报》1986年第4期）

无论是夹克式的工作服还是背带式的工作服，在当时人们的感觉中，它代表的是劳动人民的本色，成为新中国成立后的"红色年代"的时尚热点之一。在文化大革命时期，工人们穿上工作服上班，革命热情高涨，革命干劲更足，且时时不忘伟大领袖毛主席的教导："一不怕苦，二不怕死；下定决心，不怕牺牲，排除万难，去争取胜利。"甚至在下班途中也不愿脱下工作服，喜气洋洋地走在大街上（图10-9）。工作服还是人们在集会和游行时的最佳着装之一。

图10-9 下班途中仍然穿着背带式工作服的女工人（王岩摹绘）

三、苏式大衣

由于苏联冬季的气候比较严寒，所以厚实的大衣是必备的，在新中国成立之初，此种大衣被引进，在款式风格上受"二战"后苏军大衣的影响较大，主要特征是双排扣，大驼绒翻领、后背破缝并有装饰横带。在20世纪50年代至60年代这种大衣为中国的男女老少所普遍接受且更盛行于成人当中，领子上装有驼绒的为高级的，如果是用呢料精做的，就应该是特级的了（图10-10）。

图 10-10　苏式大衣（王岩摹绘）

四、列宁服

新中国的成立，是吸收了苏联十月革命的经验。"中苏同盟，无敌于天下"的口号左右着中国人的服饰打扮，列宁服在新中国成立之初是党政机关和国家企事业单位人员的主要着装，当时的供给制服也选用了这种"红色"服饰，列宁服由国家统一发放给工作人员。列宁服的主要特点是大驳领，单排或双排扣，扣子的数量根据款式的变化而定，斜插袋，有时腰间束带。此款男女通用且主要为女子穿着，款式多变化但大同小异，新中国刚成立时，还有结合列宁服和中山装设计的独特款式。其实早在延安时期就流行过列宁服，后来由军队中的女干部沿用至新中国成立后。这种服装之所以流行，主要是因为它是一种典型的苏式服装，既新颖而又思想进步，主要流行范围是革命干校的学员和大企事业单位的女干部，后逐渐流入社会，成为一种大众时尚，直至 80 年代末（图 10-11、图 10-12）。

五、乌克兰套头式衬衣

乌克兰式衬衣又称乌克兰装，是苏联乌克兰人的服饰。主要特点是：立领、短偏襟、套头式，还有的在短偏襟上绣图案。这种衬衣在 50 年代被引入中国，

第十章

主要在北方地区流行（图 10-13）。

图 10-11 穿列宁服的女子（王岩摹绘） 　　图 10-12 列宁服与中山服融合的女子服饰（王岩摹绘）

图 10-13 乌克兰套头式衬衣

六、毛式服装

从 1949 年以后穿中山装的人越来越多，到 50 年代以后，更是形成中山装的热潮。此时中山装又有了新气象，尤其是 1957 年，北京"红都"时装公司服装设计师田阿桐接到了为毛泽东主席定制中山装的任务后，他根据毛泽东的脸型，大胆改造，设计出了大领尖中山装，从此这种中山装被称为毛式服装。包括后来的皮尔·卡丹仍沿用了这个称谓，这种款式既有原中山装的庄重大方，又有列宁装的简洁单纯，而且也是老少皆宜，当时穿中山装的年轻人很多。后来出现的青年装、学生装、军便装、女式两用衫都有中山装的影子。中山装从 50 年代开始普及，并不是一成不变的，在款式上也是不断变化，如领子就有很大的变化，从完全扣紧喉咙中解放出来，领口开大，翻领也由小变大。中山装作为中国的传统服装，从50年代到70年代一直流行不衰，最主要的原因是老年人、青年人都可穿用，甚至儿童也有穿中山装的情况。中山装什么样的面料都能制作，可以平时穿着，也可以作为礼服，无论是外交场合还是在国内庄重的场合都很适合，实际上中山装已经成为我国很有代表性的服装，也可以说是国服（图10-14）。

图 10-14 中山装的样式

七、军装

1950年5月1日，我军换发了历史上第一套全军统一制式、统一标准的军服，简称50式军服，这也是军队历史上第一次分级别、分军种、分用途装备的军服。它设置有夏服、冬服等，并首次装备大檐帽。官兵在夏服、冬服上衣左胸统一佩戴有"中国人民解放军"字样的胸标；各式军帽均佩戴帽徽，式样为在镶有金黄色的红五角星正中嵌金黄色"八一"字样（图10-15）。这套军服1955年被55式军服取代，但直到1957年才更换完毕，实际上用了七年。

图 10-15 陆军军官服（1952年的宣传画）

20世纪50年代初的军服同时带有明显的苏联军服及阿尔巴尼亚军服的风格，很直接地体现了苏阿革命文化给中国带来的影响（图10-16、图10-17）。

图 10-16　阿尔巴尼亚军服，士兵头戴船形帽

图 10-17　1951年的宣传画（左为苏军士兵军服，右为着苏式军服的中国士兵）

随着军衔制的实施，全军从1955年10月1日开始着军衔服装，即55式军服。这套军服设置了礼服、常服、工作服3个系列。军官佩戴军衔肩章；士兵佩戴帽徽和军衔领章；男军官夏季大檐帽，女军官戴无檐帽，陆、空军士兵戴船形帽。55式军服在1958年进行了一些修改，如陆、空军士兵的船形帽改为解放帽，肩章底板色彩均改为金黄色（图10-18）。

随着1965年军衔制的取消，65式军服废除了55式军服的帽徽、军衔肩章、军衔领章和军兵种及各种勤务符号，头戴解放帽，帽前一枚红五星，领子两头缝缀犹如两面红旗的领章。只设夏服、冬服两个系列。陆军服装为全草绿，空军上草绿下蓝，海军为全深灰。男军人均为立翻领上衣，干部为上下四挖袋，战士为两胸袋；女军人夏服上衣为开领，两个下挖袋，冬季同男军人。65式军服整整采用了20年，对当时的中国民众服式影响很大，并且陆军的草绿色套装被普通百姓认为是最革命的（图10-19、图10-20）。

图10-18　1957年的宣传画　（左为海军服，中为陆军服，右为空军服）

图 10-19　20 世纪 60 年代的军装（王岩摹绘）

图 10-20　戴有檐解放帽的女战士（图片来源于新闻网）

八、军便装

在文化大革命的高潮期，警察的制服也全面仿军服。在此之前，交通警察冬装为蓝色大壳帽加蓝色衣裤，由于这种服饰带有西方都市的味道，因此把服色改为绿色，把大壳帽改为解放帽，黑皮鞋也变成了绿色解放鞋，帽前警徽不变（图 10-21）。

图 10-21　大壳帽式的警察服（王岩摹绘）

新中国成立初期，普通民众服饰尚且以工农服饰形象为主流，穿军装的民众尚为少数。当文化大革命爆发后，"唯成分论"事实上主导着中国民众的社会生活。由于当时的解放军是经过严格的政治审查的，所以解放军服饰形象成了"又红又专"的代名词。代表学生的"红卫兵"穿上了军便服（去掉领章帽徽的绿色军装）；工人、农民成立的赤卫队穿上了军便服；民兵队伍也穿上了军便服，尤其是女民兵们也决不甘心落伍于时代，并且表现出众。毛泽东曾赞美道："中华儿女多奇志，不爱红装爱武装。"这一时期，祖国大地"全民皆兵"（图 10-22）。

图 10-22　"中华儿女多奇志，不爱红装爱武装"的服饰形象

第十章

为响应毛主席关于"知识青年到农村去"的指示，成千上万的知识青年抱着极大的革命热情，投身于中国幅员广阔的农村和边疆。知识分子上山下乡，将全民着军便服又推向一个新高潮。因为当时知识青年奔赴边疆开垦荒地是以生产建设兵团为编制的，例如新疆生产建设兵团、内蒙古生产建设兵团、黑龙江生产建设兵团等。当他们踏上远去边疆的列车，每人一身军便装，胸前一朵大红花，红花下垂一绢条上印有"光荣"二字。知青们觉得统一着绿军装增强了"团队感"和"优越感"。当时知青们的总体形象是一套军装、军帽、军挎包、腰间系宽皮带，"军挎"绣上或印上鲜红的"为人民服务"五个大字（图10-23～图10-25）。

> 在当时火红的年代里，解放军在全国人民的心目中占据了一定的地位，人们爱解放军，想当解放军，争相嫁解放军的年轻姑娘大有人在。因此，人人以穿军装为荣，穿不上军装的哪怕有一顶军帽也是一种极大的满足。特别是晚上看完露天电影后，人群是一堆一堆的，戴军帽的人还得用双手捂住，以免被人抢走，能有一套旧军装穿在身上，那更是洋洋得意。

图10-23　下乡知青的着装形象（选自《民族画报》1976年第8期）

1969年3月天津和平区田军（后排左四）和他的十六名战友，响应毛主席"知识青年到农村去"的号召，组成一支红卫兵长征小队，从天津徒步到内蒙古山区插队落户。这是临行前的合影，照片中男女都穿着军便装

图 10-24　下乡知青的着装形象（选自《人民画报》1976 年第 8 期）
男子穿军便服，手拿一枚袖标，女子穿两用衫，全部戴红卫兵胸章

图 10-25　1967 年上海南京路八连指战员欢送知青

致使全民皆兵的另一个重要因素是军队与民兵的"拉练"队伍,"拉练"就是"拉出去练一练"的行军活动。军队的拉练无疑一律是正规的绿军装,而民兵的拉练队伍中,民兵连长和民兵排长往往带头穿军便装,其他民兵战士在条件允许的情况下也尽可能穿军便装。军便装的流行从60年代起一直到文化大革命的结束(图10-26~图10-28)。

图10-26 全民皆兵的年代,本照片为大连港务管理局工人、共产党员田洪运一家三代民兵班的事迹(选自《解放军画报》1971年第12期)

图10-27 穿军便服的城市民兵(王岩根据"文革"画报摹绘)

图 10-28 解放军官兵的"拉练"队伍（选自《解放军画报》1975 年第 12 期）

在军便装的流行时期，几乎不分阶层、不分男女、不分职务、不分老少。至 20 世纪 80 年代末 90 年代初冬季则开始流行绿色军用棉大衣。军大衣确实价格适中，保暖轻快，在质量上要远远高于当时的普通棉大衣。各工作单位发福利品时也常常借机发放军大衣；在冬季各级领导干部去工厂、农村视察、检查工作及劳动时，也总是外罩一件军大衣（图 10-29）；离退休干部、医生、教师、学生等也都以军大衣为时尚。

图 10-29 穿军大衣视察工作的领导干部（选自《民族画报》1977 年第 7 期）

九、女式两用衫

女式两用衫的式样为一字领、八字领或小翻领，四粒扣，前身两只口袋（挖袋或贴袋），此种衫子夏天用薄料制成衬衫，春、秋、冬季用厚料制成外套（图10-30、图10-31）。

图10-30 穿两用衫的首都女工在劳动人民文化宫参加国庆游园（选自《解放军画报》1975年第11期）

图10-31 穿两用衫的女知青（选自《民族画报》1978年第4~5期）

结语

　　自1949年新中国成立以后到20世纪70年代末，中国服饰的发展经历了一个漫长的曲折过程。由于时代的原因，本时期的服饰政治色彩比较浓厚。在该时期人们习惯用政治标准来衡量着装打扮，因此着装上要靠拢工人、农民、干部或解放军的形象。1949年开始，进驻各个城市的干部都穿灰色的中山装，这种打扮首先受到青年人的效仿，这正是一股革命的热情激励着青年人穿起了象征着革命的服装。紧接着各行各业的人们竞相效仿，并且纷纷把长袍、马褂、西服改成中山装或人民装。效仿工人、农民风格的着装往往要以粗制的布料为美，色彩为蓝、绿、灰，并且喜欢在领、肘、臀、膝部缝上相近色彩的补丁，从而表达出自己已经接受并靠近了工农群众，和工农群众打成一片。在穿着打扮上给人一种勤劳而不怕苦的感觉，常常将袖管和裤管挽起来，衣着不整，光脚着布鞋或干脆赤足，手拿白毛巾或戴旧草帽等（图10-32、图10-33）。

图 10-32　曾在天安门广场接受毛主席检阅的红卫兵胡署秀的劳动打扮
（选自《人民画报》1976年第8期）

图 10-33 手拿白毛巾的女知青（其手拿白毛巾的形象，
是受当时农民服饰的影响，王岩摹绘）

在这种大的氛围下，烫发、梳髻、花格衣服、穿裙子、衣装挺括合体、裤线笔直、穿皮鞋、鞋头尖而亮者就会被"革命"热情极高的群众扣上封建主义、资本主义或修正主义的帽子。可见当时的人们在对待服饰这一概念是有一定的偏见的。所谓正面人物，除革命领袖外，一律是膀大腰圆、紫红脸庞、粗胳膊壮腿的工农兵形象，概念化的痕迹非常明显，典型服饰形象是卷起袖子，绾起裤管，头戴草帽、军帽或裹白毛巾，脚登解放鞋或赤脚（图 10-34）。

图 10-34　1971 年的"文革"宣传画中典型的工、农、兵服饰形象

当时的服装式样、用料、色彩以及附件，都要受到种种限制。在"文革"时期由于"破四旧"和左倾路线的影响，本来已经日趋时髦的服饰，这时又重新走向单调。本来是比较普通的穿着，如果色彩艳一点，马上又变成了"追求资产阶级生活方式"的代言。"文革"结束后，随着东西方文化的交流，中国服饰才逐步走向时尚。

思考题：

1. 名词解释：苏式工作服、苏式大衣、乌克兰套头式衬衣、列宁服
2. 简述布拉吉的发展及特征。

作业布置：

1. 收集资料论述文化大革命时期的服饰特征。
2. 以军便装或花布棉袄为素材进行系列服装设计。

基础理论——

改革开放后的中国服饰

> **课题名称**：改革开放后的中国服饰
> **课题内容**：现代西方文化影响下的中国服饰
> **上课时数**：4课时
> **教学目的**：使学生了解1978年改革开放后的中国服饰。
> **教学要求**：使学生掌握喇叭裤、牛仔服、西装、滑雪衫、夹克衫、风雨衣、皮革服装、蝙蝠衫、新唐装等服饰的款式及特征。
> **课前准备**：阅读改革开放后的服饰图片资料。

第十一章

改革开放后的中国服饰

第一节 概述

　　1978年，党的十一届三中全会作出了实行改革开放的重大决策。来自西方的现代文化向潮水一般涌入中国大地，西方服饰迅速被渴望时尚的中国青年所接受。1979年7月，党中央、国务院作出决定，对广东、福建两省的对外经济活动实行特殊政策和优惠措施，并决定在深圳、珠海、汕头、厦门设置经济特区，作为吸收外资、学习国外先进技术和经营管理方法的视窗。西方现代文明更加迅速地冲击着中国大地，当年那些蓝、绿、灰且无个性的服装也逐渐被新颖的国际时尚服饰所取代。

　　改革开放使中国的服装教育蓬勃发展。1980年，中央工艺美术学院染织系首先开设了服装设计专业大专班；1982年，正式开始实施服装设计专业本科教育；1984年，正式成立了中央工艺美术学院服装系。浙江丝绸工业学院于1983年成立了服装设计专业大专班；1988年北京化纤工学院正式更名为北京服装学院，中国第一所以服装命名的高等学院正式诞生。1990年起，全国各大美院、各综合院校如雨后春笋般先后成立了服装设计、服装工程等专业。

　　中国于20世纪80年代末90年代初先后成立了服装协会、服装学会、服装研究会等；同时又先后举办了服装博览会、服饰理论及学术研讨会，出现了专业的服装表演与服装模特；与服装相关的报纸、杂志、网络等媒体日新月异。进入21世纪，全国服装设计活动活跃而频繁；中国服装十佳设计师在国内和国际服装行业大显身手；中国时装品牌与名牌已在世界舞台上初露端倪。

第二节　现代西方文化影响下的中国服饰

一、20世纪70年代末

20世纪70年代末是中国改革开放的开端，西方文化伴随着西方的现代科学技术不断冲击中国大地，西方服饰作为西方文化的一个块面，也迅速涌入中国，中国服装服饰日新月异。

1. 喇叭裤

20世纪70年代末80年代初，国际服装流行趋势通过各种渠道，涌进中国，喇叭裤就是其中的一种。当时喇叭裤的主要结构特征是：腰臀部位紧身合体，大腿部位亦紧身合体，至膝盖处渐宽，形成一个从膝盖至脚口的喇叭造型。很多年轻人喜欢穿着，但喇叭裤初行时却遭到年长保守者的打击，甚至把穿喇叭裤的年轻人一概当成"小流氓"，并敬而远之。张竞琼老师所著的《西"服"东渐》中曾提到：在当时，如果落水孩子被一个穿喇叭裤的年轻人救出，这样的事让社会上的百姓很是费解。带头穿起喇叭裤的中国人当然是一批勇敢的年轻人，尽管曾遭到保守思想的无情打击，但后来总有一批又一批的年轻人陆续穿上喇叭裤，竟然风行一时。

这种喇叭裤在西方原为水手服，加大的裤管是为了遮住靴口，以免海浪或冲洗甲板时水灌进靴筒，从1960年始，它成为美国的颓废派服装式样。从20世纪60年代初到20世纪70年代末，喇叭裤开始在国际上流行，在20世纪80年代喇叭裤在中国盛行一时（图11-1）。

2. 牛仔服装

从20世纪70年代末开始，牛仔装开始在中国流行，最初流行的是牛仔裤，其样式主要是直筒式和喇叭式。首先在工人和学生当中流行，后来文艺工作者、青年教师、青年干部也纷纷穿上了牛仔裤。由于牛仔裤的流行，在中国民众当中进而又开始流行牛仔上衣、牛仔裙子、牛仔背心、牛仔夹克、牛仔风衣等。牛仔服装从诞生之日起，已经存在了半个世纪之久，至今盛行不衰，这种独具魅力的服饰，将是时尚界的一道永久的风景（图11-2）。

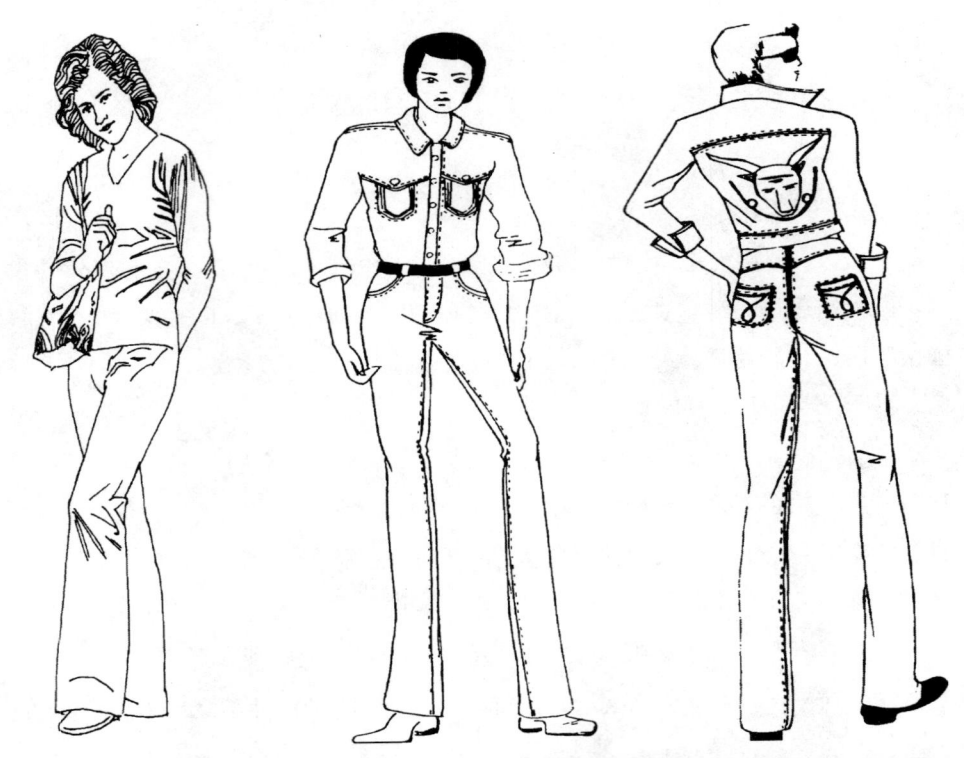

图 11-1 20 世纪 70 年代末穿喇叭裤的电影明星（王岩摹绘）

图 11-2 20 世纪 70 年代末开始流行的牛仔服（郭潇潇摹绘）

二、20 世纪 80 年代

20 世纪 80 年代西式服装在国内逐渐普及开来。

1. 西装

改革开放的政策使中国人的着装风格发生了巨大变化，中国领导人带头穿起西装，穿西服的心理要求随着时代的发展而兴盛起来。

1984 年首先从上海掀起了"西装热"，当年就出现了供不应求的局面，进而影响了全国。多年不见的西装，引起了人们的浓厚兴趣，尤其是年轻人，脱掉老三装（中山装、青年装、军便装）换上西装，以迎合时代的步伐（图11-3）。

2. 运动服

中国运动员在二十三届洛杉矶奥运会上成绩辉煌，1984 年以后掀起了一股运动服热（图 11-4），它的主要特点是轻便柔软、易洗易干、保暖性强、色彩鲜艳、款式多变，男女老少皆宜。它一出现在市场上，立即受到人们的欢迎（图 11-5）。

图 11-3　20 世纪 80 年代流行的几种西装款式（孟姗姗摹绘）

图 11-4　1984 年 7 月，中国女排的姑娘登上奥林匹克冠军宝座。图为女排队长张蓉芳身穿运动服在接受奖牌（王岩摹绘）

图 11-5　时装化运动服（孟姗姗摹绘）

滑雪衫也是运动服的一类，后来，不少厂家都生产以羽绒为填料的滑雪衫、航空衫等，新款式变化越来越丰富，有两面穿的，里和面可分开的，极大地满足了消费者的需求。1984 年以后，滑雪衫的产量逐年上升，这种轻暖的服装，一时成为人们争相购买的时髦货，并逐渐替代了军大衣和棉衣（图 11-6）。

第十一章

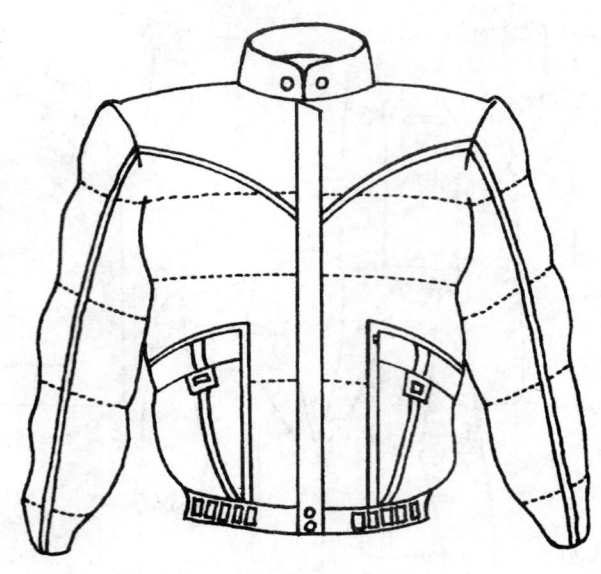

图 11-6　滑雪衫（张雪摹绘）

3. 夹克衫

改革开放以后，西式服装逐渐流行起来，穿西装的热潮引发了其他西式服装的再度流行。夹克衫继 20 世纪 40 年代后于 1984 年再度形成流行高潮，但是与三四十年代有很大区别：首先是面料多样，如灯芯绒、涤棉布、尼龙绸、牛仔布、水洗布、水洗绸等；在款式上变化也很多，不同的职业、不同的年龄都可以选到自己合适的夹克衫。穿夹克衫比穿西服自由得多，也可以配衬衫系领带，给人潇洒大方的感觉。夹克衫有工作服夹克衫、便装夹克衫、礼服式夹克衫和运动式夹克衫等。

由于夹克衫男女老少都可以穿，因此成衣的销量逐年增加，然而也造成了生产过剩，有一个时期，一些生产厂家抛售积压的夹克衫。新一代的夹克衫，款式变化更显得有新时代的特征，设计师们常常注重特殊的设计，常在肩、袖、门襟、衣袋处进行变化，一些小金属配件更增加了夹克衫时代的气息，如拉链吊环、铜浮雕的商标、领子镶上金属的装饰等，用的布料也是多种多样，如绉纹布、砂洗布、条格布、灯芯绒等（图 11-7～图 11-10）。

4. 风雨衣

多少年一贯制的风雨衣，给人们的印象是深刻的，无论是款式、色彩或是面料都已经是程式化了。但是到了 80 年代后期，风雨衣一改过去的老面孔。首先是色彩的多样化，尤其是女式风衣，有紫红色、绿色、咖啡色、明黄色等；在面料运用上一反过去挡风遮雨的功能，将多种面料运用到风衣的制作上，如灯芯绒、水洗绸、仿真丝、尼龙绸、法兰绒等；在款式上也大胆突破旧式，衣身可长可短，领子、纽扣、装饰等都有很多变化，时装化的风衣更是风行一时（图 11-11）。

图 11-7　多种材料制成的夹克衫（张雪摹绘）

图 11-8　礼服式的夹克衫（张雪摹绘） 　　**图 11-9　运动式的夹克衫（杨丽丽摹绘）**

图 11-10　穿夹克衫的男女青年（孟姗姗摹绘）　　　图 11-11　时装化风雨衣（孟姗姗摹绘）

5. 皮革服装

随着羽绒服装普遍流行以后，皮革服装在全国各地陆续流行。80 年代初一些仿羊皮的夹克衫混杂在真皮服装中，皮革服装在全国普遍流行以后，人们对其有了足够的认识。80 年代末掀起了争购皮革服装的热潮，尽管皮革服装的价格一再上涨，但是穿皮革服装的热潮仍然不减，在皮革服装流行的大潮中，全国各地建立了许多皮草行、皮草公司等，由此开始形成了皮革市场的竞争。要在市场上立于不败之地，必须在款式、色彩上不断出新，消费者在这样的竞争中，尽可以按照自己的意愿进行选择。

皮革服装的款式一般有两大类，一种夹克式，一种是短大衣式，领子的变化比较大，除去领子本身的变化之外，还可以镶上各种毛皮。在色彩上也有很多变化，原来只限于黑色、咖啡色，后来出现了一批彩色的皮革服装，很受消费者的欢迎，如橙黄色、红色、绿色、紫色等（图 11-12）。

6. 蝙蝠衫

蝙蝠衫因两袖张开其整体造型如同蝙蝠而得名，曾在 80 年代时髦青年中风靡一时，是当时女青年的必备行头。蝙蝠衫的领型多变化，裁剪时，袖片与衣身相连为一整片，整体造型上宽下窄，缝制出成衣后，穿在身上张开两臂时，形如蝙蝠。后来又流行蝙蝠袖夹克、蝙蝠袖式大衣等，此种风尚一直延续到 90 年代初（图 11-13）。

图 11-12　20世纪80年代末流行的几种皮革服装（孟姗姗摹绘）　　　　图 11-13　蝙蝠衫（孟姗姗摹绘）

　　20世纪80年代中期，服装款式、色彩、面料越来越新奇别致。人们穿着的上装品种也越来越层出不穷，出现了各种T恤衫、夹克衫和花格衬衫等，在正式场合中人们也开始穿西装扎领带，显得郑重而典雅。下装的形式也达到了异彩纷呈的多样化效果，出现了各种筒裤、牛筋裤、萝卜裤、裙裤、美其裤、裤裙、百褶裙、八片裙、西服裙、旗袍裙、太阳裙等，其变化程度，已经让当时的人们目不暇接。1958年服装设计师马丽·匡特首次推出的"迷你裙"也开始在80年代的中国女孩当中流行，"迷你裙"大胆前卫，而且打破了以往服饰对人的束缚，深刻体现了中国女性追求个性表达的意识。

　　20世纪80年代后期，又开始流行宽松的服饰，上衣如毛织坎肩、短袖衫、夹克衫等由于肩部的加宽而变得越来越以正方形为造型标准（图11-14、图11-15）。女性的服饰样式也开始流行宽肩型，并且以直线造型为主。服装节的举办也开始给中国人不断地灌输着"时装"的概念（图11-16、图11-17）。

第十一章

图 11-14　1989 年温州服装市场中的日常服装

图 11-15　1989 年北京故宫中的游客服装

图 11-16　1989 年大连服装节上的礼服展演

图 11-17　1989 年大连服装节上的皮草服装秀

三、20 世纪 90 年代

20 世纪 90 年代初期，此前罩在外套里面的毛衣已经被人们正式当作外套来穿，并且出现了早在 1982 年时维维恩·韦斯特伍德用另类方式表现在设计创意当中的"内衣外穿化"风格。另外还出现了短衣套在长衣外，短袖套在长袖外，女子的衫裙套装外加一件短马甲等形式的穿着，处处表现了服饰打扮上大胆的

-238-

突破（图 11-18）。

图 11-18　1992 年服装刊物上的时装设计

　　20 世纪 90 年代中期，中国服饰进一步崇尚求新求变，在国际时尚大潮的引导下，中国女孩开始穿上太阳裙、吊带式连衣裙等，后来又流行露脐装，露胸、露肩、露腿的时尚至此开始，性感服饰伴随着中国女子对时髦的追求不断发展。在 20 世纪 90 年代出现的计算机虚拟的女性形象——劳拉·克劳芙特，是典型的性感女性形象，女装性感设计成为该时期国际服饰流行的一项重点，可见，此时期的中国时尚已经逐步与国际时尚同步了。

　　20 世纪 90 年代中后期，女性服饰开始收紧腰身、着力彰显身体曲线美。在穿着时尚上逐步走向成熟，告别了以往盲目追求时尚的行为与思维方式，淑女仪态又成为中国女性的一种新的追求（图 11-19）。

　　20 世纪末，中国服饰风尚又进一步靠近了国际服饰文化。开始由成熟走向严谨，白领阶层的女性格外注重职业风采并且力求庄重大方，袒露风也变得不再那么盲从，而是穿上长及足踝的长裙，旨在表现女性的优雅仪态（图 11-20）。

　　虽然挖洞的"开窗式"服装在 1998 年春夏之交开始在中国流行，曾被世人视为过分，但此时的中国着装者已经深谙艺术与时尚的内涵了。时至今日，改革开放已经 30 年了，中国服饰从以前的大胆接受西方文化到略微的盲从，从盲从阶段又走向了成熟阶段，从成熟阶段又走向了严谨阶段。将来，凭借中国的

-239-

第十一章

图 11-19 1994年的品牌服饰

图 11-20 1997、1998年的街头时尚

国力和服装产业自身的迅猛发展，中国服装将会从严谨走向个性，从个性走向国际时尚界。

四、21世纪初"唐装"回潮

21世纪初，中国加入了WTO，与此同时，APEC会议在上海召开，中国的传统服装再次走向高潮。一时男女老少竞相穿着中式服装，连外国人也以穿运用中国元素设计的服装为时尚，很多中式服装品牌应运而生（图11-21）。

图11-21 中式服装品牌风起云涌

结语

文化大革命时期"国防绿"、"海军蓝"是中国城乡居民追求的色彩。那时期，穿一身"国防绿"，腰间系一条帆布大板带，肩背军挎包成为青年男女尤其是大中专学生追求的一种时尚，这种风尚一直影响到改革开放初期。20世纪80年代末90年代初，仍然有穿军服套装的青年，在冬季则以军大衣为时尚。

20世纪80年代，色彩鲜艳、款式时髦的服装逐步在大众中流行。毛皮大衣、羽绒服、西服、呢大衣等各种服装充分展现穿着者的风采与魅力。中国青年热情地接受了西方现代文化，中国服饰也正式走向了多元化。

20世纪90年代，国外一些名牌服装开始进入中国市场，法国时装、美国牛仔系列装给中国民众的生活增添新的活力与风采，皮尔·卡丹、阿迪达斯等时装最受青年人宠爱。女孩子们的时装越来越时尚、性感、前卫，同时最喜爱穿厚底的"松糕鞋"。

21世纪中国加入WTO，同时APEC会议在中国召开，各国领导人在会议期间穿上"唐装"不仅成为中国服装界的新闻要点，还由此引发了全球时尚界兴起"中国潮"，我国的诸多文化要素成为之后几年世界级大师手下的时尚语汇。

在国内，唐装不仅在过年时穿，也可在其他场合穿。比如出席一些正式晚宴等活动时，穿上它作为礼服，既符合中华民族的身份，又展示了我们本民族的悠久文化。华服并不是一种简单的、一时的时尚，而是一种永久的延续，是中国服饰文化的延续、发展。虽今日不见其满街尽是，但人群中不时出现的踪影让我们对华服的未来充满期待。中国潮虽不是一种主流趋势，但作为中国服装的方向来看，却是一种长期的态势。

作为一个拥有悠久文化传统的国家，我国56个民族的文化内涵，本身就充满着迷人的风韵。在网络时代的今天，民族和传统的服装带给人们的不仅是物质上的满足，也是一种精神文化享受，在审美的过程中，人的智慧、意识和情感处于和谐统一之中。随着设计中情感的部分所占的比重越来越大，设计与文化艺术之间的话题也越来越近，网络时代的艺术是一种利用网络和现代电脑艺术表现服装设计的手段，因此人们很难把服装设计和艺术分开，服装设计师在设计的同时将承担着弘扬本民族文化的责任。"中国潮"的文化内涵在网络信息时代与西方文化的沟通和交流将是21世纪中国服装发展的趋势，也将在世界服装中占有一席之位（图11-22）。

图11-22 中国时装品牌越来越强调中国元素的应用

思考题：

1. 名词解释：蝙蝠衫、喇叭裤、滑雪衫、夹克衫
2. 简答：
(1) 简述风雨衣的特征。
(2) 简述皮革服装的发展特征。

作业布置：

以中国历代服饰或中国少数民族服饰为素材，进行系列"新唐装"设计。

参考文献

[1] 黄辉. 中国古代人物服式与画法［M］. 上海：上海人民美术出版社，1997.
[2] 田自秉. 中国工艺美术史［M］. 上海：东方出版社，1996.
[3] 林汉达，曹余章. 上下五千年［M］. 上海：少年儿童出版社，1991.
[4] 未凡. 中国上下五千年［M］. 沈阳：辽宁人民出版社，1994.
[5] 曲辰. 中华民族的先祖［M］. 北京：人民日报出版社，1995.
[6] 黄能馥，陈娟娟，钟漫天. 中国服饰史［M］. 北京：文化艺术出版社，1998.
[7] 方红，陈雷，张骏. 发明的沃土［M］. 北京：人民日报出版社，1995.
[8] 华梅. 中国服装史［M］. 天津：天津人民美术出版社，2000.
[9] 孔寿山. 服装美学［M］. 上海：上海科学技术出版社，1989.
[10] 华梅. 人类服饰文化学［M］. 天津：天津人民出版社，1995.
[11] 冯泽民，齐志家. 服装发展史教程［M］. 北京：中国纺织出版社，1998.
[12] 周锡保. 中国古代服饰史［M］. 上海：上海戏曲出版社，1984.
[13] 安毓英，金庚荣. 中国现代服装史［M］. 北京：中国轻工业出版社，1999.
[14] 钟敬文. 中国礼仪全书［M］. 合肥：安徽科学技术出版社，1997.
[15] 杜炜. 图案［M］. 北京：中国纺织出版社，1997.
[16] 布兰奇·佩尼. 世界服装史［M］. 徐伟儒，译. 沈阳：辽宁科学技术出版社，1987.
[17] 张乃仁，杨蔼琪. 外国服装艺术史［M］. 北京：北京人民美术出版社，1992.
[18] 张志春. 中国服饰文化［M］. 北京：中国纺织出版社，2001.
[19] 袁杰英. 中国历代服饰史［M］. 北京：高等教育出版社，1994.
[20] 黄能馥，陈娟娟. 中华历代服饰艺术［M］. 北京：中国旅游出版社，1999.
[21] 叶立诚. 中西服装史［M］. 北京：中国纺织出版社，2001.
[22] 周讯，高春明. 中国历代服饰［M］. 上海：学林出版社，1984.
[23] 周讯，高春明. 中国历代妇女服饰［M］. 上海：学林出版社，1988.
[24] 黄能馥，李当岐，藏迎春，孙琦. 中外服装史［M］. 武汉：湖北美术出版社，2005.
[25] 曾慧洁. 中国历代服饰图典［M］. 南京：江苏美术出版社，2002.
[26] 陈东生，甘应进. 新编中外服装史［M］. 北京：中国轻工业出版社，2002.
[27] 丁晓愉. 中国古俑白描［M］. 北京：北京工艺美术出版社，1991.
[28] 雷鐏述，雷学琪. 古经服纬［M］. 北京：中华书局，1985.
[29] 黄宗羲. 深衣考［M］. 北京：中华书局，1983.

[30] 郑军，吴小兵. 中国历代人物造型艺术 [M]. 沈阳：辽宁美术出版社，2004.

[31] 李金旺. 中国历代帝王功罪录 [M]. 北京：中国文联出版社，1997.

[32] 四库全书 [M]. 上海：上海古籍出版社，1987.

[33] 沈从文. 中国古代服饰研究 [M]. 香港：商务印书馆香港分馆，1981.

[34] 张竞琼. 西"服"东渐 [M]. 合肥：安徽美术出版社，2002.

[35] 戴争. 中国古代服饰简史 [M]. 北京：中国轻工业出版社，1988.

[36] 任明美. 中國의古代服飾研究（I）[M]. [出版地不详]：耕春社，1988.

[37] 许南亭，曾晓明. 中国服饰史话 [M]. 北京：中国轻工业出版社，1989.

[38] 白乐天. 中国通史 [M]. 北京：光明日报出版社，2004.

[39] 华梅. 中国服饰 [M]. 北京：五洲传播出版社，2004.

[40] 华梅. 服装美学 [M]. 北京：中国纺织出版社，2003.

[41] 袁仄. 中国服装史 [M]. 北京：中国纺织出版社，2006.

[42] 包铭新，李晓君，赵敏. 中国服饰这棵树 [M]. 上海：上海书店出版社，2004.

[43] 黄仁宇. 中国大历史 [M]. 北京：生活·读书·新知三联书店，2007.

[44] 张岱年. 大儒列传·董仲舒 [M]. 长春：吉林文史出版社，1997.

[45] 陈戍国，点校. 周礼·仪礼·礼记 [M]. 长沙：岳麓书社，2006.

[46] 元阳真人. 山海经 [M]. 昆明：云南科技出版社，1994.

[47] 超凡. 世界通史 [M]. 北京：光明日报出版社，2002.

[48] 黄能馥，陈娟娟. 中华服饰艺术源流 [M]. 北京：高等教育出版社，1994.

中国纺织出版社推荐书目

中国纺织出版社推荐书目

中国纺织出版社推荐书目

中国纺织出版社推荐书目